现代图书馆服务与服务发展研究

王 琳 ◎著

中国华侨出版社
·北京·

图书在版编目（CIP）数据

现代图书馆服务与服务发展研究 / 王琳著. -- 北京：中国华侨出版社，2023.1
ISBN 978-7-5113-8808-7

Ⅰ.①现… Ⅱ.①王… Ⅲ.①图书馆服务－研究 Ⅳ.①G252

中国版本图书馆CIP数据核字(2022)第099680号

现代图书馆服务与服务发展研究

著　　者 / 王　琳
责任编辑 / 姜　婷
封面设计 / 北京万瑞铭图文化传媒有限公司
经　　销 / 新华书店
开　　本 / 787毫米×1092毫米　1/16　印张 / 16　字数 / 248千字
印　　刷 / 北京天正元印务有限公司
版　　次 / 2023年1月第1版　2023年1月第1次印刷
书　　号 / ISBN 978-7-5113-8808-7
定　　价 / 80.00元

中国华侨出版社　北京市朝阳区西坝河东里77号楼底商5号　邮编：100028
发行部：(010) 69363410　　传　真：(010) 69363410
网　址：www.oveaschin.com　　E-mail：oveaschin@sina.com

如发现印装质量问题，影响阅读，请与印刷厂联系调换。

前 言

图书馆在知识经济时代的重要性日益明显，它所提供的文化服务活动对社会的发展具有积极的推动作用。图书馆事业是一个国家为了保障公民能够平等自由地获取信息与知识的制度安排，是社会文化、教育事业的重要组成部分。

随着当今信息化以及数字媒体的发展，数字化已经成为图书馆的一个发展方向。图书馆数字化也是社会信息化的重要组成部分，数字图书馆作为一个信息系统，信息资源就是数字图书馆的支柱。在大数据环境下，以数字化存储与呈现、网络化检索与获取为特征的数字图书馆，成为集用户获取知识、传播知识、交流等多功能为一体的知识集散中心。各种数字对象（知识作为一种对象，可以表现为各种文献、事实/科研数据、数据库、知识库和知识体系）构成了可充分集成关联的数字图书馆领域的大数据环境，数字图书馆资源的规模化增长是不可逆转的客观事实。随着数字图书馆资源的迅猛增加以及智能技术的普及，推荐服务的智能化和个性化已经成为服务推荐发展的趋势。

现代信息技术的飞速发展以及由此引起的信息传播方式的数字化、网络化和移动化，使人们获取信息的途径更加广泛，从根本上改变了图书馆生存的信息环境。在新信息环境下，图书馆面对来自信息环境变化与图书馆用户丧失的挑战，存在被边缘化的危机。面对挑战与危机，图书馆如果不能迅速适应新信息环境的变化，找到在新信息环境下存在的社会合理性，将存在被社会抛弃的可能。因此，图书馆要想获取用户的信任，得到社会的认可，必须不断适应社会的发展变化，并不断变革，体现自身的特有价值与功能，这样才能求得存在的合理性，并得到用户认同。面对如此严峻的形势，图书馆必须想方设法证明自己存在的价值，否则将真的有可能走向消亡。要证明图书馆的存在价值，评价是其必要手段之一，一方面，通过评价证明图书馆存在的价值；另一方面，通过评价可以回答图书馆活动是否有效及有效的程度。

目 录

第一章 现代图书馆基本概念及现状分析 ... 1
第一节 图书馆的概念及组织结构 ... 1
第二节 图书馆的作用和社会职能 ... 15
第三节 图书馆现状分析 ... 29

第二章 图书馆的服务概述 ... 47
第一节 图书馆的服务 ... 47
第二节 图书馆服务的特点和内容 ... 53
第三节 图书馆服务的原则 ... 59
第四节 图书馆服务的发展趋势 ... 64

第三章 现代图书馆读者服务及其转型 ... 67
第一节 现代图书馆服务的理念 ... 67
第二节 图书馆服务的对象及其需求 ... 71
第三节 现代图书馆服务的转型 ... 75
第四节 图书馆服务共享 ... 78

第四章 图书馆信息服务 ... 84
第一节 信息服务概述 ... 84
第二节 图书馆信息服务的发展与演变 ... 89
第三节 图书馆信息服务模式 ... 96
第四节 图书馆信息服务探析 ... 99
第五节 快速获取信息的重要途径——邮件列表 ... 104
第六节 加强信息职能促进图书馆事业不断发展 ... 107
第七节 地区信息资源共建共享 ... 109

第五章 现代图书馆传统文献服务 ... 113
第一节 文献流通服务 ... 113
第二节 文献复制服务 ... 120
第三节 非书资料服务 ... 123
第四节 连续出版物服务 ... 129

第五节 参考咨询服务 134
第六章 现代图书馆服务共享 144
第一节 服务共享概述 144
第二节 可供借鉴的服务共享体系 156
第三节 从资源共享到服务共享 166
第七章 现代图书馆服务质量评价 173
第一节 图书馆服务质量评价概念及内涵 173
第二节 图书馆服务质量评价的理论基础 175
第三节 图书馆服务质量评价的意义、内容与类型 176
第四节 图书馆服务质量评价的层面与模式 177
第五节 图书馆服务质量评价历程 178
第六节 图书馆服务质量评价方法体系 179
第七节 图书馆服务质量评价标准 181
第八节 图书馆服务质量评价的其他模型 184
第八章 图书馆阅读服务管理优化策略研究 193
第一节 公共图书馆面向浅阅读的优化阅读服务路径探索 193
第二节 图书馆阅读推广模式 197
第三节 图书馆社会化服务的实现路径分析 200
第九章 无线网络环境下的图书馆泛在化服务研究 219
第一节 图书馆泛在化服务概述 219
第二节 无线网络的发展及其对图书馆泛在化服务的促进作用 226
第三节 无线网络环境下图书馆泛在化服务系统的构建 227
第四节 无线网络环境下图书馆泛在化服务 235
第五节 无线网络环境下图书馆泛在化服务面临的挑战与对策 238
参考文献 244

第一章 现代图书馆基本概念及现状分析

第一节 图书馆的概念及组织结构

一、图书馆的概念

近年来,随着互联网在全球的日益普及,人类社会的信息交流渠道不断增加,图书馆作为社会信息交流中心的地位被削弱。毋庸置疑,人类社会与文明的进一步发展,是建立在对人类既有的科学技术、文化、经济等成果继承基础之上的,没有继承,就谈不上发展,而图书馆正是这样一种人类文明在时间和空间中得到传承的不可或缺的中介性机构。在知识经济时代,知识、信息成为社会发展最重要的资源,知识管理、信息资源管理具有重要的意义,作为社会信息资源管理机制最重要的组成部分之一的图书馆将继续发挥其不可替代的作用。

图书馆是我们生活中十分常见的一项基本设施,尤其是在大城市和高校中,都会有对外开放的图书馆,它与我们的生活息息相关。图书馆是收集、整理、收藏图书资料以供人阅览、参考的机构,实际上,早在公元前3000年就已经出现了世界上最早的图书馆,图书馆有保存人类文化遗产、开发信息资源、参与社会教育等职能。

根据考古学家的发掘成果,我们已知世界上最早的图书馆在美索不达米亚。而闻名于世的是尼尼微图书馆,是现今已发掘的古文明遗址中保存最完整、规模最宏大、书籍最齐全的图书馆。在时间上要比埃及著名的亚历山大图书馆（古代最大的图书馆）早400年，由于泥版图书的特殊性，没有像亚历山大图书馆一样毁于战火，大部分保存了下来。

这种形式的图书馆是传统图书馆，在过去很长一段时间内对社会的发展起到了重要作用。但是时代在进步，社会在发展，科学技术得到了跨越式发展，传统图书馆的功能不断削弱，高科技的介入又衍生了新概念的图书馆。电子图书馆和数字图书馆就是其中的突出代表。电子图书馆里面收藏的不是一本本纸质图书，而是以电子形式储存、检索文献信息，从而为公众提供服务的图书馆。

数字图书馆是一门全新的科学技术，也是一项全新的社会事业。简言之，数字图书馆是一种拥有多种媒体内容的数字化信息资源，能够为用户提供方便、快捷、高水平的信息化服务机制。

数字图书馆并不是实体图书馆，这种形式的图书馆对应于各种公共信息管理与传播的现实社会活动，通常会表现为各种新型信息资源组织和信息传播服务。它借鉴图书馆的资源组织模式，借助计算机网络通信等高新技术，以普遍存取人类知识为目标，创造性地运用知识分类和精准检索手段，有效地进行信息整序，不仅使人们获取信息消费不受空间限制，在很大程度上也不受时间限制。

但传统图书馆与现代图书馆的本质是一样的，它们的出现和发展都是为了向阅读者提供服务，二者之间的差距只表现在时代的局限性、技术的差异性上，它们在表现形式上虽有所不同，但同样都为我们的阅读、学习工作提供了巨大的帮助。

二、图书馆的组织结构

随着社会的不断变化，信息化时代的图书馆面临的服务环境以及针对的目标群体发生了一定变化，用户的信息需求和信息获取方式的变化对公共图书馆的服务提出了更高的要求，图书馆自身的业务范围、业务重点也在不断变化。当前图书馆单一冗繁的组织结构是阻碍图书馆服务优化升级的极大障碍。因此，传统的图书馆组织结构已经不能满足用户对高效优质的信息服务的需求。图书馆传统的组织结构改革势在必行。

（一）图书馆的传统组织结构

组织结构是一个组织内各构成要素的关系形式，是组织的信息沟通、

第一章 现代图书馆基本概念及现状分析

权力和责任系统。图书馆的组织结构是根据图书馆的发展目标,在图书馆内部设立不同的部门,并确定其相互关系、权责分配以及人力资源的配置与协调,使图书馆成为一个可持续发展的有机整体的组织形式,它是图书馆实现有效管理和运作的工具。目前,图书馆的组织结构主要包括直线型、职能型和复合型三种。

1.图书馆组织结构类型

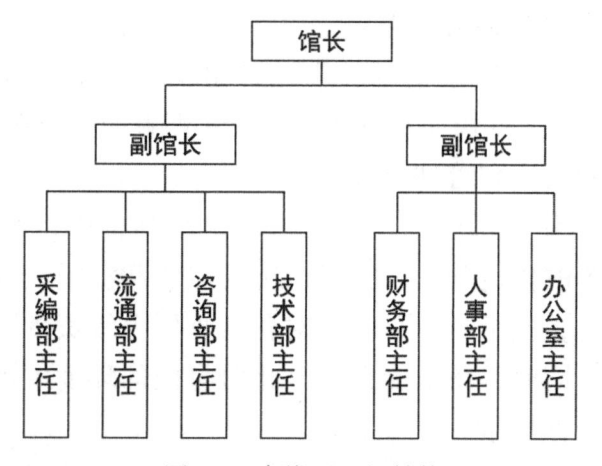

(1)直线型组织结构

直线型组织结构也可以称作"军队式结构"。在这种组织结构中,每个人有一个专门的上级领导,由该领导负责指派、监督工作,工作人员必须严格服从上级领导下达的命令。具体在图书馆的工作实践中,直线型组织结构的特点体现在各职能部门按照垂直的权限分配进行直线排列,每个部门都直接听命于上级部门的指导,形成自上而下的管理与运行体系。例如,馆长对副馆长有直线职权;副馆长对其职能范围内的某部门主任有直线职权;部门主任对所属部门员工有直线职权。

直线型组织结构如图1-1所示,馆长下设两名副馆长,分管业务和行政工作;副馆长的下属各部门分别有各自的负责人,每个部门都有唯一的上级,层层划分。

图1-1 直线型组织结构

(2)职能型组织结构

职能型组织结构又称作多线式组织结构,在这种组织结构中,按职能进行专业分工。在职能型组织结构中,下级既要服从上级主管人员的指挥,

/3/

也要听从上级各职能部门的指挥。在职能型结构的图书馆中，各级行政部门都设有相关的职能机构，同时各个职能机构在自己的业务范围内又有权直接指挥下级单位。

馆长下设采编部、流通部、咨询部、技术部、财务部等部门，而各部门之间又有一部分职能是重合或者交叉的。例如，采编部、流通部、财务部都设有办公室，采编部、技术部又都设有相应的财务等科室。这些职能部门在日常的管理活动中相互协调、相互合作，共同担负着为用户提供优质服务的职责。

（3）复合型组织结构

复合型组织结构是在直线型组织结构和职能型组织结构的基础上形成的一种图书馆组织结构，它有机地结合了二者的优势，以此实现优势互补的作用。这种组织结构将图书馆工作人员分为职能型和指挥型两类。职能型馆员负责具体的业务工作，可以向上级领导提出业务管理上的建议及对下级进行职责范围内的业务指导，但无权指挥和发布命令，构成"业务链"；指挥型馆员负责上传下达，构成图书馆组织结构中的"命令链"。

2.图书馆组织结构分析

（1）直线型组织结构

第一，直线型组织结构的优势。

其一，权责分明，管理清晰。在这种组织结构中，所有命令都是由上级至下级直线传递，速度快而且准确。各级管理者职责分明，管理范围清晰，有助于业务效率的提高和管理目标的完成。

其二，单线运作，行动迅速。在这种组织结构中，所有命令都是单线运作的，因此命令的传达和任务完成情况的监督和汇报只需要在各自的业务流水线上单线进行，每个员工只需要对各自直属上级负责，因此有利于具体业务工作的开展。同时，馆员能在一个相对自由的环境中履行自己的工作职责，有利于保证工作质量和业务效率。

第二，直线型组织结构的劣势。

其一，管理职能比较单一，没有设立专门的职能机构，在管理方面缺乏有效的辅助管理手段，对于复杂管理工作来说执行上存在一定的困难。在某些需要进行复杂管理的具体工作中，例如，临时的项目团队，由于直线型

第一章 现代图书馆基本概念及现状分析

组织结构的图书馆的馆员只对各自的直属上级负责，可能会造成管理混乱，容易导致工作效率低下。

其二，结构相对简单，难以实现权力制衡。在这种组织结构的图书馆中，馆长位于金字塔的顶端，组织缺乏横向沟通，馆长权力被无限放大，从而弱化了馆员对馆长的监督能力，不利于图书馆工作的改进和提升。副馆长之间也缺乏有效的沟通机制和权力制衡机制，可能会对管理效率带来负面影响。

（2）职能型组织结构

第一，职能型组织结构的优势。

其一，在管理方面，各职能部门拥有比较大、比较灵活的自主权，可以在一定程度上提高业务效率。在整个业务流程中，部门领导的权力和各部门的自主权较大，部门内部凝聚力较强，业务效率能得到可靠保证。

其二，部门内部沟通顺畅，可以有效促进管理质量的提高。在职能型组织结构的图书馆中，各职能部门既有纵向沟通也有横向沟通，信息能够及时得到反馈，问题也能够及时得到解决，从而提高了管理活动的质量。

第二，职能型组织结构的劣势。

其一，在这种组织结构中，一些部门可能同时存在多个领导，这就容易在管理中出现多头领导现象，导致组织管理方面出现一定混乱。下属层对多个领导的指令会无所适从，从而导致工作效率降低，容易引发越级领导或者越级请示的行为，造成管理上的混乱。与此同时，中层管理人员在工作中的身份容易导致他们的依赖性增强，可能会出现懈怠与推卸责任的行为。

其二，结构庞大，人员冗繁。职能型组织结构的图书馆的机构设置更为复杂，部门更为冗余。这种组织结构直接导致了机构的臃肿，管理幅度减小，增大了管理难度。对于图书馆这类公共服务机构来说，更需要的是人员素质优化，而非人员数量巨大。

（3）复合型组织结构

第一，复合型组织结构的优势。

从逻辑角度来说，复合型组织结构采用的为直线型组织结构的单线结构，通过这种形式可以很大程度上降低职能型结构中的复杂性，命令链单一，便于图书馆管理工作中的统一指挥、统一行动，使图书馆的管理工作更为专业和细致；从职能分配角度来说，其采取的是职能型的多部门协调合作，避免了直线型结构中部门间沟通不畅的问题，提高了管理工作的有效性、准确性，使图书馆的工作更为直接有效，优化了图书馆的工作流程。

第二，复合型组织结构的劣势。

虽然复合型结构在一定程度上同时吸取了直线型和职能型二者的优点，也因此有效提高了图书馆的管理效率和服务质量，但它并没有摆脱结构臃肿的困扰，容易造成人员冗余、人浮于事的现象，也提高了管理成本。

（二）图书馆组织结构的发展与重组

1.图书馆组织结构的基本发展轨迹

国内外图书馆界的组织发展实践在一定程度上反映了理论探讨在现实中的应用。长期以来我国图书馆的组织结构比较稳定，围绕主要业务划分为不同部门，形成以馆长、部主任和普通工作人员为主要层级的自上而下、层层监督、层层负责的组织结构。近年来，网络及电子资源的出现对图书馆传统服务模式产生了巨大的影响，图书馆部室结构相应进行了不同程度的调整，一方面合并精简传统业务部门，另一方面扩展数字信息业务，但部室层面的调整并没有触及等级式组织结构权力的垂直流向。这种通过机构调整形成机构内部成本最低、效率最大的最优化均衡状态的做法源自亚当·斯密的专业化分工形成规模经济效应及以泰勒、法约尔等人为代表所提出的以工作细分、责任细分、下级服从上级为主要特点的古典管理理论。由于内外部环境变化太快，图书馆机构调整步伐总是落后于服务职能的发展变化，图书馆界开始探讨在组织管理结构中纳入柔性元素的可能性，然而实际工作中真正以制度化形式走出这一步的并不多。例如，东南大学图书馆、厦门大学图书馆在这方面有所实践，它们在参考服务、技术开发等工作领域形成了团队工作模式，自我管理、自我激励、共同决策等理念得到了一定程度的应用。

图书馆的组织结构变革是一个全球趋势，在国外图书馆界尤其是欧美等国这种变革已经获得了较大成果。自1990年以来，越来越多的图书馆尝试在层级式组织结构中大胆融入以团队自我管理为主要模式的扁平组织结构，以期提高组织对外界环境变化的灵活应对性，同时鼓励员工更大程度发挥主观能动性。在具体实现过程中，既有比较少见的以亚利桑那州立大学图书馆为代表的所有业务工作均实现团队管理的做法，也有更为多见的在部分领域实现团队化管理的做法，比如在编目部、参考咨询部等馆员密集的部门形成扁平化管理的小环境；或者在不同部门之间形成跨职能的团队管理模式，一个工作人员同时向两个以上的团队汇报工作情况，从而在不同部门之间建立有机联系。

从整体上来说，当前还有很多图书馆并没有选择组织结构转型，仍然有很大一部分图书馆在传统的管理体制下开展工作，其赖以运转的组织结构处于相对平衡的状态。从表面来看图书馆组织结构转型的趋势并不明显，但是如果以一个更为开放的视野来看待图书馆组织结构的发展历程，则会发现转型过程一直在缓慢而持久地发生，很多时候这种转型以隐晦的方式进行，当事人也未必有充分的认识。

2. 图书馆组织结构的重组设计

从本质而言，图书馆的组织设计就是对其管理人员的管理劳动进行纵向和横向的分工。图书馆是一个服务型机构，因此在一定经济能力范围内，为用户提供优质服务是图书馆追求的最高目标，而一个科学合理的组织结构是图书馆提供优质服务的必要前提。鉴于现行的图书馆组织结构所存在的多种缺陷，笔者根据组织结构设计原则并结合图书馆的公共服务特性，设计了一种新型的以办公室为轴心的三角形组织结构。

（1）三角形组织结构的职责分工

可以将三角形图书馆的组织结构大致划分为四个主要部分：办公室、用户服务部、资源组织部、技术支持部。三角形组织结构以办公室为轴心，以资源组织和技术支持为基础，以为用户提供方便快捷高效的一站式优质服务为目标。

第一，办公室。办公室是图书馆整个组织结构的轴心部分，由馆长负责管理，并作为一个团队担当着协助馆长做好行政与业务管理的工作，为图书馆发展提供决策参谋、中介协调及组织等工作。它可以被看作图书馆的总后勤部与总服务台。

第二，资源组织部。资源组织部的主要职责是对各种媒介形态（包括纸质与数字）的信息资源采编、加工、典藏、分配、组织等工作，全面了解和掌握图书馆的馆藏状况，并及时更新和推进有序化建设，并通过文献传递、馆际互借等方式为用户提供虚拟馆藏服务。资源组织部可以看作图书馆工作的硬件基础。

第三，技术支持部。该部门的主要职责是对图书馆所有设备进行科学建设、管理和维护，包括计算机、内部网络和各种公共服务设施等在内的硬件及软件设施的建设与维护。另外，有能力的图书馆还可以利用技术支持部的人才对现有图书馆资源进行主动开发和深层挖掘，根据图书馆的特色建立专业学科数据库和特色数据库，以更好地为用户提供高质量的信息服务，技术支持部可以看作图书馆工作的软件基础，也是智力基础。

第四，用户服务部。三角形组织结构与传统组织结构之间存在一定差别，一个主要区别就是三角形组织结构需要直接面向用户，用户服务部被视作图书馆最重要的窗口部门，也是直接显示图书馆综合能力的部门。目前，图书馆都面临着转变服务理念，倡导主动服务意识的变革，未来图书馆的用户服务部将改变传统图书馆过于独立分散的服务模式，成为集"藏、阅、借、咨、教"服务于一体的多元化部门。

（2）三角形组织结构的主要特点

第一，扁平化结构。三角形图书馆组织结构相较于传统组织结构更扁平化，这样有效地加强了横向联系，减少了纵向层次，从而使各部门与办公室之间可以进行直接沟通，不需要经过层级传达，由部门负责人汇总问题直接向"中枢"——办公室反馈，避免了在直线型组织结构中，信息传递过程中的损耗甚至失真；部门与部门之间也能直接进行简单的业务沟通和协调，不需要通过办公室中转，提高了信息交流的效率，从而提高了工作效率。面对复杂管理工作，如果需要深度沟通，可以通过办公室进行周转和协调，办公室通过对各部门反馈上来的意见和问题进行综合分析，并与各部门共同商讨解决方案，防止在职能型组织结构中出现的多头管理现象，规避因此带来的责任风险。

第二，方便统一管理。在这种组织结构中，以馆长为核心的办公室可以对来自三个部门的问题进行汇总、分析、处理、控制，协调沟通好部门间的工作，许多非经常性的工作还可以通过临时组建的团队小组突击完成。这样的组织结构能更好地适应当前瞬息万变的信息环境，提高图书馆在信息社会中的竞争力。

第三，部门间有效沟通。在三角形组织结构中，图书馆中的各部门之间、部门与办公室之间可以更好地实现有效的信息沟通。办公室在决策时能够综合宏观考虑，提高了图书馆管理工作的科学性和可持续性。

（3）基于三角形组织结构的图书馆业务流程重组

传统图书馆业务流程设计的出发点是图书馆自身的工作需要，即根据文献加工整理的方便程度设置业务流程，而对用户的需求考虑得很少。基于三角形组织结构的图书馆业务流程以用户服务为核心：资源组织部的采访编目和文献加工均从读者实际需求出发，采访编目按照"调研—征订—采购"的流程进行，文献加工和藏书组织也以方便读者快速准确地找到所需文献资源为目标，将流通率高的图书排在便于读者查找的位置，并及时做好图书的下架和更新工作；技术支持部为整个图书馆提供所需设备的更新和技术维护的工作；用户服务部作为图书馆服务工作的核心和窗口，致力于为用户和读者提供更为细致和个性化的信息服务。重组后的图书馆业务流程充分体现了三角形组织结构的扁平化特点，有利于在复杂的业务活动中发挥互相协调和配合的优势，为用户提供更加高效的信息服务。

（三）图书馆组织结构转型的必要性

1. 信息技术造成了冲击

处于有边界的内部平衡状态的稳定的组织结构，如果不从外部利用外力对其进行有力推动，那么难以使其产生内部的变革。长期以来图书馆就是这样一种新型的具有稳定结构的组织，但是网络技术的出现改变了这一状况。传统的以实体图书为主要物流的基础服务工作转向数字资源的创新服务，传统的以实体图书馆为主要场所的工作环境转向虚拟图书馆的无限空间，传统的以为到馆读者提供服务的模式转向主动为虚拟空间的潜在读者提供信息服务，传统的居于出版商和终端读者中介地位被直接成为读者发表学术文章的平台所取代，传统的沉思默想的阅览环境被集体互动的学习交流空间所取代，传统的图书馆OPAC（联机公共目录检索系统）独占文献信息检索的局面被众多网络搜索引擎和社会网站挑战。以上列举的有限方面足以表明图书馆在最近十年间经历了怎样的转变，图书馆人奉为圭臬的工作理念大范围遭到颠覆。追根究底，信息技术的发展是这一切变化的根本推动力，只要信息技术不停下前进的步伐，作为信息技术直接应用领域的图书馆，未来就将继续颠覆更多的传统。在这种多变的环境之下，没有人能够看清图书馆的未来发展走向，不确定性因之成为常态。

想要切实发挥传统等级结构体系的作用，就必须保证为其提供一定前提条件：组织使命稳定，是一个相对封闭的系统；各项工作存在明确的边界；最大程度的专业化分工能够体现规模经济效益；员工在规定的工作规范下物化为实现任务的工具之一；员工存在投机取巧心理，必须以明确的岗位职责加以约束，必须由上级领导进行监管。所有的这些前提条件都围绕着"确定性"这个中心，无论是工作还是人员都有明确的定位，岗位职责传递简洁明了的信息，上下级关系借助组织赋予的权力而严格生效。在这种稳定的环境下，从组织底层逐级向上传递的线性信息通道基本畅通，能够为领导层制定决策提供足够的信息，从而使领导决策失误的风险降到最低。与此同时，线性组织结构可以有效减少沟通成本，形成运行成本与工作效率最优化的平衡状态，行之有效地实现组织使命。而持续不确定性的存在则从根本上挑战传统的组织结构的适用性，对图书馆的工作性质、信息传递机制及员工均产生深刻影响。

2. 不确定性带来了挑战

（1）工作任务模糊、陌生和复杂

由于不确定性，图书馆的工作性质产生了变化，这种变化主要体现在三个方面。第一，不确定性导致工作任务边界模糊，传统的职责分明的工作岗位划分不再适用，工作任务更具有灵活性和跨界性。第二，不确定性导致工作任务未知而陌生，没有人能够轻易完成任务，承担任务的人需要经历不断学习和提高的过程。第三，不确定性带来工作任务的复杂性，可能需要来自不同业务部门之间的人通力合作才能很好地完成任务。此时，工作任务已远远不同于传统环境下图书馆稳定的业务流程和分工，如果仍然以传统的组织结构应对这些全新的任务，至少在灵活性上已输掉底线。

（2）决策信息传递机制受阻

由于信息传递机制的特质，不确定性的广泛存在必然会在一定程度上影响信息的传递，会使等级式的线性双向信息处理通道产生一定的滞点和盲点，进一步加深了决策层和实现层之间的信息不对称问题，主要表现为三个方面：第一，传统结构下的信息处理机制不鼓励不同部门之间的沟通，因为图书馆业务部门之间工作性质差别较大，为了避免不必要的矛盾，"看自己，不掌比"的理念早已深入人心，对不同部门之间的合作产生了阻碍作用。第二，传统结构下不鼓励部门内部通过沟通提升组织学习能力，因为工作性质一直比较稳定，由上至下对员工的期待是按照既定的工作规范开展工作，少提反对意见。在学习讨论氛围欠缺的环境下，员工的心智火花碰撞较为罕见，从而造就了一支工作水平不一、缺乏创新精神的基层队伍，不能灵活应对环境变化对图书馆服务提出的更高要求。第三，馆长主要通过部主任获取读者服务一线的各种反馈信息，而部主任往往有所选择地汇报工作，从而造成馆领导与下级员工之间的信息不对称，同理，基层员工通过部主任获知馆里的各种动态，部主任如果不能如实地传达精神，将造成基层员工与馆领导的信息不对称。重要信息均通过部主任这一信息结点传递，容易形成信息遗漏和信息噪声风险，从而加大管理层决策失误和基层人员表现不佳的可能性。

（3）员工心理压力加大

由于图书馆工作存在广泛的不确定性，这使员工无法完全掌控自己的工作，从而会导致他们的工作心态发生变化，为他们带来更大的心理压力。第一，新旧服务理念交替之际，工作方式、方法处于不稳定的调整状态，岁数偏大的资深馆员在掌握新技能方面力不从心，可能面临挫败感。部主任层级的职责多以资深馆员承担，即便他们具备独自应对不确定性的勇气，能力方面也需要不断提高。第二，新进馆员有很大的工作热情，不确定性的存在需要他们全力投入工作流程的重设、工作理念的重构当中，但传统的等级式结构体系使他们的能量不能充分发挥，导致职业发展的挫败感。第三，对中间年龄段的一线工作人员来说，他们处于职业生涯中的"玻璃屋顶"效应中，看不到职业生涯的发展之路，以疏离的态度对待工作，这种被动的心态遭遇多变的环境和变化的工作要求时将导致不同程度的抵触和对立，使其很难从工作的变化中获得乐趣。综上分析，较为严格的等级式管理体制面对环境变化带来的不确定性时，会产生较大的阻力影响其以灵活、有效的方式实现新任务、新目标，此时图书馆组织结构转型已成为迟早为之的趋势。

（四）图书馆组织结构的转型路径

1.图书馆面临的内部和外部环境

随着时代进步，图书馆所处的外部环境已经发生了翻天覆地的变化，同时这也对图书馆的内部环境产生了一定影响。虽然环境变化带来了广泛的不确定性，但是从整体上来看，不确定性依然是依托确定性而存在，所处的环境是复合型的，也就是兼具稳定因素与不稳定因素、确定性与不确定性并存。从图书馆所处的外部信息环境来看，稳定因素在于纸质媒介作为一种重要的信息源至少在可见的未来依然发挥着重要作用。不稳定因素在于信息技术的突飞猛进使数字内容成为异常重要的信息源，推动相关的信息服务模式在短期内发生持续变化，将图书馆置于与其他信息源激烈竞争的境地。

从图书馆内部工作来看，在保持一定传承的同时，面临很大的变数。除了一些激进的图书馆之外，绝大多数图书馆依然将纸质信息资源的收藏与服务视为重要业务，这体现了图书馆业务工作中较为稳定的一方面。与此同时，数字资源的大量涌现使图书馆必须改革传统的应对纸质资源的工作流程，其服务模式的多样性、不可预见性又要求跨部门的密切合作。

从图书馆的工作人员来说，每个人的性格品性之间存在一定差异，有的具备传统图书馆馆员的原型特征，诸如被动、沉默、更愿意被领导而不是发挥自己的影响力；另外一些则更为主动、开放，愿意接受挑战，具备团队合作精神；还有一部分人居于上述两种性格的中间，受到组织文化的影响而有所倾向。

图书馆的内外部环境、工作性质和员工个性都具有复合性，而这一性质决定了图书馆组织结构转型也应以复合式的发展作为主要路径。

2.组织转型的基本路径

在图书馆的内外部环境处于基本稳定的状态时，最有效的组织结构方式为细化分工的等级式的方式，此时组织成员职责分明，工作任务没有歧义，信息处理通常畅通，层级监督机制能够确保组织运转正常并将沟通和考评成本降到最低。最重要的是由于参与决策的是来自管理层的有限几人，管理层可以牢牢控制这些决定，所以可以通过有力的途径确保决策制定过程协调进行，并通过职务赋予的权威监管决策执行过程，以实现组织目标。这是等级式管理体制的主要优点，但是当内外部环境不稳定时，通常来说，外部环境的变化对推动组织结构变革所产生的作用更为强烈，等级式结构则会产生阻力，影响组织绩效的正常发挥，长此以往会使其丧失竞争力，此时组织面临较大的结构转型压力。

一般情况下，组织结构转型意味着从等级式向扁平化转化。如果这种转化以纯粹的扁平化组织结构为目标，则称为激进式改革路径。如果以等级式体制为基础，适当加入扁平化组织元素，则称为渐变式组织转型路径。采取哪种路径，需要以组织内外部环境变化为基础，综合考虑一定时期内转型成本与转型绩效的对比。

通过前面的分析可以看出，虽然图书馆内外部环境具有巨大的不确定性，但是这种不确定性是依托一定的确定性而存在的，因此图书馆没有绝对的必要性选用彻底的等级式管理体制。在扁平组织结构中，个人与个人、个人与团队、个人与管理层、团队与团队、团队与管理层之间存在多路信息处理通道，如果不加有效控制，很有可能产生超过容忍度的信息噪声以及由此导致的重要信息的遗漏，从而影响决策制定进程和工作实施进程。而有效控制信息处理通道则必然加大组织运行成本，这些成本对那些稳定的业务部分来说完全是多余的，可以避免的。另外，组织结构转型期间，需要重塑组织文化，人员心态也将因之调整，如果组织文化准备不到位、扁平化工作机制设计不周，很可能面临巨大的来自团队成员的负面阻力，形成人人负责、人人推托的局面，从而影响组织绩效。此时，渐进式转型路径能够将组织结构转型失败的风险降至最低程度，留出试错空间，不至于产生难以承受的负面影响，从而波及未来改革进程。

因此，应该保留一定的层级式管理体制，这样才可以为图书馆的平稳运行提供有力保障，有效避免组织结构彻底转型可能对图书馆管理和运行带来的严重混乱情况的发生，实际工作中的确也存在这样的案例，与此同时，对不确定性密集的业务范畴纳入扁平化的组织结构元素，选用具备团队合作精神的员工进行自我指导、自我管理、自我评估，以最大的灵活性应对工作不确定性的挑战。

3. 组织结构的扁平化结构模式

图书馆内成立的各类型委员会是一种比较传统的扁平化结构模式，但是对于我国的图书馆来说，在馆内设立委员会的并不是很多。当前图书馆工作中存在一些新型服务领域，不能完全归属于某一个具体部门，不能由某一个具体管理链条监督实现，此时设立代表各方意见的委员会是比较适当的做法。委员会有常设和临时两种，常设的委员会涉及员工发展、自动化、人事等方面，临时性委员会则根据需要随时成立，委员会的权力大小视各馆实际需要而异，有的委员会有权制定图书馆范围的政策，有的委员会仅起到咨询的作用。其成员安排可以自愿参加，也可以民主选举。由于允许普通员工广泛参与，所以委员会的设立能够在较大范围内分享知识和经验，使大家更好地理解政策和决议。但是委员会的反应往往滞后，而且需要耗费委员大量的时间成本。

任务组是一种与委员会不同的扁平式结构模式，在任务组内的成员大多数是全职参与此项工作的，通常任务组的工作性质往往是某一特定的临时性项目。任务完成以后组内成员依然回到自己的本职岗位上，当临时性工作任务涉及较大范围的、具有明确工作成果、没有前例、要求组内成员高度合作、具有高度重要性时，这种形式格外有效。图书馆可以利用任务组来应对新出现的、不熟悉的、涉及多部门的项目，比如建设新馆或者更换新的管理系统。

随着图书馆的发展，团队成为一种新型、备受关注的扁平化组织形式。团队模式基本上颠覆了传统工作模式：不再被人管理，自己管理自己。自治性是团队最为突出的特征之一，从团队的工作计划到成员的岗位安排，再到整个工作进程的评估等，均在自治之列。在这种自治环境下，团队形成富于创造力和风险共担的文化，大家倾听彼此的意见和经验，自由提出看法，无须担心受到责备。团队的牵头人由组内成员轮流担任，充分体现领导力共担。进入21世纪，自我管理的工作团队已成为等级式管理结构中最为常见的扁平化机制。极个别图书馆比如亚利桑那州立大学图书馆在整个图书馆范围内实现了团队管理，绝大多数图书馆则是在一些部门比如编目、参考等实现了团队结构。

对于图书馆的扁平化管理来说，从委员会到任务组再到团队，它们的扁平化程度呈现逐级加深的趋势，同时它们在应对变化方面的能力也是逐级提高的，各个图书馆可以根据自身的实际情况选用适当的形式。实践表明，图书馆提高灵活性的路径是多种多样的，成功之路没有固定的模式。有的图书馆团队模式改革失败以后重新回到传统模式，更有不少图书馆在实现团队模式以后大为提高了服务水平。在决定转型之前需要综合考虑转型成本与转型收效之间的均衡，慎重做出决定。不论等级式管理体制存在哪些缺点，这种上至管理层、下至普通工作人员所熟知的组织结构以其可预期的稳定性所带来的安全感具有很大的优势，最后需要说明的是，为了方便讨论，本书对具有著作权法、行政法、民法和刑法属性的网络信息资源分别进行阐述，但在实际操作中应综合考虑，全面关注，这样才能真正起到预防法律风险发生的效果。

第二节 图书馆的作用和社会职能

一、图书馆的作用

（一）图书馆的宏观作用

1. 保存人类文化遗产

图书馆的一项重要职责就是保存人类发展过程中产生的各种文明，也就是保存人类文化遗产，而这也是图书馆产生的一项根本原因。因为有了图书馆这一机构，人类的社会实践所取得的经验、文化、知识才得以系统保存并流传下来，成为今天人类宝贵的文化遗产和精神财富。

2. 开展社会教育

随着资本主义大工业的产生与发展。社会对工人的要求也产生了一定变化，要求他们要具备更多的劳动知识和劳动技能，图书馆从而真正走入平民百姓当中，担负起了对工人的科学知识文化教育的任务。现代社会，图书馆成为继续教育、终身教育的基地，担负了更多的教育职能。

3. 传递科学信息

对于现代图书馆来说，一项重要的职能就是传递科学情报，图书馆丰富、系统、全面的图书信息资料，成为图书馆从事科学情报传递工作的物质条件。在信息社会，图书馆的科学情报功能将得到加强。

4. 开发智力资源

图书馆收藏的图书资料，是人类长期积累的一种智力资源，图书馆对这些资源的加工、处理，是对这种智力资源的开发。同时，图书馆将这些图书资料提供利用，是在开发图书馆用户的脑力资源。换言之，图书馆承担着人才培养的职能。

5. 提供文化娱乐

图书馆是社会中的文化基础设施，它是一个文化教育机构，随着社会进步，人民群众生活水平的日益提高，为了满足他们提出的更多要求，图书馆为其提供了文化娱乐功能。图书馆提供的服务，满足了社会对文化娱乐的需要，丰富和活跃了人民群众的文化生活，在精神文明建设当中，起到了不可磨灭的作用。

（二）图书馆的微观作用

1. 文献收集

在图书馆工作中，一项最基础的工作也是最基本的功能就是文献收集。图书馆馆员首先要明确本馆的收藏原则、收藏范围、收藏重点和采选标准，了解本馆馆藏情况、文献的种类与复本数、各类藏书的利用率和使用寿命、哪些书刊可剔除、哪些书刊要补缺等，此外还需掌握出版发行动态。然后以采购、交换和复制等各种方式补充馆藏。

2. 文献整理

文献整理是图书馆更好地管理图书，更好地提供服务的基础，包括文献的分类、主题标引、著录和目录组织等内容。文献分类不仅为编制分类目录和文献排架提供依据，也便于图书馆统计、新书宣传、参考咨询和文献检索等。文献主题标引是根据文献内容所讨论的主题范围，以主题词来揭示和组织文献的。文献分类和主题标引是揭示文献内容的重要手段，文献著录则是全面地、详尽地揭示文献形式特征和内容特征的主要手段，它便于读者依据该文献的各种特征确认某种文献，获得所需文献的线索。图书馆馆员把各种款目有序地组织成图书馆目录以揭示图书馆馆藏。图书馆目录是检索文献的工具，也是打开图书馆这个知识宝库的钥匙。

3. 文献典藏

在图书馆微观功能中，文献典藏具有重要作用，它主要包括书库划分、图书排列、馆藏清点和文献保护等。其中，文献保护是一项专门技术，包括图书装订、修补、防火、防潮、防光、防霉和防虫以及防止机械性损伤等。

4. 图书馆服务

图书馆服务工作是一项开发利用图书馆资源的工作。它包括发展读者（如发放借书证）、读者研究、文献流通和推广服务（包括文献外借、阅览服务、文献复制服务、馆际互借、流动图书馆服务等）、馆藏报道、阅读辅导、参考咨询和文献检索、读者教育等。

二、图书馆的社会价值

图书馆是为人类学习文化准备的，是社会分工不可或缺的重要组成部分。图书馆工作的社会价值，就在于真正实现图书馆藏书的价值，而实现藏书价值的途径就是为读者服务。否则藏书再多、再好，也是没有意义的。图书馆的社会价值体现在以下四个方面：

（一）进行学习的重要场所

除了学校以外，图书馆是为数不多的良好学习场所。图书馆拥有的文献信息资源浩如烟海，内容涵盖古今中外和各学科门类，载体形式多样，服务手段多样，是取之不尽用之不竭的知识宝库。图书馆是学习的好场所，它有着安静的环境、宽敞的馆舍、浓厚的学习风气，营造了一种强烈的文化氛围，能给学习者提供良好的学习环境，无论何时何地，图书馆都是人类接受教育的理想殿堂。图书馆以公益性服务为基本原则，以实现和保障公民基本阅读权利为天职，以读者需求为一切工作的出发点。在对外开放不断扩大、信息网络技术迅猛发展、社会主流意识形态受到严峻挑战的时期，图书馆对先进文化的倡导作用更为重要。它通过对文献信息的收集、整理、开发、利用来宣传党的方针政策、国家的法律法规和科学真理，发掘、阐述、转化、继承和发扬积极向上的文化成果，牢牢把握先进文化前进的方向，推动先进文化的传播。

（二）精神文明建设的重要阵地

在信息领域，图书馆始终发挥了重要作用，它以文献信息的管理与利用为主，在信息工作领域占有文献信息的汇聚与交流中心的重要地位，图书馆的存在及其职能作用的有效发挥，使人类精神文明的发展有了可靠的保证。正是人们自觉利用和依赖图书馆阅读信息的行为，营造出了良好的社会文化氛围，推动了人类精神文明不断向前发展。

在整个社会中，图书馆承担收集、加工和管理文献信息资源的重要职责，是十分重要的社会部门。信息技术和网络技术的飞速发展，拓展了图书馆的信息收藏范围。图书馆的收藏形式日益丰富，由收藏单一的印刷型文献资料，逐渐成为收藏多媒体电子出版物、光盘数据库、网络信息等多种信息存储形式的完整的信息系统。图书馆肩负着信息资源建设的重任，一方面要丰富本馆特色资源，把馆藏信息数字化；另一方面还要对网络信息进行有效的规范管理，对有害信息、虚假信息和垃圾信息进行筛选过滤，对读者需求的信息进行分类、归纳，并将结果通过网络反馈给读者。

（三）为社会服务的公益机构

社会公益性是图书馆的一个基本特征，从图书馆出现时就具有这一属性，这主要体现在图书馆无偿地为广大读者服务上。图书馆向读者提供平等的服务，各级各类图书馆共同构成图书馆体系，保障全体社会成员普遍均等地享有图书馆服务。知识一旦生产出来，几乎无须增加任何成本就可供全人类共享，不会因为使用而消耗减少。图书馆虽然不是知识的生产者，但其收藏知识的特征不变。知识一旦为图书馆所收集、加工、保存，同样几乎无须任何附加费用就可以向所有人提供。无论贫富贵贱，来自社会各个阶层的人都能平等地获取图书馆资源。

（四）体现人文关怀的场所

图书馆尽可能地为全体社会成员提供服务，尽可能消除弱势群体利用图书馆的困难，为全体社会成员提供人性化、便利化的服务。随着社会的发展，越来越多的农村务工者涌入城市，该类读者的社会来源广、构成复杂、个体差异很大，对知识有不同程度的渴求。指导他们正确地使用图书馆，不但能提高他们的自身素质，而且对于社会的安定和谐也能起到关键作用。

三、图书馆的素质教育功能

图书馆的素质教育功能是面向全体社会成员发挥作用的，但此处主要针对学生群体探讨图书馆的这一社会功能。

（一）图书馆在素质教育中的责任与对策

1.图书馆的育人优势

图书馆是知识的宝库、智慧的源泉，是开展全面素质教育的重要场所。图书馆利用其收藏的图书文献资源可以有效地帮助学生在专业领域中迅速提高，同时在学生利用图书馆的过程中可以拓宽学生的知识面，弥补专业面过窄的不足。学生在学习中，根据自身的需要，对各种馆藏文献资源进行筛选处理，可以培养和提高利用图书馆的能力与自学能力，并能形成独立收集资料和进行情报检索的能力。长期以来的"应试教育"导致学生的知识面出现偏颇，图书馆丰富的藏书正是学生猎取课外知识的博览地，他们从浩瀚的书海中汲取营养，获得知识，使自身的文化素质得到进一步提高。因此，图书馆以丰富的馆藏文献为主要手段来发展素质教育职能，是它的特殊性，也是它的优势所在。

（1）图书馆具有提高学生素质的职能

按照图书馆的规程要求，图书馆会根据学校的教学大纲，为学生群体提供获取所需知识的途径，使学生在图书馆得到基本训练，使他们可以获得使用文献资源的能力，引导学生养成终身利用图书馆的习惯以便从图书馆获得知识和再教育，课堂教学虽然是获得知识、提高素质的主要形式，但由于受教材、教时的局限，教师只能将教材中最基本、最核心的知识传授给学生，许多相关知识需要通过课外学习才能进行补充和巩固。图书馆是知识信息的集散地，正好能填补课堂教学的缺陷，在这里，学生的自学能力、独立思考能力能得到充分培养，而这正是当前素质教育的主要任务之一。

（2）图书馆具有提高学生素质的物质条件

随着社会的进步，科学技术的蓬勃发展，世界范围内的各种图书文献数据出现了大规模增长，新的科技手段不断得到应用，但是由于财力有限，青年学生不可能较为全面地拥有所有文献资源，因此，图书馆是青年学生拓宽视野、培养素质的最佳场所。21世纪，随着经济的快速发展，国家对图书馆工作不断重视和加强，对图书馆的机构设置、人员配备和条件保障等都做了具体规定，图书馆的软硬件有了极大的提高，这些都为图书馆更好地开展青年学生素质教育提供了强有力的物质保障。

图书馆是为读者服务而存在的，没有读者或离开了读者，图书馆就失去了存在的价值。但由于各种类型的服务方式不同，因而其性质和功能自然会有所区别。如何凸显图书馆服务育人的优势，努力提高学生的综合素质，是提升图书馆服务水平的一个值得深入研讨的课题。

图书馆是高校的文化中心，是其传播知识和信息的重要场所，是学校教学科研服务的学术性机构，也是广大学生开展学习的"第二课堂"。图书馆拥有丰富的馆藏、优雅的环境、先进的技术服务手段和高素质的馆员队伍，在开展对学生素质教育方面，有着得天独厚的优势。图书馆必须贯彻国家的教育方针，履行教育职能和信息服务职能，为培养德、智、体、美等多方面发展的人才，发展教育科学文化事业，为建设社会主义物质文明和精神文明服务。教育是人类社会特有的培养人的活动，在这个活动中，善于利用图馆是其重要内容之一。一所高校的学生是否善于利用图书馆且具备获取信息以及开发利用信息的能力，不仅是衡量这所学校学生素质高低的尺度，更是衡量这所学校图书馆馆员素质高低的尺度。

2.图书馆的育人形式

图书馆教育不会受到时空的约束与限制，它以适当引导下的自我调理作为原则，不要求统一，而强调个性的培养，运用特定环境里的特有氛围对青少年进行熏染和陶冶，使他们在图书馆这个知识的海洋里自由进出。结合图书馆的优势，针对青年学生的心理特点，图书馆可以开展多种形式的素质教育。

（1）读书报告会、学术报告

可以邀请有名望的人士举办讲座，对学生感兴趣的问题和一些社会热点问题开展演讲，如历史、创业、文学、科技等领域的问题。一方面，能激发他们的学习兴趣，吸引他们到图书馆学习这方面的知识，培养良好的学习习惯；另一方面，能帮助他们树立正确的人生观、价值观，引导他们正确地认识自我、认识世界，青年学生的心理具有明显的可塑性和不确定性，正面的引导对他们的健康成长起着举足轻重的作用。

（2）知识竞赛

可以通过组织开展知识竞赛的形式培养学生的竞争能力和团队精神，如文学竞赛、体育知识竞赛等。青年学生一般都争强好胜，要给他们创造一些竞争的机会，增强他们的竞争能力。同时，也要给他们挫折经历，使其在今后的人生道路上能正确面对失败和挫折，提高心理素质。

（3）演讲比赛

通过演讲，可以有效提高学生的人际交往能力，可以使他们建立起积极向上、开朗乐观的个性。青年学生时代个性的塑造往往影响着人的一生，图书馆可以充分利用公共性的特点，聚集青年学生开展有益的交往，共同探讨感兴趣的话题。

（4）征文比赛

通过组织开展征文比赛，可以提高学生的写作能力，同时通过活动可以扩大图书馆的影响力，激发他们的读书兴趣，使他们可以形成良好的自学习惯。通过比赛，能了解到别人不同的观点，对事物的认识进一步得到提高，从而促进思想成熟，克服自我意识不够稳定的缺点。

（5）科普教育

随着科学技术的高速发展，现代图书馆可以通过各种先进的教学手段对学生进行科普教育，例如，利用网络、多媒体进行前沿科学介绍，利用影视片鉴赏有益的文化艺术等，以开阔青年学生的视野，提高艺术修养。

3.引导学生正确利用图书馆

教育是人才的基础，是社会的根本，青年学生素质水平的高低，可以说是决定民族生死存亡的根本大事。图书馆教育作为学校教育的一部分，必须切实发挥起它应有的职能和作用，随着科技和社会发展的日新月异，图书馆不应局限于传统的工作方式，而要充分发挥自身优势，变被动为主动，通过多方位、多渠道的教学方式开展素质教育，努力营造学生自主、积极向上的学习氛围，使青年学生在学到知识的同时，更能养成良好的学习习惯，掌握分析问题、解决问题的能力，促进素质水平的全面提高。要引导学生善于利用图书馆，就要做好以下两点：

第一，通过开展文献检索课培养学生的基本检索能力。通过文献检索课可以有效增强学生文献情报意识，培养学生掌握和利用文献情报技能。图书馆要积极和教务部门及有关科室协调，把文献检索课列为学生的必修课或选修课。不仅要让学生掌握手工检索工具，更要让学生学会光盘检索、联机检索和网络检索。文献检索课不但可以培养学生的文献情报意识和获取信息的能力，而且可以提高学生的自学和研究的创新能力，是"授之以渔"。在教学中，要注意提高任课馆员的教育理论和教育技巧这两方面的素养，注意科学性和思想性相结合，注意知识积累和智能发展相结合，注意教学和科研、创造相结合，注意统一要求和因材施教相结合。边教学，边积累经验，在理论联系实际上下功夫，做到教学相长。

第二，开展新书介绍和导读工作。要保证馆内新书及时介绍，并且要做到简明扼要，对学生关心的问题和社会热点问题应该格外注意。在对新书进行介绍和开展导读工作时，应该注重形式的多种多样，做到引人入胜。

我国教育的性质和任务是为社会主义现代化建设服务，培养社会主义事业的建设者和接班人；我国教育的目的是培养品德、智力、体力等方面全面发展的人；实现人的全面发展的唯一方法是教育同生产劳动相结合。将上述三项内容结合起来就是我国的教育方针：教育必须为社会主义现代化建设服务，必须与生产劳动相结合，培养德、智、体等各方面全面发展的社会主义事业的建设者和接班人。图书馆的工作，从根本上来说，应该围绕我国的教育方针展开，以提高学生的思想素质、政治素质、人文素质和专业素质等。

图书馆教育职能的实现，应该立足于深化图书馆馆员的积极工作的内涵和读者的能动性、自主性的统一，在充足的文献资料和馆员的有效导读的基础上滋润读者、培养读者。读者在图书馆不仅深化、拓宽对课堂知识的理解，而且通过在这种自主学习的氛围下博览群书或进行专题研究，提高他们的整体认知能力和创新能力。图书馆已不只是传统意义上的图书馆，而是课堂的延伸，或者说已经成了第一课堂的重要组成部分。

4.图书馆的主要育人功能

（1）图书馆是对学生进行思想教育的重要场所

在传统教育模式中，专业课教育是高校教育教学的重点，这导致学生将绝大部分时间放在专业学习上，而忽视了学校的精神文明建设和学生思想道德素质的提高。随着我国市场经济的建立，对外开放程度的扩大，西方的文化价值观，包括拜金主义思潮等，在学生中产生了种种负面影响。在一部分学生中产生了思想迷茫。图书馆应以宣传栏、板报、新书导读、讲座等多种形式对学生进行素质教育，引导他们吸取人类的一切优秀文化成果，向学生推荐领袖、英雄人物、科学家等名人传记，丰富学生的精神生活，倡导奋发向上的学风，树立正确的人生观、价值观，培养崇高的思想道德情操。

（2）图书馆是对学生进行文化素质教育的"第二课堂"

学生要尽可能地丰富自己，不可以仅靠教师在课堂上传授的知识，还应该进行大量的课外阅读，通过这种方式有效地消化，巩固和加强对课堂所学知识的理解。学校图书馆作为学生的"第二课堂"，实施文化素质教育，将与专业有关的参考书籍及时传递给他们，可以帮助他们了解本学科的前沿动态、发展方向，捕捉到新信息，获取新知识，提升自身的专业水平。图书馆可根据各院、系的教学计划，为学生提供教学参考书，编制相关的导读书目，发挥自身馆藏资源丰富的优势，努力提高学生的文化科学素质，拓展学生的知识面。

（3）图书馆是对学生进行心理素质培养的重要场所

当前正处于信息网络时代，这个时代的学生思想活跃、兴趣广泛、思维敏捷、求知欲强，同时具备比较丰富的科学、文化知识等。但在他们的身上也存在一些不足，由于缺乏社会和实践工作经验，缺乏生活的磨炼，往往容易产生各种心理障碍。图书馆可以利用自身文献资源丰富的优势，引导学生阅读有益身心的书刊，如引导他们阅读古今中外名人传记，以及有关调整人际关系、人与人之间相互沟通的技巧、心理咨询、心理健康等方面的书籍，为学生举办心理健康讲座，使学生从中汲取有益的营养，调整心态、锻炼和培养健康的心理素质和承受挫折的能力，使他们勇于接受挑战，易于适应环境的变化，自尊、自强、自立。

5. 图书馆馆员的培育

道德是人们对于自身所依存的社会关系的一种自觉反映形式，是依靠教育、舆论和人们内心信念的力量，来调整人们之间的相互关系的观念、准则等的总和，职业道德是道德的一部分。职业道德是所有从业人员在职业活动中应该遵循的行为准则，涵盖了从业人员与服务对象、职业与职工、职业与职业之间的关系。因此，一个合格的图书馆馆员，首先必须是一个社会主义道德的模范遵守者。道德的最高价值在于实践，所以图书馆馆员应一辈子身体力行。具体来说，图书馆馆员应有强烈的事业心和社会责任感，热爱图书馆事业，团结一致，群策群力，坚持"读者第一，服务至上"，全心全意为读者服务，只有高尚的道德，而没有创新精神，显然也是不适应时代要求的。创新能力已成为国民经济可持续发展的重要组成部分，有创新，才有技术革命，才有社会生产力的发展。在学校，有创新，才能培养出有国际竞争力的学生。图书馆也如此，有创新，才能满足新一代读者的需求，才能和创新教育默契配合。图书馆要培养馆员勇于开拓、积极进取的创新意识、创新精神，打破思维定式，抛弃旧观念，制定新制度，开创工作新局面。

图书馆馆员应该是信息专家和信息工程师，是信息系统的建设者。在当前这个信息化时代，手工编目、手工检索已经不再符合时代要求，图书馆馆员应该依靠现代化网络信息系统开展相关工作。图书馆馆员应提高使用计算机的能力，迅速将物理介质信息转化为数字信息。图书馆馆员有了网上查阅信息的能力，有了检索数据库的能力，有了熟练使用各种工具书的能力，就能为读者提供快速，准确，有效的服务。要练好过硬的业务基本功，必须将图书馆馆员的继续教育制度化，鼓励馆员参加学术活动，鼓励馆员搞技术革新，鼓励馆员和读者共同搞科研。

在当前的知识经济时代、信息网络时代，如何帮助学生在浩如烟海的信息海洋中捕捉他们所需要的知识信息，提高他们的信息素质，是图书馆素质教育的主要内容。社会需要能力型、创新型和复合型人才，学生必须具备较强的获取信息的能力，所以图书馆在进行素质教育的时候，首先要做好让他们认识图书馆、利用图书馆的教育，帮助他们掌握对馆藏书目、电子资源的查询和检索技能，开设各种服务方式，提供给他们所需的各种信息资源。图书馆要凭借自身优势，负起素质教育的责任，在培养学生素质教育方面发挥自己的作用，真正为读者服务，成为知识、信息海洋的导航员。

（二）建设图书馆成为素质教育的重要阵地

教育是一项庞大的系统工程，高校为社会培养高素质的创新型人才必须借助各方面力量，要从基础教育到终身教育进行全方面和多渠道的教育发展。在学校，课堂教育是主渠道，但学校图书馆在学生的素质教育中的作用也是不可缺少的，图书馆同样担负着教育的职能，为人才的培养和知识创新提供教学支持。素质教育是以培养适应现代化社会及未来发展的挑战，具有全面素质且又有个性特长的学生为目标的科学的、系统的、完整的教育运作体制。素质教育也包括思想道德、科学文化、身心素质、劳动技能和审美能力，以及与之相适应的教育观念、课程教育体系、教育教学、考试制度、教师激励措施、学校工作评估教育运行机制等。图书馆是人类精神财富的宝库，读者在借阅图书的过程中，会对他们的精神世界产生潜移默化的作用，这就是书籍的力量。每本图书都凝结了人类的思想和智慧，特别是那些优秀的著作，思想深邃，内涵丰富，能够开拓人的思维眼界，增长人的知识才能，其作用是无可代替的。

1. 图书馆是学生素质教育的基础

面向学生开展素质教育的主要目的，是促使他们更好地学习、工作和生活，为使他们成为合格的社会主义公民打好基础，为提高国民素质打好基础。素质教育不仅要使学生的思想品德素质、文化科学素质、身体素质和心理素质全面发展，而且还要使青年学生学会生活、学会处世、学会做人，培养他们自我发展的能力。素质教育的目标、任务和内容反映社会的需要和时代的要求，并随着社会的发展变化而不断发展完善，而不是固定不变的。同时，素质教育的实施必须依靠整个社会，形成学校与社会、家庭三位一体的动态运行机制。素质教育是一项未来事业，今天的素质教育为未来社会的经济发展和社会进步奠定了国民素质基础，做好人才准备，从今天看到明天，看到未来。

2.图书馆在学生素质教育中的地位

在学生的素质教育中，课堂教育、实践教育和图书馆教育是相辅相成、缺一不可的，这三部分内容构成了素质教育这一有机整体，图书馆教育贯穿青年学生在校时期的整个过程，具有主动积极性、灵活多样性和广泛深度性的特点，有利于学生自由调配时间，通过多种形式与图书馆馆员密切接触，获取丰富的信息资料，构成完整、有用的知识框架。

3.图书馆在学生素质教育中的作用

图书馆是一项高校基础设施，是学校教育事业的一个重要组成部分，同时也是学校的文献信息资源中心。学校图书馆藏书并不是单纯的知识、情报的堆砌，而是一种文献资源，是经过精心选择和组织的适应特定功能要求的知识体系，是为学校教育、教学、科研服务的物质基础。各个学校藏书虽不同，但也包罗万象，涉及古今中外，涵盖每一个时期教育、教学、科研的重点文献和各学科知识的普及性文献，可以基本满足师生对图书资料的各种需求，伴随着师生的教学和学习生涯，能源源不断地提供保障。列宁同志说得好，办好一个图书馆等于办好这个大学的一半，优秀的典籍、好的图书对人的素质起着潜移默化的教育作用，这种影响甚至深入人的灵魂。当今的大多数图书更是体现了图书馆所具有的作用，不仅为青年学生的文化素质的提高奠定了良好的学习基础，而且对他们的思想素质、心理素质、科学素质、信息素质的提高也具有极大作用。

素质教育是一个庞大的、复杂的系统工程，它主要包括思想道德、文化水平、业务技能和身体心理四个方面。素质是指人在思想上、道德上、心理上、文化上必须具备的条件。图书馆有丰富的高质量的馆藏资源、整洁雅静的馆舍、现代化的服务方式，构筑了图书馆的特有氛围，对学生素质的影响是人所共知的。古往今来，中外历史上有广博知识、伟大成就的人中英杰，无不从图书馆汲取了精神营养和获得了深厚的教益。在素质教育中，图书馆的教育形式和课堂教育相比，更具有主动性、灵活性和选择性的优势，更有利于培养学生的独立性、创造性和开拓性，更有利于发挥学生的聪明才智，使学生的个性得以充分发展。

强调学生的思想品质、良好人格的培养和塑造，是素质教育的一个重要方面，图书馆利用自身的优势，从以下几个方面着手开展工作，使之成为素质教育的一个重要的学习阵地。

（1）开展入馆教育

在信息网络时代，学生兴趣广泛，求知欲旺盛，但是在文献信息的利用能力方面有所欠缺，尤其是现在的学生在中学阶段对图书馆接触很少，因此对新生进行入馆教育，让学生认识图书馆，学会充分利用图书馆丰富的文献资源，有助于学生的思想道德素质、专业技能、文化综合素质的完善，有助于良好心理素质的形成和对社会环境适应能力的培养。对学生进行入馆教育，要安排在第一学期的课外活动时间进行，其内容包括对图书馆的性质和作用、图书馆和人才培养的关系、学校图书馆的规模、藏书地点和藏书结构、什么是图书分类、图书分类的作用和排架的规律、数字资源的检索方法、借阅常识、图书馆现代化管理的使用方法等。通过教育让学生自如地获取知识、实现自身素质的优化。

（2）优化资源建设体系结构

大学职业教育，课程与实验安排较紧，专业课任务繁忙，用于提高思想修养、文学修养的课程开设得比较少。对此，图书馆在馆藏资源建设方面要合理而丰富。图书馆资源建设体系设置应在服从于教学专业设置外，还应针对学校的素质教育的目标，收集订购处于学术前沿的各类著作和期刊，提高文学、艺术、哲学、历史文献的比例。这样，可以使学生根据爱好、兴趣、未来的发展方向等有选择地进行阅读、拓宽知识面、开阔学生的视野。

（3）开展咨询导读工作

实际上，图书馆文献咨询导读是学校课堂教学的一种有效延伸，通过这项工作可以引导学生更多地开展阅读活动，使他们在阅读中掌握读书的方法和技巧，提高自学能力，使学生可以随时随地地获取课堂上得不到的知识。可以充分利用各种方式宣传图书馆的藏书结构和特点，通过编制馆藏目录、新书通报、开展文献检索专题讲座和书评活动，向学生推荐优秀书刊，把内容健康、格调高雅、思想性和趣味性很强的优秀图书作为主要的推荐书目，正确引导学生的读书情趣和阅读倾向。

（4）引导学生参与图书馆的管理和服务

针对学生参与图书馆的管理和服务制定相关规则，吸引他们在课余时间积极协助和参与图书馆的各项工作，让他们负责书刊的整理、借阅和修补，宣传图书借阅规则、催还过期书刊、维护开架书库学生借阅秩序、督促学生文明阅读、打扫卫生等。通过相关规则的实施，一方面可以发挥参与学生的桥梁作用，向周围的学生宣传关于利用图书馆的知识，推荐优秀图书，及时反馈不同的借阅要求；另一方面可以培养学生的劳动观念和集体主义观念，满足学生参与社会实践的要求。

（5）利用图书馆加强学生的素质培养

素质教育中的一项重要内容是加强培养和塑造学生的思想品德和个性人格。图书馆是学校的重要教育阵地，在订购图书和报刊时，一定要把好关，要订购那些思想上乘、格调高雅、内容精美的优秀书刊。除了需要大量思想政治教育的书刊外，对于古今中外的优秀文学名著和哲学、艺术书刊，都要有计划地、系统地购进。通过加强图书宣传工作，让读者对书刊产生广泛的兴趣，在学好专业的基础上，对古今中外、文史哲经，从社会科学到自然科学的书籍都广泛阅读，优秀的书刊能满足他们对知识的渴求，美的熏陶能提高他们的情操，培养高尚的精神，建立良好的行为，引导学生自觉地求得个性的全面发展，主动把自我推向未来的完美境界。

（6）加强图书馆的文献资源建设

通过高效图书馆对学生开展信息素质教育，一个重要前提就是不断地补充、丰富馆藏文献，要保证馆藏文献的与时俱进。我们应科学、合理地利用文献购置费，在保证重点学科的专业书刊收藏的同时，对学术价值、欣赏价值较高的文献进行合理选购，使学生不仅能学习新的知识，而且能从优秀的书刊中汲取精神食粮，陶冶情操。随着电子文献的大量增加，馆藏文献发生了深刻的变化，网络信息资源成为图书馆主要的信息资源，图书馆应加强对之的采集加工，还可开辟电子阅览室，让学生通过光盘和网络，了解最新的知识及研究方向，获取丰富的信息资料。同时，应该为学生创造良好的阅览条件，让他们感受到浓郁的学习氛围。

（7）深化文献资源的开发与利用

图书馆拥有丰富的文献信息资源，虽然为学生的信息素质教育提供了满足需求的最大可能，但也为满足各个读者的特定需要带来一定困难。因此，我们必须深化文献资源的开发和利用，结合学校的教学和现代科技的发展，有针对性地揭示馆藏，让读者了解馆藏、熟悉馆藏，向学生介绍馆内的国内外数据库和网络信息资源的使用方法。积极开展信息服务工作，不仅要编制专题资料汇编与"定题服务索引、专题索引"等二、三次文献，而且要积极向读者提供科技咨询、专题检索、信息研究等高层次的服务。

（8）培养学生的信息资源能力

信息资源能力是指学生检索、获取和利用信息资源的能力，学生需要具备收集和处理信息的能力，才可以开展接下来的创新工作。培养学生收集和处理信息的能力，是激发他们独立思考和培养创新精神的一项重要工作。图书馆可以利用自身的优势，通过开展各种具体活动以培养学生的信息能力。通过对科研所需信息进行定向收集和科学分类，进而对有关信息有更深刻的理解，对信息的分析研究与获取利用有更直接的体验，在科研活动过程中，要注重培养学生对信息的感受力和洞察力，能从细微处发现有用的信息，使他们由知识的掌握向知识的运用与创造过渡，从而提高他们对知识与信息的创新能力。

（9）加强图书馆工作人员的素质教育

图书馆工作人员的素质水平与图书馆工作之间具有密切联系，而图书馆工作水平的好坏会直接影响学生信息素质教育的质量，图书馆工作人员不仅要有良好的职业道德、优质的服务、较高的专业知识水平，而且要有与专业知识相关的其他学科知识，以及熟练运用知识的能力。对每一个图书馆工作人员来说，应掌握多门学科知识，同时还要善于接受新事物，不断更新自身的知识结构，以适应图书馆工作的需要。

图书馆用户教育旨在增强用户的信息意识，帮助学生高效率地利用图书馆，快速掌握获取知识的方法和手段，善于鉴别和利用各种不同类型的文献，提高自学能力和创造能力。图书馆要不断更新用户教育的内容、方法、手段，特别要注意文献检索课的生动、有效。图书馆要利用自己现代化装备的优势，着重向学生介绍前沿学科的发展趋势、信息技术和新型文献的发展动态，培养学生强烈的信息意识和信息获取能力。掌握了文献检索方法，就等于掌握了开启文献知识宝库的金钥匙，对学生今后的学习大有裨益。图书馆作为学校课外活动的重要场所，创造一个良好的读书环境是非常重要的。一个宁静、优美、舒适、健康又充满文化气息的育人环境，能使读者置身于其中，受到潜移默化的熏陶和感染。图书馆的育人环境主要从两个方面入手，一是物质环境建设，它是图书馆的外在标志。在环境布置中要加强素质教育的强烈意识，营造良好的育人氛围，使图书馆环境文化与文化氛围和谐统一。二是人文环境的建设，主要是指人际环境，它集中体现于图书馆馆员的精神风貌。教师的言传身教对学生的影响是巨大的。图书馆馆员在服务的过程中应做到育人先育己，不断提高自身素质，做学生的良师益友，以自己的学识、风度、个性、品德最大限度地表现出图书馆的良好形象，并成为学生自觉效仿的榜样。

图书馆的本质是为读者服务。图书馆馆员应该进一步加强文献资源的开发与利用，充分利用丰富的文献资源和现代化的技术设备，开展定题和承诺服务、编制信息文摘和综述、专题索引等二、三次文献，而且要积极向读者开展科技咨询、专题索引、信息研究等高层次的服务。这样既拓宽了学生的知识面又能更好地为教师科研提供服务。学校对学生进行素质教育时，一定要重视图书馆这个阵地。因为图书馆在学生综合素质教育和能力培养方面凭借自身的资源有得天独厚的优势，必须注意充分发挥这个优势。

第三节 图书馆现状分析

一、现代化图书馆在我国快速发展

随着现代技术的科技发展，社会已经进入了信息大爆炸时代。特别是网络技术的高速发展，为人类社会的进步营造了一个前所未有的信息空间，也给图书馆这一重要的社会信息服务系统带来了巨大的挑战，并提供了难得的发展机遇。传统的图书馆已完全不能适应现代化生活节奏的需要，因此，应用现代化技术的图书馆应运而生。现代技术主要是指第二次世界大战以后出现的各种新技术，它和图书馆工作结合后，使图书馆工作发生了深刻的变化，图书馆事业从而进入了一个新的发展阶段。图书馆资源的数字化、馆舍的虚拟化、服务的社会化、发展的集约化成了图书馆未来发展的最佳模式。

（一）资源数字化

随着信息时代的到来，图书馆也必将是朝着数字化方向发展，建设数字图书馆这是毫无疑问的，业界也讨论过很多，资源数字化包括资源的存在形式（或载体形态）数字化、资源的组织数字化和文献信息服务体系建设的数字化。资源的存在形式数字化包括馆藏资源数字化和社会资源馆藏化。

1. 馆藏资源数字化

馆藏资源数字化就是根据各馆的特点以及日后的发展规模，确定数据格式标准（包括多少字段、采用什么格式）、收录范围、时间段和载体形式等，再根据《图书著录格式规范》《非书资料著录规则》等标准，对馆藏资源进行数据收集与加工。数据加工包括书目编目、文献著录、文字录入、扫描、图片处理等，然后建立专业的、特色的文献数据库。建立文献数据库，还依据《数据库著录规则》《元数据的标引规则》《数据库主题标引规则》《数据库分类标引规则》等多个规则，使每个文献处理人员有章可循，为高质量完成建库任务打下良好的基础，也进一步保障了后期的数据库软件研制工作得以顺利进行。

2. 社会资源馆藏化

现阶段，我国社会的数字信息资源分为四大类：网络数据库、电子图书、专业数据库和学位论文数据库。

（二）文献信息服务体系化建设

数字时代，如果资源的组织与管理模式、相应服务理念与服务方式不能适应发展的要求，那么，再多的数字资源也不能构成一个理想的数字化的文献信息服务体系。建设数字图书馆应该全面继承、发展图书馆的资源与服务，通过现代的管理方式和服务理念，采用现代数字技术，使图书馆的各种资源发挥更大的效益。"数字图书馆"的概念并不仅仅是一个拥有信息管理工具的数字收藏的同义语，它更是一个将收藏、服务和人融为一体以支持数据、信息和知识创造、传播、利用和保存的全过程，建立数据建设同盟，加大数据开发的比重，建立数据库产业基地；统一数据库制作标准，提高数字化水平；改进数据库检索技术，采用超文本检索技术，提高检索效率；实现

第一章 现代图书馆基本概念及现状分析

在网上轻松阅读和下载。在网络环境下，数字信息传输将采取长距离、大容量、数字式通信方式，其范围之大，可以覆盖全球，可以建设一套快速、大容量的传输系统以实现网络资源共享，图书管理的网络化以及信息资源的数字化、电子化，使我们可以获得大量信息，而不必关注其收藏点。数字化图书馆联盟下的子单位，可根据各馆的收藏和服务特点，为数字化联盟加工、传输、共享本馆的数字资源，这就避免相同资源的重复建设，节省了时间，减少了无用功的损失。

（三）馆舍虚拟化

随着全球网络化的迅速发展，特别是互联网的出现，已经构成了人类有史以来最大的信息资源网络，在网络环境下，图书馆的资源结构发生了深刻变化。在信息时代的知识社会里，图书馆的发展不再是一个独立的实体，而是信息社会系统里的一个知识功能模块。在实体馆藏资源的基础上，建立具有联机检索功能的数字化图书资源，任何图书馆如果离开数字化图书资源而仅靠自己有限的实体馆藏资源来提供广泛的服务是不可想象的，很有必要在互联网上建立一个统一的、具有全面共享的、高速的、安全的、不受时间和空间限制的、随时随地都可使用的智能化的虚拟图书馆。

1. 虚拟图书馆的含义

所谓虚拟图书馆，就是指信息时代馆际之间实施协调合作的一种形式，由若干有着共同目标的图书馆结成网络联盟，为共同开展服务、共同开发信息市场而实施全方位合作的一种虚拟运作模式。从发展的角度看是当世界进入网络时代，具有不同资源与优势的图书馆为了共同开发馆藏资源、共同开拓信息市场、共同解决个性化和多样化的社会需求，而组织建立的在信息网络基础之上的共享技术与信息、共同分担费用、共同发展、互惠互利的图书馆联合体。

2. 虚拟图书馆的应用

虚拟图书馆的出现改变了藏书建设的概念、理论和方法，改变了图书馆藏书建设体系结构与内容，拓展了图书馆信息资源的空间和服务模式，使多馆协作、资源共享不再是空想。虚拟图书馆是电子化、数字化图书馆，但电子化、数字化的图书馆却不一定是虚拟图书馆。电子化、数字化图书馆是某一具体的图书馆实体，它是自动化系统发展到一定阶段所表现出的馆藏文献的电子化与数字化，而虚拟图书馆与全球图书馆及全球信息库应是等同的，它没有具体、固定的图书馆形态，也不是单指某一个图书馆电子化、数字化的结果，而是指通过网络远程获取信息与知识的一种方式。但数字图书资源的支撑平台各种各样，如何把全国各地彼此分散的、异构的、杂乱的数字图书资源整合到统一的平台上是一个难点，而刚刚开通的 CER-NET2 和不断完善的网格技术，可以实现网上所有资源（包括硬软件资源、计算资源、存储资源、通信资源、信息资源、知识资源等）的全面联通。将地理上分布、异构的各种高性能计算机、数据服务器、大型检索存储系统和可视化、虚拟现实系统等通过高速互联网络连接并集成起来，共同完成一些缺乏有效研究办法的重大应用研究问题，实现了对各种计算资源的访问，也实现了对所有数据资源的统一访问。网络技术的根本特征就是资源共享，它把整个网络整合成一台巨大的超级虚拟计算机，以实现各种资源的全面共享。

文献信息资源的数字化，图书馆实体的虚拟化，是图书馆发展的方向，真正意义上的数字图书馆可以不受任何约束地通过网络图书馆调出其他馆的文献信息，变"缺馆藏"为"有馆藏"，真正变为"无墙图书馆"。

（四）图书馆服务社会化

图书馆服务社会化是知识经济和信息时代发展的必然趋势。随着知识经济社会的到来，图书馆面向社会开放，为社会大众服务，走社会化之路势在必行。知识经济的兴起和网络时代的到来，为知识创新提供了更加广阔的舞台，同时也带来了信息传播方面的新问题。面对"数量"和"复杂度"激增的各类信息，图书馆有责任通过自己的创造性劳动，做深层次的信息加工、鉴别以确定信息的价值，从而保证知识传播渠道的畅通，为广大科研人员实现知识、科技创新创造条件。基于知识、技术创新的大环境，图书馆的服务社会化是在市场经济条件下谋求自身发展的一个必然趋势。

图书馆作为文献信息的一个汇集中心，拥有浩瀚的文献信息资源和大量连续出版物等及时性的信息资源。图书馆拥有较强的专业文献资料加工处理能力，图书馆积累了大量工作经验与专业信息处理知识和能力，这些知识和能力是其他类型信息服务机构无法比拟的。可以说，图书馆是一个学科齐全的多功能的信息处理中心。

图书馆在服务社会的过程中可以方便地引进外部资源，如资金、技术、管理等，借助外部力量进一步深化其内部改革，让图书馆更好地为高校教学和科研服务，并进一步为社会提供更为广泛的信息服务。如今，图书、信息已走向市场化，清华同方的中华知识网、中国期刊网、万方数据、维普中文期刊等网上资源与图书馆的强强联手（建立镜像站等形式），给了图书馆强大的外部资源活力，绝大部分图书馆面对市场经济不能再是冷眼旁观，而应该把目光投向市场、投向长远，服务社会化是图书馆走向市场的重要途径。

进入当今知识经济时代，又是信息经济时代，人们的信息意识不断提高，对信息的需求量越来越大，信息的迅猛增加和高速利用，给图书馆的文献信息资源管理和读者服务工作开辟了广阔的前景。图书馆不仅是学校的文献信息中心，而且是学校信息化和社会信息化的重要基地。图书馆应不断拓展自己的教育职能和信息服务职能，把读者第一、服务至上、全心全意为读者服务作为最高宗旨，把吸引读者、争取读者作为重要的策略行动，把拥有最多的读者、最广泛的信息传播面和提高有效的知识沟通作为工作方向，把适应社会的发展、顺应读者服务的发展规律、不断提高读者服务工作的质量和水平作为自身发展的目标。

（五）图书馆发展集约化

随着信息时代的发展，特别是网络技术的高速发展，图书馆应用现代化管理方法和先进的科学技术，加强分工和协作，提高信息资源和经费的利用率，增进图书馆事业的整体效益，是图书馆行业集约化的基本含义。信息社会的来临使图书馆面临着前所未有的挑战。一方面，社会信息量急剧增加，单个图书馆越来越难以满足本馆读者的信息需求；另一方面，信息技术正在改变着图书馆的传统面貌，数字图书馆、虚拟图书馆等新的图书馆概念和形象相继产生。为了共同满足社会的信息需求，各图书馆之间必须联合起来，实行资源共享就成历史的必然，现代信息技术的应用能帮助图书馆克服时间与空间的限制，从技术上支持图书馆信息资源的共享。

在结构上，计算机技术和通信技术在图书馆的应用彻底改变了图书馆的工作方式，使图书馆的各项工作在图书馆内部连成一个整体，图书馆作为社会的一个有机组成部分，上网并将其信息资源昭示给社会公众也是大势所趋。以计算机技术与信息处理技术为主的有形的、组织结构精密的现代图书馆网络将取代传统的图书馆网络。在功能上，在未来的知识为基础的社会里，图书馆不仅是人类文化的保存中心，而且将成为真正的知识教育中心和素质教育中心，不仅收藏着丰富的信息和知识资源，而且可以通过各种现代化手段和途径获取并传播人们所需要的各种馆内和馆外的信息和知识资源，从而成为各种年龄和知识层次的人学习和研究的最佳场所；不仅为馆内读者服务，还可利用现代化手段，在网上开设远程教育课程，提供远程教学服务，从而成为人们终身学习与终身教育的中心。

由于馆藏范围的延伸，图书馆将兼有博物馆、美术馆、纪念馆的功能，但与这些机构不同的是，图书馆除了保存功能外，将更加重视藏品的利用，人们可以将其中的一些艺术复制品像图书一样，借回家去欣赏一段时间，从中受到艺术的熏陶。从这个意义上说，图书馆还将成为重要的素质教育中心。

在馆际合作上，交通、通信的发达，特别是高速信息传输网络的建设，使得国际的图书馆业务合作和学术交流变得更为方便，特别是网络作为一种全新的信息传递手段，以其信息最大、传输方便、不受时空局限、共享性强等优点显示了强劲的生命力，我们可以通过它检索世界上诸多国家和地区各类图书馆的馆藏目录及各种指南、手册及期刊索引数据库，交换书目信息，实现联合编目，开展学术交流。在发展理念上，图书馆作为信息的集散地，其从业人员的群体观念和个体意识应该是最敏锐、最开放的，他们应该时刻获知、鉴别和汲取新的有益的思想。在知识经济时代，社会信息网络以其丰富多变的载体形式、交流形式、服务形式迫使我们重新认识图书馆事业、图书馆信息资源、图书馆读者(用户)、图书馆服务及图书馆人本身，具有时代特色的新观念将层出不穷，而那些过时的、不符合发展趋势的、落后于客观现状的旧意识将得到更新。

二、图书馆现存的问题及其对策

由现代化带动图书馆事业的全面繁荣，这个目标实际上在20世纪八九十年代就开始了。多年的改革开放使中国图书馆发生了前所未有的变化，中国图书馆在改革开放的过程中也了解了自身面临的种种问题。

中国图书馆向现代化转型无法依靠别人也不可能依靠别人来完成，只有靠我们自己认真透彻地了解国情，了解世界图书馆的发展动向，发现当前图书馆发展中存在的问题，通过百折不挠的努力逐步地解决它、完成它。我们坚信，进入知识时代、信息时代的新世纪，人们将更离不开知识的积累和

第一章 现代图书馆基本概念及现状分析

对信息的需求。图书馆在未来社会仍然拥有自己的地位，中国图书馆在新世纪还会有更大的发展。

（一）图书馆现存的问题

网络环境下，图书馆的发展也面临着许多问题，图书馆的服务工作受到了严重的挑战，特别是图书馆的服务工作已经远远不能满足读者的需求。这些问题影响了图书馆职能的充分、高效发挥。这些存在的问题主要有以下几点：

1. 经费不足，地区发展失衡

众所周知，我国图书馆的经费起点低，尽管图书馆经费经历了较快的增长，但直到目前，其绝对数额依然较小。考虑到目前图书馆基本支出特征——书刊价格不断上涨、需要采购的文献类型日益多样、以现代信息技术为核心的设备更新日益昂贵、人民生活水平改善后对办公及阅览条件的不断升级，目前的图书馆经费远远不能满足其正常发展的需要。

在过去多年里，尽管我国图书馆经费的整体水平得到了较大程度的改善，但由于各级图书馆所处的经济环境不同，地区间的差异还是很大，发展处于一种分化的状态。在经济不发达的地区，图书馆的经费投入没有保障，部分地区图书馆难以维持现状，许多地方甚至没有图书馆，特别是在西部农村，这种现象更为严重。经费投入不足、地区发展失衡已经成为我国图书馆可持续发展最为突出的问题。

（1）投入不足，图书馆的整体发展水平还相对落后

与社会事业的其他领域相比，我国图书馆事业上的投入严重不足，差距较大。本来就比较少的经费又主要用来支付职工工资，可用于购书的经费少得可怜。

由于资金投入上的不足，许多图书馆的藏书量严重不足，图书无法更新，图书馆的人均藏书量远远低于国际图联的人均藏书 1.5—2.5 册的标准。图书馆的馆舍陈旧老化，服务设施和技术设备落后，甚至有些地区的图书馆馆舍时至今日已变得寒酸破败，其设备根本无法使用，仅作为摆设。

（2）图书馆发展不平衡，区域差别特别明显

现阶段我国图书馆在发展过程中呈现出发展不平衡的态势，区域差别比较明显，主要体现在以下几点：

第一，从东西部来看，图书馆事业东西部地区之间差距越来越大。

第二，从县级图书馆与市级、省级和国家图书馆相比来看，由于各级图书馆的投入主要靠同级财政的投入，我国的财政状况是中央、省级和市级财政的财力要比县级基层财力雄厚得多，因此县级图书馆的状况要比国家、省、市的图书馆差得多，无论是馆舍基础设施、技术设备等硬件条件，还是人员素质、服务水平等软件条件，都不在同一档次上。

第三，从城乡差距来看，一些城市所辖区县的县级图书馆与一些农业县的县级图书馆的发展差距也十分大，甚至有一部分城市所辖区县的县级图书馆比一些省的省级图书馆还要好。

2. 管理体制问题

图书馆管理体制是指对图书馆实施控制、监督、指导、操作的机构安排以及这些机构间的权利义务关系。具体地说，图书馆管理体制决定着谁负责制定图书馆的方针、政策、标准，谁负责给予图书馆政策拨款，谁决定它的发展规划，谁对它进行监督约束，谁在业务上对它进行指导等一系列问题。

在我国，各级地方政府是我国图书馆发展的最主要决定者，地方政府不仅掌握着图书馆发展的财权、规划权、决策权和管理权，而且地方政府对这一权力的运用情况受到的约束和监督很小，几乎没有。

此外，各级图书馆所处的经济环境不同决定了我国图书馆在管理体制上实行条块分割、各自为政，难以形成协同运作、优势互补、高效服务的图书馆体系。这种管理体制致使图书馆产生了分配不公、效率低下等问题，严重影响了图书馆正常功能和作用的发挥。

3. 服务内容单一，资源共享不足

现代社会人们渴求获得不同的、深层次的信息与知识，但是作为信息部门之一的图书馆由于计划经济体制的影响，固守传统的做法致使服务内容一直停留在简单的书刊借阅上，对文献信息深加工与开发利用浅尝辄止，除纸质印刷物外，其他先进的文献信息载体形式收存较少。这样远离市场经济需要的服务造成大多数图书馆目前难以满足读者多方面、多层次的综合性需求，从而降低了图书馆的社会地位。

在传统的图书馆管理思想的影响下，人们仍然习惯于以馆藏多少作为评价图书馆的等级标准，共享意识淡薄，缺乏全局观念，保守主义、形式主义和本位主义思想较严重，领导信息管理观念淡薄，对图书馆工作的重要性还没有充分认识，闭关自守、自给自足，盲目追求"大而全"，造成信息资源的重复投资和严重浪费。读者并不在乎图书馆是什么样的建筑，在什么位置，又有多少文献，读者在乎的是图书馆能提供什么信息资源和信息服务，他们不再经常去建筑形式的图书馆，而是通过网络获取文献信息。

许多图书馆资源与服务分布较散，一站式信息服务未能实现。服务以图书馆为中心，被动地等读者上门。图书馆图书资源采集不全，有些文献没有收集。由于工作机制、人员素质及设备的限制，服务工作有许多局限性，造成读者利用效率不高。

4.图书馆工作人员队伍问题

现阶段，我国图书馆普遍存在的矛盾是：读者用户日益增长的信息知识需求与图书馆的信息知识提供能力相对落后之间的矛盾。而造成这一矛盾的主要因素就是图书馆的整体素质相对较低。

目前，虽然图书馆的人才结构较之前取得了长足的进步，但仍普遍存在知识结构单一、产业结构不合理等问题。部分工作人员专业知识水平不高，即使其有很好的服务态度也无法为读者解疑释难，再加上培训制度的不完善，使之传统技能和知识水平越来越无法适应图书馆现代化的发展，越来越无法满足读者利用图书馆的需求。

图书馆馆员年龄偏大、素质偏低，接受现代化知识比较慢。图书馆要实现信息化、数字化、电子化，但年龄偏大的人员接受新事物较慢，这样势必影响图书馆向现代化方向发展。在网络环境下，图书馆工作人员将不再是只与图书打交道，而是与计算机网络打交道，图书馆的服务内容和手段都发生了巨大的变化，对图书馆馆员提出更高的业务素质要求。各级管理人员及基层操作人员在安全水平与意识上也存在一定的差异，往往造成上下理解不同，操作无法规范化，致使网络安全方面的措施很难达到预期的成效。

我国图书馆事业存在的这些问题，在很大程度上制约了我国现代图书馆的发展，如果这些问题得不到有效解决，我国图书馆的现代化建设就不能实现，以致会在很大程度上限制现代图书馆的发展。

（二）针对图书馆现存问题采取的对策

在新的信息环境下，图书馆将面临更为严峻的挑战，图书馆的可持续发展越来越受到人们的关注。我们不得不承认的一个现实是：Google等搜索引擎似乎已经代替图书馆成为用户检索的首选。信息环境的变化，用户信息行为的改变，社会信息需求的变化都要求图书馆随之变化和适应，20年后的图书馆将发生更大的变化，图书馆人应当清醒地认识到所处的危险处境，需要对图书馆的功能进行重新定位，确保图书馆发展的可持续性。

随着社会经济的不断发展，可持续发展观念不断深入各个领域。在可持续发展思想的指导下，图书馆发展应立足现在，放眼未来，遵循图书馆发展的客观规律，探求符合自身的发展规律模式，在发展过程中，不断地注入新鲜的活力，以适应社会的变化，满足人们不断增长和变化的信息需求，推动图书馆事业健康持续发展，使之能够与未来社会目标相适应并在两者之间形成良性的互动机制。

图书馆可持续发展的内容具体来说可以分为两部分，一是立足现在，二是放眼未来。立足现在是以当代的自身发展为基础，在这一过程中图书馆的建设就是要结合社会发展需要，适应时代变化，将自身发展融入社会中，采用先进的信息搜索技术，广泛收集信息资源，运用科学的管理手段，激发自身的智力潜能，并进行知识创新，组建不同图书的分类数据库，完善自身，增强社会竞争力。放眼未来是把图书馆未来的发展作为当代发展的前提，图书馆存在的目的就是为未来存在，为未来社会的发展储存丰富的人类知识文明。人类社会的持续发展离不开知识的积累和延续，图书馆为此担负起的光荣使命要求图书馆以未来事业发展为前提，加快促进图书馆文献信息资源建设，以此保持图书馆持续发展的能力。

我国图书馆的发展遇到了不少的问题和挑战，只有充分解决这些困难，迎接挑战，才能让我们的图书馆事业持续发展，具体措施如下：

1. 加大图书馆的投入，充分发挥政府职能

我国图书馆事业的经费来源，大体分为三部分：政府拨款、社会援助、自身创收。图书馆是一个公益性服务机构，其资金来源主要依靠国家和地方的财政拨款。

首先，各级政府应增加对本地图书馆的经费，特别是加大购书经费的投入力度，保证投入的经费到位，满足实际需要。当然，图书馆管理者也要积极主动地去争取政府的支持与投入。

其次，要多举办各种对社会有益的活动。如学术研讨、文化长廊、读者交流会等活动，提高社会知名度。争取或接受国内外机构、团体和个人捐赠的款物，包括资金、文献、图书馆办公用品及其他形式的实物。此外，图书馆也可以采取主动出击的方式获得捐赠。例如，黑龙江省佳木斯市图书馆，在市有关部门的帮助下，在佳木斯市直机关、企事业单位广泛开展捐书、捐款活动，大大地充实了该馆的图书资源。

再次，图书馆本身应艰苦创业，在国家政策、法令、法规允许的范围内，结合图书馆自身条件积极创收，以弥补财政拨款的不足，例如，商业性出租图书馆闲置场地，开展一些合理的、有偿的高级信息服务。

最后，各级政府应从战略的角度充分发挥政府职能，促进图书馆的协调发展。鉴于目前我国中小型图书馆发展落后的事实，政府应加大对中小型图书馆的投入。同时，在图书馆的整体规划、合理布局、平衡发展等方面也要积极地进行统筹考虑和科学安排。

2. 深化图书馆体制改革

图书馆在"加大投入、转换机制、加强管理、增强活力"十六字方针的指引下，应进行管理体制与机制的改革。馆长负责制下的图书馆基本职能依然是执行政府制定的图书馆方针、政策和发展规划，实施图书馆服务，但应逐步扩大图书馆在人事管理、资源配置、业务决策等方面的自主权，打破按行政级别设立独立图书馆的标准，可根据当地财政能力决定是否设立独立的图书馆。在更大程度上发挥行业组织的指导、咨询作用，可在现有的图书馆间非正式联系的基础上，成立更加正式的图书馆协会。

图书馆实施知识服务是知识经济时代的必然要求，是实现可持续发展的动力源，是图书馆基本职能的延伸和发展。通过知识挖掘、组织、开发和应用，最大限度地发挥知识的功能与效益；图书馆实施知识服务，要为教学提供优质服务，为重点科研项目提供定题服务，为学科带头人提供个性化服务；图书馆馆员要熟练运用计算机网络等新技术，掌握知识导航能力，实现从一般图书工作者到新型知识工作者的转变，才能适应网络环境对图书馆馆员的要求。

计算机技术具有强大的信息处理能力，是实现图书馆数字化、自动化的有效载体。用户利用图书馆提供的信息服务，可以在任何方便的时间和地点实现所需的数据库书目信息检索、查询，满足读者方便快捷的个性化服务需求。发挥图书信息化管理的优势，计算机的普及、互联网的建立，特别是信息技术引入图书馆领域之后，图书信息化成了当下的发展趋势，极大地方便了读者。在知识经济时代，网络信息从各个层次冲击着图书馆，网络的发展使人们对利用图书馆获得所需信息的依赖逐渐降低，使许多读者对图书馆的信息服务能力产生了怀疑。图书馆领导要树立为馆员服务的思想，要为馆员创造和提供优良、和谐、富有人性化的工作环境和必要的后勤保障及服务，让他们保持愉悦的心情、高昂的斗志去开展工作，充分发挥他们的积极性，以实现工作目标的最大效益。

书是图书馆的血液，血液必须保持更新，藏书量的充足且多元化能明显提高图书馆的使用率，借助橱窗、多媒体工具、新书架、专题书架、书刊展示台等向读者提供有针对性的信息，这些设施不仅仅是文献资料的承载体，更是读者搜索信息的多种路径，同时图书馆也能把优秀图书和更新的信息主动呈现给读者，培养读者的图书馆意识，提高图书馆的利用率，使图书馆从往日一成不变的藏书地变成一个互动立体的信息乐园。不断改善图书馆的网络环境，建立自己的网站，引进先进的图书馆管理系统，建立检索平台，实现信息资源和知识资源的智能共享，升华服务内涵。

3.转变服务职能，创新服务理念

图书馆由单一转向综合化与多样化，由简单的借阅书刊模式向对文献深度开发利用发展，由单一书刊服务向音像视听服务发展，由以图书馆为中心向以用户为中心发展，由以文献为中心向以信息为中心发展，通过服务职能的转变，图书馆由文献处理机构向融入整个信息环境的服务机构发展，成为多功能的现代化智力服务集团。

图书馆应该利用自身资源优势、政策优势和社会优势，将工作的重点转移到附加值高的信息服务活动上。图书馆应逐步开展高级信息服务，如为企业生产经营提供服务，向企业提供有关市场、产品、技术等方面的信息。

随着网络信息系统的发展，图书馆信息管理的社会功能和地位正在受到威胁，如果不对传统的服务模式加以改变，引进知识管理体系，图书馆可持续发展能力必定会受到严重影响。知识管理不同于以往的信息管理，知识管理更注重的是知识的创新，将知识视为组织最重要的战略资源，以提升组织的竞争力为目标。图书馆要获得持续发展，就必须提升当前的社会竞争力，为此，进行知识管理势在必行。知识管理的内容是对图书馆可持续发展资源的管理，加强图书馆知识管理有利于图书馆可持续发展核心竞争力的提高，图书馆知识管理的目标是知识创新，而知识创新也是提高图书馆核心竞争力的重要途径，知识管理的核心是人力资源管理，人是知识创新的关键，通过激励机制和制度安排，激发人的创新能动性，增强他们的应变能力，使其能随着环境的变化和社会需求的不同，采取相应的知识管理模式和知识服务体系，从而增强图书馆的竞争优势，使图书馆的核心竞争力得到提高，从而促进图书馆的可持续发展。

图书馆文化就是以图书馆为核心，通过特色教育和管理实现的凝聚力。这种凝聚力主要体现在两个方面，一方面是对图书馆用户的凝聚，另一方面是对图书馆馆员的凝聚。图书馆文化是增加图书馆活力，推动图书馆发展的强大动力。图书馆中的任何个体，不管处在何种岗位，他对环境的认识和对于变化的处理都是图书馆文化因素的使然和结果，因此每个环节和每项职能中都普遍地存在着文化创新的问题。

图书馆文化的要素主要包括以下几个方面：

（1）丰富的信息资源

信息资源是基础，是具有科学精神的知识结构。

（2）价值观念

即图书馆的理念，这是图书馆文化的核心，也是文化差异最集中的体现，解决文化问题，就是解决价值观的问题，确立价值导向，为图书馆的发展形成一股合力。

（3）职业道德和规章制度

一个无形控制，一个有形控制，但都是有利于事业发展和能得到社会认同的价值观念的体现，体现了一种团队精神，是图书馆文化建设的组织基础。

（4）形式和外观

包括图书馆建筑、装饰、标志、设备、环境、员工、着装及其他能够反映图书馆实体形象的文化。好的图书馆，应当是充满人性化、处处渗透其内在精神的令人向往的精神家园。

作为一个存储文化的组织，图书馆如果没有文化和灵魂，则必定会消亡。

特别是在今天这个数字信息环境中,创新文化正变得日益重要。创新是运用知识或相关信息创造和引进一些有益的新事物的过程。面对飞速发展的信息技术、数字化技术与网络技术,图书馆只有探索知识管理的服务理念,构建创新性组织文化,才能赢得未来的可持续发展。

图书馆要创新服务的理念,从传统服务观念的禁锢中走出来,确立与和谐社会相适应的图书馆服务新理念,使服务适应现代社会的要求,推陈出新,在市场立于不败之地。树立"以人为本,主动服务"的理念,以读者为本,把满足读者需求作为图书馆工作的根本出发点和落脚点,图书馆要始终坚持以人为本,以读者的利益为向导,切实维护和保障读者在利用图书馆中的各种合法权益。

4. 丰富图书馆的服务内容

服务是图书馆工作中永恒的主题,图书馆工作的质量与服务内容有着密不可分的关系。构建和谐社会,就是营造人与人之间关系的和谐,而图书馆通过不断提升自身的服务水平,丰富服务内容,为人与人之间的和谐、人与社会之间的和谐提供了精神保障,发挥了其在和谐社会中的积极作用。在构建和谐社会的过程中,图书馆可以通过以下特色服务,来使其自身充分发挥在和谐社会中的作用:

(1) 依托丰富的馆藏资源发挥图书馆的作用

依托图书馆丰富的馆藏资源,聘请专家举办各种科普讲座、读书报告会、学术沙龙、专题咨询、文艺演唱会、摄影、书法、美术展览等方式,为社会提供动态服务,以便普及科学知识、弘扬科学精神、扩大社会影响,使图书馆的作用得到充分的发挥。

(2) 利用图书馆的设施,为社区提供文化交流的场所

利用图书馆的会议厅、学术报告厅、展览厅、视听室及先进的网络、通信、投影、放映等设备,举办各种文化展览、学术会议和培训班。通过活动不但营造了一种文化氛围,还可以宣传图书馆,同时充分发挥各种设施的使用价值,增大图书馆的社会效益。

(3) 在图书馆设立亲子阅览室,为少年儿童提供服务

儿童和父母一起读书可以增进彼此之间的感情,减少沟通障碍,促使亲子关系更加和谐。在图书馆的亲子阅览室里,母亲可以坐在舒适的沙发上

给孩子讲故事，在游戏区父亲可以和孩子玩馆内提供的智力玩具。对于少年学生，图书馆不但可以为他们提供自主学习的场所和科技活动室，还可以通过志愿者服务为他们进行学业上的辅导。

（4）为残障人士提供特殊的服务

为残障人士服务的水平在某种程度上体现着一个国家的文明程度，社会和谐的标准也包含着对残障人士的关怀程度。图书馆是社会服务的窗口，图书馆的服务不能因人而异，它的服务应该是开放的、包容的，这样才能发挥其在和谐社会中的积极作用。图书馆可以培训专门为残障人士服务的馆员，使他们熟悉残障人士的心理学知识，学习手语和盲文等技能，以便更好地为残障人士服务。还可以提供先进的盲文书、书刊录音唱片等，通过一系列针对残障人士的服务使他们享受更多的人文关怀。

5.提高馆员素质，积极吸引人才

高素质、稳定的人才队伍是图书馆事业可持续发展的重要保障。各图书馆要着眼于未来发展的全局，制定切实可行的用人原则和培训计划。现代图书馆将朝着网络化和数字化两个方向发展，图书管理员要积极主动地不断加强培训和学习，馆领导要采取切实措施，有组织、有计划、有目的地开展灵活多样的继续教育，争取使每一位馆员都有机会参加适合自己的继续教育。熟练掌握和运用计算机、网络等现代信息技术，必须拥有计算机、数据库、网络方面的知识和技能，了解网络知识，熟悉各种网络检索工具。要掌握一定的外语知识，熟练掌握一门外语是图书馆工作的需要；要具有坚实的专业基础知识，图书馆专业基础知识和工作技能是图书馆馆员的"安身立命"之本，是图书馆各项工作发展的基础。

图书管理人员素质中，政治思想素质处于主导地位。没有良好的政治思想素质，即使有再高的专业才能和组织才能，也难以发挥出来。图书管理人员还应遵守职业道德规范和行为准则，要有甘为人梯的崇高职业素养。

知识经济时代最显著的特点就是，知识将成为发展经济的资本，在生产要素中居于最重要的位置，其他所有部门的发展都依赖知识的增长，因此，知识将被作为最重要的资源得到充分的开发、传播与应用，知识的不断创新将成为推动时代发展的根本动力。

现代电子学与通信技术的进步，为社会信息化提供了强大的技术推动力，通信技术与计算机的结合，实现了资源的网络化，大大提高了信息的使用价值，拓宽了信息处理的应用范围。这对数字图书馆中的图书馆馆员的素质提出了全新的要求，传统图书馆馆员工作已越来越不适应时代发展的客观要求，具有多元化知识结构层次的人员，成为数字图书馆网络化环境下图书情报资料工作的主力军。

特别要注意引进专业人才。一方面要接纳有学识、有才华的图书情报专业和计算机专业毕业的学生；另一方面要吸引事业心强、具有专门知识和技能、有较强管理能力的人才。同时，对那些不具有任何专长与特长、不适应图书馆工作的人员要予以调整。

6. 创新图书馆的管理模式

作为社会的重要组成部分之一，图书馆的正常运作离不开社会大环境，而图书馆如何适应社会发展需要，满足用户需要，产生最佳绩效，很大程度上在于能否有效地进行自身管理。在构建和谐社会的过程中，要提高图书馆的管理水平，充分发挥其在和谐社会建设中的作用，必须进行管理创新。图书馆管理模式的创新，并不是修补现今的不足之处，而是从体制、理念、机制方面进行改造，是在"继承"与"引进"的基础上，应用现代技术创造有利于图书馆充分发挥在和谐社会建设中作用的新环境、新思想、新制度、新方法。

图书馆管理创新的内容，主要包括以下几个方面：

（1）创新管理思想

在电信网、广播电视网、互联网"三网融合"的环境下，图书馆必须转变各自独立、各自封闭的办馆模式，向馆际合作、网络一体化方向转变，树立竞争与协作的思想，走"内部合作，外部联盟"的共同发展之路。在和谐社会的建设中，图书馆的管理者要创造条件激发全体工作人员的创新力，把组织内部的一切创新都纳入自觉活动，主动探索求新的管理方式方法，才能使图书馆在和谐社会建设中的作用充分发挥出来。

（2）创新服务方式

图书馆在继续以传统的服务内容、方式、方法为读者服务的基础上，还必须进行服务创新，通过服务创新，吸引更多的读者利用图书馆。图书馆的利用率增强了，读者认识问题、解决问题的能力提高了，建设和谐社会的能力也会增强，图书馆在和谐社会建设中的作用，也就能够充分发挥出来。

（3）创新组织机构

在网络时代，图书馆组织结构创新体现在两个方面：

一方面是从对纸制文献的管理向电子文献的管理发展，变面向内部信息管理为面向外部信息管理，扩大职能范围，争取信息服务的优势地位。

另一方面是图书馆应把面向用户解决实际问题放在图书馆工作的前沿和中心位置，突破封闭的组织体系，建立灵活的组织机构。通过创新图书馆组织机构，图书馆事业才能健康有序地发展，才能充分发挥其在和谐社会中的作用。

（4）创新管理制度

图书馆管理制度创新，包括三方面的内容：一是实现制度形式的合理化；二是图书馆职能的创新；三是有关图书馆经费保障制度的创新。图书馆管理制度创新，是以制度形式确定图书馆的设立和科学合理布局，减少图书馆重复建设和文献信息资源的重复购置，增强图书馆服务于和谐社会建设的能力，加大图书馆在和谐社会中发挥作用的力度。

（5）创新管理方法

在和谐社会建设中，图书馆管理方法的创新，应该建立在融合中西方文化之长的基础上，建设具有中国特色的图书馆管理模式和管理文化，使图书馆事业体现时代的特征，符合和谐社会的精神和内涵。

（6）创新人才管理

在知识经济时代，图书馆应把人力资源放在首位。加大对图书馆人力资源的投入和培养，建立完善的人才激励机制，不但有利于图书馆事业的发展，还有利于其在和谐社会建设中作用的发挥。

（7）加强对图书馆的支持力度

在构建和谐社会的过程中，图书馆的作用是不容忽视的，要使图书馆在和谐社会中充分发挥其积极的作用，离不开社会各个方面的支持。

首先，在精神方面，人们要从心底尊重图书馆的各项工作，理解图书馆事业和图书馆工作。多走进图书馆，感受图书馆，为图书馆的建设建言献策，这样才有利于发挥图书馆在和谐社会中的作用。

其次，在物质方面，国家的各级政府要重视图书馆事业的发展，设置

/45/

专项资金用于添置图书以及图书馆设备的改造，改善和提升图书馆的硬件条件，为读者提供良好的阅览环境。

最后，无论在精神上还是在物质上，无论是个人还是国家，只有在思想上提高对图书馆作用的认识，才能懂得如何在和谐社会中充分发挥图书馆的积极作用，才能使图书馆工作可持续发展。

通过加大投入，为现代图书馆的建设提高基础的资金保障；通过图书馆的体制改革，完善图书馆的管理工作；通过转变服务职能，提高图书馆的核心竞争力；通过提高馆员素质，吸引人才的进入，使得图书馆从内部到外部散发着勃勃生机；通过学习市场管理经验，提高图书馆的地位。这些举措都是非常具有现实意义的，在很大程度上弥补了我国现代图书馆发展存在的不足，对我国现代图书馆的可持续发展具有非常重要的积极意义。

第二章 图书馆的服务概述

第一节 图书馆的服务

一、图书馆服务

（一）图书馆服务的定义

图书馆服务具有几个共同的结构因素：一是图书馆的服务对象——以读者为主体的社会各种组织和个人组成了图书馆服务的用户，其中某些个人和单位可能还不一定是图书馆文献信息资源的利用者。二是图书馆资源，也称为图书馆服务资源，它是图书馆开展服务的基础条件，包括图书馆文献信息资源、人力资源、设施资源以及其他一切可以为社会和个人所利用的资源。三是图书馆服务对象以文献信息为主，包括其他各种形式的服务需求。四是为满足社会和用户需要的各种服务手段和方式，它是服务实现的前提条件。因此，图书馆服务就是图书馆为了满足社会和用户的文献信息等多方面需求，利用自身的资源，运用多种方法所开展的一系列服务活动。这样的定义，既符合目前图书馆服务工作的实际，又符合图书馆服务功能开放性发展的趋势，具有一定的前瞻性。

（二）图书馆服务的构成要素

图书馆服务的构成要素通常有四个，这四个要素相互联系、相互作用，从而保证图书馆各项服务工作不断变革、不断发展、不断适应读者日益发展的多元化、多层次的信息需求。

1. 服务对象

读者是图书馆服务的对象,是文献信息资源的使用者,通常也被称为文献信息用户。读者是一个非常广泛的社会概念。对图书馆来说,读者通常指通过一定方式获得授权,从而具有利用图书馆各种资源权力的一切社会成员。个人、集体和单位都可以成为图书馆的读者。读者既是图书馆文献信息的利用者,也是图书馆文献的接受者,离开了读者对文献信息的利用,就不会产生读者服务活动。

2. 服务的基础资源

基础资源是服务工作不可缺少的物质和人力条件保障。除了馆舍、软硬件、馆员等一般要素外,作为社会特殊行业的图书馆,其服务的根本基础是图书馆拥有的信息资源,它是开展一切读者服务工作的前提条件。图书馆信息资源的内容丰富而广泛,是图书馆按照自己的读者群体和服务任务,通过长期的建设而形成的巨大知识宝库。图书馆的信息资源具有三个基本特征,一是拥有海量的文献资源,包括传统的印刷型馆藏文献和强大的数据库群;二是拥有的信息资源具有相互支撑、相互关联的科学体系;三是拥有的资源通过各种联盟体系与外界资源构成纵横交错的联合保障体系。图书馆之所以能够拥有规模不等、不断成长的读者群体,原因就在于读者群体通过图书馆,能够获得从其他社会机构和渠道难以得到的信息资源保障。因此,图书馆的文献资源体系是图书馆履行社会职能,赖以生存和发展的根本条件。

3. 服务方法

图书馆服务方法,是指为满足读者特定的文献需求所采用的各种文献信息服务方式和手段所构成的多层次、多功能服务的有机整体。它是读者服务工作得以实现的基本保障,也是图书馆服务的基本手段。图书馆服务方法的形成既是社会分工发展的产物,又是自身演变的结果。各种服务方法相对独立,同时又相互渗透、相互联系,都具有相对独立的功能、效果和适用范围,有其产生和发展的历史背景。同时,各种服务方法之间又相互补充、共同发展。图书馆服务方法主要包括图书、报刊等文献的外借服务、阅览服务、复制服务、参考咨询服务,以及数字资源的网络信息服务等。随着社会对文献信息广泛的应用,图书馆的服务体系也会不断提升和丰富。

第二章 图书馆的服务概述

4.组织管理

组织管理是图书馆服务工作顺利进行的有效组织保证。图书馆服务的组织管理是指以先进的服务理念为指导，充分应用现代的科学方法和管理技术，对读者服务活动进行科学计划、组织、指挥、协调、控制的过程。图书馆服务的组织管理既贯穿于整个服务活动过程，也贯穿于图书馆工作的全部过程，其实质是有效地运用人力、物力、财力等基本因素，对图书馆服务系统的不断运动、发展和变化进行有目的、有意义的控制，以达到最大限度地满足社会文献信息需求的总体目标。

（三）图书馆服务的分类

1.图书馆文献信息服务

图书馆利用文献信息资源直接向用户提供文献和信息的一系列活动，均属于图书馆文献信息服务。对于大多数图书馆，文献信息服务是服务的最主要内容，如文献外借、阅览，文献检索，数据库访问等，都属于文献信息服务。在很长一段时间里，图书馆丰富、独特且经过科学组织的文献信息资源，保证了图书馆在提供文献信息服务方面具有自己的优势。进入网络时代后，图书馆文献信息服务增加了新的内容，即利用网络获取不属于本馆馆藏的信息，为用户提供网络文献信息服务。

2.图书馆非文献信息服务

图书馆非文献信息服务，是指那些依赖于图书馆员工及图书馆建筑设备等资源提供的服务，包括由图书馆馆员对读者提供参考咨询、社会教育，以及利用图书馆建筑设备为读者提供娱乐休闲等。图书馆拥有训练有素、长期从事信息服务的馆员，这些馆员除了为用户提供文献信息外，还能利用自己的知识与技能为用户提供参考咨询或社会教育服务。图书馆还具有场地，对于公共图书馆，图书馆场地是一个市民的公共空间；对于机构图书馆，图书馆场地是机构所服务对象的共有空间。图书馆管理者可以利用这个空间提供各种服务，用户既可以在这个空间中阅读或学习，又可利用它来进行娱乐与休闲活动。

二、图书馆服务发展历程

图书馆的服务是变化发展的，服务方式大体经历了以下六种形态，其中的每一个较高层次都源于较低层次，但呈现出优于较低层次的新的特征。

（一）文献实体服务

考古发现，在两河流域的古巴比伦王朝的一座寺庙废墟附近，有大批泥版文献被集中在一起，成为已知最早的图书馆。直到近代印刷革命和产业革命之前，古代图书馆——无论是西方的尼尼微皇宫图书馆、亚历山大图书馆、欧洲中世纪的寺院图书馆，还是中国商朝时期的"窖"藏甲骨、周代的守藏室、隋唐的书院——在整体上都表现出社会的封闭性，由此便决定了古代图书馆以文献实体服务为特色的服务内容与方式。

（二）书目信息服务

书目的根本特点是它组织的不是信息资料本身，而仅仅是关于它们的信息。人们对文献实体分离出来的关于文献的信息，并为克服文献与需求者的矛盾以达到统一记录和组织这些文献信息的活动，是一切书目活动历史的和逻辑的出发点，而提供书目信息服务则是书目活动的目的和归宿。

在我国，由于纸质载体和印刷技术的发明，古代文献卷帙浩繁，书目信息工作由来已久。在西方，书目信息服务大体上与近代图书馆的发展同步，西方近代图书馆起源于文艺复兴和宗教改革时期，欧洲进入资本主义社会后，大机器生产需要有文化的工人，教育开始普及平民，文献生产能力大大提高，从而使一些全国的图书馆对外开放。除了传统的文献实体服务之外，各种书目信息工作、服务和管理在图书馆中开始活跃起来，尤其是分类目录、卡片目录、各种二次文献信息产品的开发、新到书刊目录报道、推荐书目服务以及相关的书目控制、书目情报系统建设等逐步成为图书馆活动和服务的中心工作。

（三）参考咨询服务

参考咨询是指图书馆馆员对用户利用文献和寻求知识、信息方面提供帮助的活动。它是以协助检索、解答咨询和专题文献报道等方式向读者提供事实、数据和文献检索。参考咨询更加强调图书馆的情报职能，更为注重用户的信息需求，它将书目信息服务提升为不仅为用户提供书目工具，而且要解决实际问题。

（四）信息检索服务

20世纪中后期，西方工业国家的科技发展使信息处理问题凸显出来，尤其是以德国、英国、美国为主的一些国家积累了大量的需要处理和利用的科技文献资料和科研成果，计算机问世并被应用于文献加工领域，新学术思想活跃以及新的学科不断诞生。与此同时，一些图书馆开始利用计算机和现代通信技术建成各种文献数据库、数值数据库和事实数据库，并逐步实现了联机检索，使参考咨询服务中的部分工作自动化；另外，参考咨询工作的流程，即接受咨询、进行查询、提供答案、建立咨询档案等，也为信息检索服务的方法和策略提供一种框架。这些都使得信息检索服务方式呼之欲出。

随着检索的智能化、数据挖掘、知识发现的发展，以及各类信息咨询和信息调查机构的兴起，全文本、多媒体、多原理和自动化等新型检索方式将会取得长足的进步，信息检索服务将演变成图书馆网络化知识服务的基础和手段。

（五）网络化知识服务

网络化知识服务是与信息资源的网络化和知识经济、技术创新的社会背景息息相关的，也是信息检索服务发展的必然结果。从20世纪90年代之后，随着网络技术的发展和普及，图书馆的数字化、信息资源的网络化、信息系统的虚拟化，以及各种非公益性的信息机构将包括文献信息检索、传递在内的信息服务直接提供给最终用户，导致信息交流体系和信息服务市场的重组，图书馆对信息服务的垄断地位已不复存在。这些都促使图书馆必须迅速调整和充实服务的内容和策略，重新定位其核心竞争能力，使现有的以信息检索为核心的服务方式向网络化知识服务方式转变，以保证其在数字化、网络化环境中的社会贡献、用户来源和市场地位。

网络化知识服务是图书馆信息服务的高级阶段，是一种基于网络平台和各类信息资源（馆藏物理资源和网络虚拟资源），以用户需求目标驱动的、面向知识内容的、融入用户决策过程中并帮助用户找到或形成问题解决方案的增值服务。网络化的知识服务具有个性化、专业化、决策性、整合性和全球化等特征，基本上属于单向或多向主动型服务。

（六）智慧型服务

智慧型服务是建立在知识服务基础上的，运用创造性智慧对知识进行搜集、组织、分析、整合，形成全新的知识增值产品，支持用户的知识应用和知识创新，并将知识转化为生产力的服务。作为图书馆服务发展的新形态，智慧服务不同于其他形态，具备崭新的服务理念，并兼具创新发展、可持续发展特点。

通过对互联网的数字编码感知，主动感知对象，并对其进行知识描述，把某一领域信息的单种文献，与读者、馆员等信息个体互联，拒绝信息的碎片化，智能互联前台的读者与后台的馆员。智慧型服务还能把实际工作进行虚拟化，如通过情景感知，推送用户感兴趣的资料；通过传感设备，三维立体显示地图指引、自助借还等，以期实现全社会的感知。

智慧服务环境下，因为多种网络渠道、通信工具的使用，信息是泛在的、立体互联存在的，可以是图书馆与人的互联，如座位信息管理系统，也可以是人与人的互联、书与书的互联。智慧服务的对象，利用物联网，在感知层中自动组网，汇聚和转换各种数据，识别不同领域，跨部门和跨行业，甚至跨区域、跨国界，实现泛在的深度互联。

智慧服务的管理对象主要是馆内文献资源和用户。因此智慧化服务对象可表现为：一是借阅和打印、扫描馆藏资源，以及图书逾期款的支付、座位预约等，还包括对图书馆建筑中的灯光、温度、湿度，电梯、门和安保摄像头等物理环境及日常维护的管理；二是对用户的管理，包括用户个人借阅信息的智能化分析、用户行为的跟踪等，目的是为其提供深层次的个性化服务。智慧服务广泛、立体的感知和互联，使馆内实现物物相联、物人相联，为深层次的智慧管理和服务提供了帮助。

相对于传统服务，智慧服务融入了更多技术，但仍坚持"以人为本"的理念，因此其功能特点的实现仍以提供人性化的服务为目标。不同于以往服务，智慧服务能够主动感知用户需求，为其提供个性化的智慧服务；同时，智能化的馆舍，从温度、亮度、湿度等方面，通过严格而精准地调控，为读者创造一个舒适的环境。更有一些馆内自助设备、通借通还以及3D导航等服务模式，都将人性化的服务理念体现得淋漓尽致。

近年来，泛在图书馆理论和泛在图书馆应用的思想在国内外图书馆界极其活跃，已成为专家、学者们关注和研究的热点。泛在图书馆给出了数字图书馆新的内涵和定义，泛在知识环境带来了数字图书馆服务环境和用户需求的变革，也改变了数字图书馆的研究方向。泛在图书馆就是要构建多语种、多媒体、多格式、多形态、移动的、语义的数字图书馆知识网来检索人类知识，使信息服务将更加实质性地转向知识服务。

第二节 图书馆服务的特点和内容

一、图书馆服务的特点

随着社会与科技水平的发展及计算机和网络的快速普及，图书馆的服务呈现出新的特点，其主要有：

（一）服务虚拟化

随着现代信息网络技术的广泛应用，建立在虚拟馆藏资源和虚拟信息系统机制上的新型信息服务模式逐渐形成。这种虚拟化的服务彻底改变了以文献信息资源为主线的传统图书馆服务模式。图书馆的服务始终处于一个动态和虚拟的信息环境中。通过网络传输，图书馆既可以利用自有或自建的数字化馆藏资源，又可以利用电子邮件资源、网络新闻资源、FTP 资源、Gopher 资源等多种互联网资源，这种无形的、即时的虚拟化信息服务突破了时空限制，使得图书馆为读者提供无所不在的信息服务成为可能。因此，服务虚拟化包括服务资源的虚拟化（信息资源的数字化、虚拟化）和服务方式的虚拟化（由面对面的阵地服务转变为面向虚拟读者、虚拟环境的服务），其实质是图书馆由向具体人群提供实体文献服务，转变为向非具体化读者提供虚拟的数字服务。

（二）文献多样化

随着数字资源的急剧增长，图书馆为读者服务的文献信息资源已呈现出印刷型文献与联机数据库、电子出版物、网络化信息资源并重的格局。信息载体多样化的发展打破了纸质文献一统天下的格局，也改变着读者利用文献的习惯与观念。读者对信息载体的需求已不再局限于印刷型文献，单一的纸质文献及其传递方式已不能满足读者多元化的信息需求，读者的信息需求越来越多地转向各种类型的数字资源。同时，以现代视频技术为手段而大量涌现的数字视频信息资源，也为人们获取丰富的多媒体信息创造了条件。因此，文献多样化使得图书馆在文献保存、信息交流和教育的基础上，极大地拓展了服务空间，信息服务保障能力得到极大提升。

（三）信息共享化

由于网络及各种信息技术的广泛应用，图书馆信息服务的观念发生了巨大变化，人们逐渐从习惯于依靠自己所熟悉的一个图书馆获取信息服务，走向依靠图书馆联盟乃至基于共享技术整合在一起的泛在云图书馆获取信息资源。现代图书馆不再是一个个孤立存在的信息实体，而是整个社会信息网络的一个个节点。图书馆之间的信息共享服务有了越来越大的空间和自由，其交互需求与作用也越来越大。共享思想与共享技术使信息资源共享服务从来没有像现在这样成为现代图书馆服务不可或缺的有机组成部分，从而使真正意义上的信息资源共享成为图书馆服务的重要特征。

（四）需求个性化

随着经济社会发展对信息需求深度和广度的日益提高，读者对信息的个性化服务需求越来越突出。而图书馆通过专业馆员队伍素质的提升、现代信息技术的广泛应用以及信息综合保障能力的快速提高，为读者提供定制化、自助性、全天候的个性化服务，已成为现代图书馆读者服务工作发展的主要方向。在这样的服务过程中，读者的自主性得到张扬，个性得到满足。这种个性化的服务正逐渐成为图书馆界追求的服务新理念。

（五）交流互动化

图书馆借助网络与通信技术和读者建立起了十分便捷有效的交流关系。一方面，图书馆可以及时、准确地掌握读者的信息需求动态；另一方面，读者也可以自由地向图书馆表达具体的信息需求。图书馆根据读者的信息需求通过有目的地搜索、过滤、加工、整理，形成信息集合，以多种途径与形式主动发送到用户终端，满足读者的信息需求。读者则足不出户就可直接、快捷地从图书馆获取自己所需的信息，减少了操作的盲目性；同时，读者还可以把个人的文献资源，通过信息共享空间等渠道上传后提供给图书馆和其他读者，使图书馆与读者双方建立起通畅的互动交流机制。

（六）服务多元化

图书馆通过计算机技术、远程通信技术和网络信息处理技术有机结合建立的网络服务平台，从根本上改变了图书馆的信息资源开发、组织和控制调度状况，使读者可以方便地按主体客观需求在网络环境下集中获取所需信息，即在网络中将各类信息获取方式融为一体，实现信息交流、查询、获取、阅读和发布的一站式集成化服务。在空间上，用户不仅可以到图书馆享受比以往任何时候都优越的读者服务，更可以不用亲自到图书馆，在家里或其他任何有网络的地方通过注册就可进入图书馆网页，查阅信息资源，变远距离为近距离，跨越空间的界限；在时间上，读者可以在任何时间通过有线或无线网络访问图书馆，也可以在同一个时间段内同时检索和借阅注册过的多家图书馆的资源，通过搜索、筛选，获得他认为最需要、最合适的信息资源，方便快捷。图书馆服务呈现出多元化、立体化、全天候的特征。

二、图书馆服务的内容

在图书馆的各项业务工作中，围绕服务形成了一个内容丰富的完整工作体系，主要包括以下五个方面：

（一）研究读者

研究读者是开展图书馆服务工作的重要内容和前提条件，它包括研究读者的文献需求和阅读规律两个主要方面。读者是图书馆这个社会组织的基本组成要素之一，是图书馆得以存在的根本。读者对图书馆的文献信息需求和利用规律，最直接、最具体地体现了社会的需要，它是图书馆赖以生存的土壤，也是图书馆一切工作的出发点和归宿。

1. 读者的文献需求研究

研究读者的文献需求就是对不同层次的读者在阅读需要、阅读目的、阅读过程中的特点及其规律进行研究。一般来说，不同层次的读者对信息资源的需求不同，读者在不同时期所需要的信息资源不同，其阅读的目的也不完全相同。现代图书馆要关注读者对不同类型文献的需求差异、不同渠道获取信息的差异，以及不同信息环境下的文献需求差异。

2. 读者的阅读规律研究

这方面的研究可以从两方面着手：一方面，对读者心理及行为规律进行研究，即对读者在鉴别、提取、利用信息过程中的行为习惯和阅读规律进行研究，它既包括阅读动机、阅读兴趣、阅读能力和阅读习惯的研究，也包括读者对文献的选择行为和文献获取行为的分析、对读者使用各类型信息资源特点的研究、读者阅读效果的评估等。另一方面，要对读者信息素养及信息意识进行研究，包括社会的发展与变化对读者文献需求意识的影响、社会环境与读者需求结构的关系等。

（二）组织读者

组织读者是图书馆为实现服务和管理目标，而围绕服务工作实施的管理措施。它的主要任务是读者队伍的组织与发展，包括确定读者服务范围与服务重点、制定读者发展规划与计划、定期发展与登记读者、划分读者类型、掌握读者动态、组织与调整读者队伍等。

组织读者应根据图书馆的任务变化和环境变化，不断研究和掌握读者变化而展开。只有把握住读者的阅读规律，掌握读者的阅读需求，才能使图书馆的服务不断与读者的需求相适应，使图书馆服务管理方式的变革与读者需求的变化同步，才能找出提高图书馆服务工作和管理工作水平的方法和途径。

发展读者队伍是组织读者工作的一项重要内容。拥有规模化的读者群体是图书馆一切工作的前提，只有拥有了广泛而确定的大量读者，图书馆的资源建设、服务管理才有了明确的目标，才能通过大量的高水平服务实现图书馆的社会价值。

不同类型图书馆发展读者的重点和发展方式有很大差别。图书馆是为本校服务的信息机构，因此图书馆的读者成分比较单一，主体是本校的师生员工，其读者的确定和发展通常可通过读者账户注册实现。学校的教职员工只要进行简单的读者登记，由图书馆发放标明其基本身份信息的借阅证就可以成为图书馆的正式读者。研究单位、机构等图书馆的读者发展方式大体与图书馆类似。而公共图书馆是面向某个行政区域内所有公众的，因此公共图书馆的服务对象十分广泛，读者的构成也比较复杂，需要在有服务需求的个人或团体向图书馆提出注册请求的基础上，由图书馆根据办馆的方针、任务、规模和条件以及读者的阅读需求特点等，确定是否授予申请者享受本图书馆的权限，只有符合本馆读者发展条件的申请者才能通过注册成为正式读者。

受读者文化层次、信息需求、年龄、职业、工作任务等因素的影响，不同类型的读者对图书馆服务的期望和要求存在很大差别，并且由于图书馆的主要任务不同，资源、人员、环境和经费也很有限，图书馆需要在研究读者的基础上，通过制定不同类别读者使用图书馆的权限规则，以及读者管理系统的身份认证与权限管理，将庞大的读者群划分为在某些方面具有需求共性、使用行为共性的读者群体，从而在普遍服务的基础上实现针对不同需求的差别化服务。

读者发展、细分、管理的成果一般通过图书馆的读者注册与身份认证管理系统固化下来。这既是了解读者、研究读者的重要资料，又是图书馆开展一切工作的基础数据，更是评价图书馆绩效、制定发展规划、进行服务与管理改革的重要基础。

（三）组织服务

图书馆服务是图书馆各项工作的外在表现形式，也是图书馆中最具活力、最富创造性的工作。组织服务工作的主要内容包括优化读者服务方式、扩大读者服务范围、增加读者服务内容和提高读者服务水平等几个方面。一个图书馆以何种方式服务于读者，主要取决于本馆的性质、规模和读者需求，而且要随着图书馆的发展和读者需求的变化而不断变化。

图书馆的传统服务方式是根据读者的实际需求，利用馆藏资源、馆舍设备以及环境条件，有区分地开展各项服务活动，包括文献查询、外借服务、阅览服务、复制服务、咨询服务、检索服务、定题服务、编译服务、报道服务、展览服务、情报服务等。由于读者需求具有广泛性、多样性和复杂性，几乎所有图书馆都根据自身特点，以这些服务方式为基础，组织建立起多类型、多级别的综合服务体系，以有效地满足各类读者对文献的不同层次需求，帮助读者解决在学习、研究、工作中选择书刊、查询资料以及获取知识信息方面的各种具体问题。

随着网络的普及和计算机技术在图书馆中的广泛应用，现代图书馆的服务方式由传统的服务转向了现代化数字图书馆服务。因此，充分利用网络为读者提供服务已经成为现代图书馆的服务方向。这方面的服务包括资源检索、全文浏览、文献下载、自助借阅、虚拟参考咨询、网上读者调查、资源导航、特色数据库、移动阅读、用户文件上传与共享、个人学习空间、用户意见征集与实时交流等。

总之，图书馆服务的组织应根据本馆的具体情况和社会发展水平来决定，总的要求是用最少的投入，在最短的时间内，为最多的读者提供最好的信息资源。

（四）宣传辅导

读者宣传辅导工作是图书馆教育职能的体现。它包括读者宣传、读者辅导以及读者培训三个方面的内容。

1. 读者宣传

读者宣传是图书馆对读者进行科学管理的基本手段之一。宣传的目的是在了解和研究读者阅读需要的基础上，主动向读者揭示、推荐信息资源的形式与内容，宣传先进思想、科学知识、职业技术以及广泛的文化信息，通过多种形式，把读者最关切和最需要的信息及时展现在读者的面前，吸引读者利用图书馆的各种资源和服务，使图书馆的资源得到最大限度的利用。

2. 读者辅导

读者辅导是指针对不同读者的具体情况，有区别地为读者答疑解惑、排忧解难。读者辅导需要图书馆馆员充分掌握信息资源的特点，熟悉图书馆各项服务流程，了解读者行为习惯和信息需求心理，在读者熟悉图书馆各项服务流程中，了解读者行为习惯和信息需求心理；在读者利用图书馆各项服务的过程中，积极影响读者选择阅读范围，引导他们正确地选择信息资源内容，帮助他们学会利用信息资源和图书馆，有针对性地为每位读者提供帮助和信息技能指导，以促进读者更好地获得知识，提高阅读能力及阅读效果。

3. 读者培训

读者培训是指根据不同读者群体的共性需求，通过开展讲座、参观、课堂教学等多种方式，帮助某一读者群体提高使用图书馆及其资源的技能，提高图书馆资源的利用率。培训读者主要从两个方面入手：一是培养读者的情报意识，激发他们利用图书馆的欲望，使他们自觉地认识到图书馆是自己的良师益友，是终身学习的场所；二是提高读者利用图书馆和检索情报的技能，帮助他们学会利用图书馆及其资源，充分发挥图书馆的教育职能和情报职能，吸引更多的读者开发和利用图书馆资源。

（五）服务管理

服务管理是指对图书馆读者工作部门的业务活动进行科学的组织管理，包括读者服务对象管理、读者服务人员管理、读者服务设施管理三个方面。它具体包括制定读者发展的政策和计划、服务机构设置、岗位设置、人员配置、明确岗位责任、建立健全各种规章制度、人员分工与业务流程设计优化、合理组织藏书、改进服务手段、采用先进的设备与技术手段、完善服务体制等工作。服务管理为读者创造良好的环境和条件，方便读者有效利用图书馆资源，保证图书馆服务工作健康地向前发展。

这五个方面的内容相互制约，相互作用，缺一不可。其中，组织与研究读者是开展一切读者服务工作的前提条件和基础；科学组织各项服务工作，构建层次分明、体系完整、灵活多样、富有生机的读者服务工作体系，是实现读者服务工作目标，体现图书馆社会价值的根本保障；组织各项宣传辅导活动，开展卓有成效的读者教育是提高读者素质、增强信息能力，从而提高读者服务工作成效，充分发挥图书馆效能的有效途径；加强图书馆服务管理，是顺利开展读者服务工作，有效实现上述任务的制度和组织保障。

第三节 图书馆服务的原则

图书馆服务有着特定的原则及内涵，最大限度地满足读者的信息需求是图书馆一切工作的出发点和归宿，始终把"读者第一、服务至上"作为读者服务工作的宗旨，并遵循以下原则：

一、以人为本的原则

以人为本是图书馆服务的首要原则，也是图书馆精神的精髓，以人为本就是指在图书馆服务中，坚持以满足读者需求为核心，以积极的服务态度和认真的服务精神，通过各种措施，调动一切力量，为读者充分获取和利用图书馆各种信息资源提供一切方便。以人为本的原则体现了"一切为了读者"的服务思想和全局性的要求，即图书馆的所有文献、所有人员、所有工作都要把为读者服务当作出发点和归宿，并贯穿于一切服务过程之中。以人为本主要体现以下三个方面：

（一）从方便读者出发

从本质上说，千方百计减少对读者的限制，是方便读者不可或缺的重要方面。围绕图书馆服务所建立的一系列规章制度和管理办法都是为了维护大多数读者的利益，而不应成为读者利用图书馆的障碍。但是，在实际工作过程中，图书馆往往会有意无意地以方便管理为出发点，制定一些限制读者、限制使用、忽视读者方便性的管理措施，这样就必然会给读者造成种种不便。图书馆应当根据客观情况的变化及时调整和完善规章制度，协调好图书馆、工作人员、读者三方面的关系，既要方便读者，又要建立在科学管理的基础上，真正使图书馆的服务与管理体系以保护大多数读者的利益为出发点，保证图书馆的服务健康有序地发展。

（二）建立科学合理的馆藏组织与揭示体系

经过日积月累，图书馆的馆藏越来越多，内容和形式都较复杂，只有对馆藏进行科学的组织与布局，并通过多功能的目录检索体系指引读者查找文献，才能够使各种类型的读者方便及时地获得所需文献资源，便于工作人员的管理，提高服务效率和服务质量。在图书馆的资源组织过程中，一方面要全面收集和充分揭示文献信息资源，另一方面要按照读者需求组织资源。为有利于读者快、精、准地检索和获得所需要的文献，图书馆应按照科学方法将馆藏文献、网络文献以及可以共享的一切文献组织成一个有序化的资源体系，建立合理的布局，并通过一站式的统一目录体系加以全面揭示和引导。

（三）建立协调统一的服务体系

在现代图书馆服务与管理都已广泛实现了网络化、自动化，大大缩短了读者查找、获得信息资源的时间，为读者利用图书馆创造了方便。图书馆应充分利用现代管理手段，建立科学合理的服务体系，主动采取多种服务方式为读者服务，体现以人为本的服务原则。

二、平等原则

平等原则是图书馆信息服务最基本的原则，是现代图书馆服务的基本方向，它主要体现在两个方面：

（一）平等享有权利

平等意味着无贵贱之分，无高低（身份）之别，无特权之规定。"图书馆面前人人平等"是图书馆界的"人权宣言"。平等原则强调的是图书馆要尊重、关爱每一个用户，坚决维护用户的合法权利。用户的这些合法权利包括：平等享有取得用户资格的权利；平等享有阅读的权利；平等享有个人人格和隐私不受侵犯的权利；平等享有提出咨询问题的权利；平等享有参与和监督图书馆管理的权利；平等享有遵守图书馆规章制度的权利和义务；平等享有提出合理化建议的权利；平等享有接受安全、卫生等辅助性服务的权利；平等享有对图书馆工作进行评价的权利；平等享有自己的合法权益受到侵害时提出改进、赔礼或诉讼的权利。图书馆是通过文献信息资源的传播来保障公众"认识权利"实现的机构，"读者的权利不可侵犯"应成为所有图书馆人铭记的职业信念。

（二）平等享有机会

平等享有机会，也就是说，图书馆除了应该保障用户平等利用图书馆的权利外，还应该为所有图书馆用户提供平等利用图书馆的机会，不应有任何用户歧视。图书馆服务的平等不仅要求形式上的平等，更要求实质上的平等，要为弱势群体，如阅读能力较低的人、残疾人、犯人或不会利用现代化信息技术获取信息的用户，给予特别关注和提供特种服务，弥补用户自身能力的客观差异，维护和保障社会弱势群体利用图书馆和享用信息资源的权利。

可以说，没有平等就没有人文关怀可言。贯彻平等的原则就要做到使信息资源尽量接近用户，方便用户使用；为用户提供相对宽松和自由的利用环境，消除用户利用图书馆的各种障碍，做到信息资源占有和利用的平等；尊重用户自主查询和利用各种信息资源的权利，坚持守密原则，不监控思想，不窥探用户的个人隐私，尽量为他们个性化的信息需求提供帮助。

三、开放原则

开放原则是图书馆服务的基本原则。开放是服务的前提，没有开放便没有服务。开放服务是图书馆发展的必然趋势，是现代图书馆服务的重要特征。它包括资源开放、时间开放、人员开放和管理开放，是一种全方位的开放。首先，要将图书馆的所有馆藏资源、设施资源和人力资源向用户开放。通过实施开架借阅、加强图书宣传、健全检索体系等手段来全面揭示馆藏，使所有馆藏全部向读者开放并充分获得利用。要争取馆与馆之间相互开放资源，实现资源共享。其次，要最大限度地延长读者利用图书馆的时间，尽量做到节假日不闭馆，从而保证开馆时间的完整性和连续性。而对于虚拟图书馆，则要求提供"7×24"小时的服务。再次，图书馆要向所有人开放，无论其国籍、种族、年龄、地位等。图书馆不仅是社会文化教育中心，也是一个人们相互交流、休闲、娱乐的场所，是具有综合功能的社会文化中心，每个人都应享受利用图书馆的权利。最后，图书馆应建立用户参与管理、参与决策的机制，如设立"用户监督委员会"之类的非常设机构，公布"馆长信箱"、设立"读者意见箱"等，认真听取用户对图书馆服务的意见、建议，接受他们对图书馆服务工作的监督，并在可能的情况下让读者直接参与决策过程，将反馈结果向全部用户开放。图书馆要重视用户的评价，查找差距，改进工作，以此促进图书馆服务工作的开展。

四、方便原则

为服务对象提供方便，是任何一种服务都要追求的目标，图书馆也是通过服务来发挥其功能的。方便原则体现的是现代图书馆服务的内在品质，是图书馆业务的目标和工作努力的方向。实践表明，用户在决定是否选择和利用信息时，可获得性和易用性往往超过信息本身的价值。因此，图书馆在开展信息服务时，应为用户的信息获取和信息使用提供最大的便利，创造文献与人的和谐关系。如实行开架借阅，最大限度地拉近读者与资源之间的距离；文献标引准确、规范，排架合理，为读者方便快捷地接近、利用实体馆藏创造条件；资源检索一站式，力争一索即得；建筑格局采用大开间、灵活隔断的开放式模式；导引标识简明易认，一目了然；人机交互界面友好，操作"傻瓜"化；尽量减少读者寻找书刊、排队等候、往返楼层等无效劳动，提高效率；信息检索与参考咨询网络化；服务设施无障碍、人性化；服务方式灵活多样；简化办证手续、扩大读者范围；保证开馆时间；开展自助借还、送书上门服务等。总之，要千方百计从细微处方便用户，一切以方便用户为目的来开展图书馆的各项工作，让用户感到方便无处不在。

五、满意服务原则

满意服务原则是图书馆服务诸原则中的核心原则。用户是否满意及其程度如何，是衡量图书馆服务质量的最终标准。用户对图书馆服务是否满意，实际上就是用户对图书馆的文献资源、工作人员、服务方式和环境设施等要素的预先期望与其实际感受的对比。如果按照现代企业管理的 CS（Customer Satisfaction）理论，图书馆服务的满意原则将包括服务理念的满意、服务行为的满意和服务视觉的满意三个方面。服务理念的满意，是图书馆的办馆宗旨、管理策略等带给用户的心理满足感。服务行为的满意，是图书馆的行为状况带给用户的心理满足状态，如图书馆的各项业务建设、制度规章、服务项目、服务态度、服务能力、服务效果等，是图书馆理念满意思想的外部表现形式。服务视觉的满意，是图书馆所具有的各种可视性的显在形象带给用户的心理满意状态，是图书馆理念的视觉化形式。它不仅包括对图书馆的环境、氛围、设施设备的性能的满意，也包括对图书馆及其相关工作人员职业与业务形象的满意。坚持满意服务原则，除了要坚持"一切为了读者"，积极采取多种措施、开辟多种渠道，多层次、多形式满足用户需求外，还要建立起不同层次的评价指标，分别从不同的角度进行评价以准确反映用户的满意程度，不断改进图书馆的服务工作。

六、特色服务原则

图书馆由于工作性质、任务、服务对象和地域的不同，在信息资源的搜集与建设、服务的方式、管理等方面，呈现出各自独特的内容或风格，显示出不同的特色。特色服务主要以特色信息资源为基础，是专业性、专题性或专指性的服务，是有针对性地满足特定用户的特殊需要的重要手段。在网络信息资源极大丰富的今天，用户的信息需求更加趋向微观化和个性化，他们需要的是个性化的、特色化的、专业化的文献信息。因此，信息服务要有针对性和特色性，多层次、多角度地满足用户的需求。没有特色，图书馆就难以在林立的信息机构中生存和发展。图书馆只有独树一帜，树立品牌特色服务，才能吸引更多的用户，得到更好的发展。

七、创新服务原则

图书馆所收藏的文献信息、用户的信息需求、服务技术以及馆员的业务能力和业务水平都是在不断增长、不断变化着的，而图书馆正是在这种不断变化与创新中发展起来的。要创新，首先要树立创新意识，确立主动化、优质化、品牌化、专业化的服务理念。具体体现在：服务中要主动想方设法贴近用户，处处为用户着想，为他们提供尽可能的方便；讲究"精、快、广、准"的服务质量，满足用户求新、求快、求便捷的心理；通过特色馆藏、特色服务、特色活动、特色环境等突出本馆服务特色，建立图书馆特有的品牌服务；建立一系列严格的业务规范与规则，凸显图书馆服务的专业化。其次要创新服务内容。如在信息服务方面，要努力从文献提供服务向知识提供服务转变，加大参考咨询特别是网上虚拟参考服务的力度，增加网上信息导航，开展个性化信息服务，充分利用各种资源，开展形式多样的读者活动等。最后要创新服务方法。如改变以往单一的馆藏文献借阅服务模式，利用现代网络平台，提供多种数据库服务、知识库服务以及各种在线或离线信息服务和主动推送服务、虚拟参考咨询服务、网络呼叫、智能代理服务等。

八、资源共享原则

随着社会的进步和科学技术的飞速发展，文献出版数量剧增，各种信息大量涌现。任何图书馆没有必要，也没有经费去全面搜集、存储各种信息资源。但面对用户日益增长和不断扩大的信息需求，图书馆只有树立资源共享的观念，走资源共享的道路，变"一馆之藏"为"多馆之藏"，才能减轻单个图书馆的负担，既能最大限度地满足用户对知识、信息的需求，又能充分发挥馆藏文献信息资源的作用。资源共享将有力地促进人类知识的继承和发扬，实现人类的共同进步和发展。为此，不同系统、不同级次的图书馆要积极地加强图书馆之间的联合和合作，加强信息资源的共知、共建、共享，从而极大地提高图书馆事业在社会中的地位，并发挥其知识宝库的重要作用。

第四节 图书馆服务的发展趋势

一、图书馆服务的发展

图书馆服务是读者工作或读者服务的发展，是超越传统读者工作或用户服务范畴的一个概念。图书馆服务是为满足读者和社会需求，利用图书馆的文献信息及其他各种资源，实现图书馆使用价值的全部活动。这一概念包括了三个要素，首先是对象，即读者与社会；其次是内容，即利用图书馆资源；最后是目标，即实现图书馆的使用价值。图书馆服务的外延是基于内涵形成的，是不断发展变化的，可以从多个角度来分析。

从服务对象看，图书馆服务有读者服务、用户服务和社会服务。

读者服务确立的读者概念与阅读行为有关，读者服务离不开文献、阅读设备和阅读空间。用户服务突破了图书馆以借阅证判别读者的限制。特别是网络环境下的图书馆服务，点击图书馆网站，利用图书馆网上资源，对用户具有现实的意义。社会服务就是拓展图书馆的社会教育功能，提高公民素质，以满足社会的需求。

从服务资源的层次看，图书馆服务有文献服务、信息服务和知识服务。

文献服务是利用图书馆的基本资源开展的多种服务，如期刊服务、专利服务、学位论文服务等。信息服务比文献服务上了一个层次，主要体现在运用信息技术和信息资源，如OPAC、数据库检索、信息咨询等。知识服务是更高水平的服务，是运用知识和智慧开展的服务，如学科馆员服务、查新服务等。

从服务手段看，图书馆服务有手工服务、计算机辅助服务、数字图书馆服务等。

随着"Mylibrary"个人图书馆服务的产生，自助服务和自我服务成为一种趋势。技术的发展推动服务形式和功能的拓展，新的服务不断出现，紧跟时代的发展步伐。

从服务历史看，图书馆服务有传统图书馆服务和现代图书馆服务。

传统图书馆服务是以馆藏文献为依托，以借阅活动为核心，面向有限读者的服务。现代图书馆服务则是以图书馆资源为依托，以文献信息服务为核心，面向所有用户的服务。如果说，传统图书馆服务主要是以图书馆建筑为坐标的有形化服务，现代图书馆服务则是以知识资源为坐标的图书馆物理空间和虚拟空间的复合型服务。

二、图书馆服务的发展规律

依据图书馆服务的构成要素和图书馆的历史演变来看，图书馆服务具有以下发展规律：

（一）服务对象扩展

图书馆的服务对象经历了一个从严禁到限制，到部分开放，到全面开放的过程。20世纪80年代后期，我国虽然通过开展扫盲运动，普及教育，广大人民群众的科学文化水平逐步提高，图书馆服务对象扩展到了全民族各个阶层，但服务对象还是受地域、身份等方面限制，读者必须持有关证件进馆，办理借书证须单位证明或本地户口。到了20世纪90年代，由于人们文献信息需求的增加，图书馆事业的发展，特别是公共图书馆事业的发展，公共图书馆已面向全社会开放，社会成员可以不受地域、身份等方面的限制，就近享受图书馆服务。目前许多图书馆免费向所有居民开放，任何人都可以免证件进馆阅览书刊，无论是本地居民还是外来劳工，只要持本人身份证就可以办理借书证，免费借阅图书馆的书刊资料。

（二）服务内容增加

由于人类信息需求的扩大，图书馆的服务内容也在相应增加。古代图书馆只是为皇朝政事提供参考、为公私著述提供资料，近代图书馆主要是阅览服务。现代图书馆除了为用户提供借阅服务、参考咨询、文献情报检索等服务外，同时为他们提供网络服务，包括全文检索、多媒体检索服务、网络检索服务、网络咨询服务，以及查新咨询服务、休闲娱乐服务等；不仅提供传统印刷型文献资料，还同时提供数字化的文献信息。服务功能的多样化已使图书馆不再是单纯的文献收藏中心，而且同时是社会教育的基地、信息传播中心和民众休闲娱乐的重要场所。

（三）服务手段提高

20世纪60年代以前，图书馆各项工作都处于手工操作阶段，图书馆服务效率低下。20世纪70年代以来，随着计算机技术在图书馆的应用，图书馆内部管理逐渐实现了自动化，图书馆服务效率有了显著提高，机读目录的出现为用户提供了更多的检索途径，流通自动化简化了用户的借、还手续。20世纪90年代以后，随着互联网技术的发展，图书馆服务实现了网络化。通过互联网，用户可以端坐家里轻松享受图书馆服务，阅读图书馆数字化的文献资料，并下载自己所需要的信息。图书馆则可以利用互联网建立虚拟馆藏，共享他馆及其他信息机构的信息资源，为用户提供信息服务。

（四）服务方式进化

随着社会的进步和发展，人类的信息需求日趋增加，图书馆的服务方式也有了巨大变化。古代图书馆，由于馆藏信息资源数量、管理手段及信息需求等方面的限制，图书馆一般仅提供室内阅览服务。到了近代，图书馆馆藏文献数量有了显著增长，人类文献需求趋于大众化，图书馆除了提供馆内阅览服务外，亦向读者提供文献闭架式外借服务。到了现代，随着科学技术的飞速发展，文献信息资源急剧增长，人类的信息需求日趋多样化，封闭式服务已不能满足他们的需要，图书馆需逐步实现开放式服务，实现了借、藏、阅一体化，极大地方便了用户利用文献信息资源，也提高了文献信息资源的利用率，最大限度地发挥了资源的效用。随着互联网的发展，图书馆服务已不再局限于图书馆的馆内服务。通过互联网，图书馆可以提供网上阅读、全文信息传输等多种服务，及时快捷地满足社会大众的文献信息需求。同时，图书馆服务已不再局限于提供纯文献信息，而是提供着多种功能、多种形式的社会化服务。

第三章 现代图书馆读者服务及其转型

第一节 现代图书馆服务的理念

服务是图书馆的永恒主题，在任何情况下图书馆都应不动摇、不偏离、不取代图书馆服务，把服务作为图书馆一切工作的出发点和归宿，把服务作为贯穿图书馆一切工作的主线。然而坚持图书馆的服务主题，并不是说要为读者提供一成不变的服务，而是要根据时代的发展、用户的需求不断更新服务模式、服务内容，为用户提供高质量的服务。进入网络时代以后，随着信息技术的迅速发展和全面渗透，图书馆工作人员也应紧抓时代发展的脉络，积极配合社会的发展进行图书馆服务转型，以便使图书馆能始终适应用户的需求和社会发展的形势。

一个理念的定位差异，将会产生截然不同的结果。随着信息技术的飞速发展，图书馆所面临的信息环境和社会功能正在急剧地发生变化。作为一种信息服务机构，图书馆的作用正随着用户信息渠道的多元化和丰富化发展而被逐渐削弱，图书馆已经不再是传统信息环境下用户的主要信息源。在这种情况下，图书馆的服务理念也在不断演变和衍生。

一、服务理念的概念解析

服务理念是人类众多理念的一种，是人们在从事服务活动的过程中形成的主导思想，反映了人类对服务活动的深层次认识，是企业实施和贯彻的以顾客为导向的服务主张、服务思想和服务意识。服务理念是服务活动的指导思想，是企业使命和宗旨的具体体现，也是企业服务的责任和目标。

服务理念一般包括服务宗旨、精神、使命、原则、目标、方针政策等。这些服务理念的内容是企业实践活动中形成的指导思想，在服务中具有积极的作用。

二、图书馆服务理念

一个图书馆的服务理念是这个图书馆对于服务工作的理性认识、理想追求及其所形成的观念体系，它是图书馆人的经验特别是其成功经验的高度概括和系统化，是指图书馆围绕读者服务工作的基本方针，是图书馆的办馆宗旨、原则、目标，是图书馆的服务方式、服务内容、服务态度等的体现。图书馆服务理念是图书馆一切服务工作的指导思想、理论基础、前进方向和行动准则，它指导着整个图书馆的服务活动，指导着图书馆人去做与之相符的事情，决定图书馆服务工作的开展方式并影响图书馆提供服务的结果。它是图书馆观点和图书馆经验的浓缩和代表，也是图书馆服务形象的关键所在。

先进的图书馆服务理念能有效地推进图书馆改革与发展。图书馆作为服务社会的信息机构，如果没有正确的、先进的服务理念，就好比没有正确的行动指南，就不能担当起应有的社会责任，履行应有的社会职能。之所以这样说，是因为，一方面，图书馆服务理念主要是用来指导服务行为的，它对内外公开，让用户对图书馆有更多的认识和了解，它不但能引导用户对服务人员的服务行为进行监督，而且能统一服务人员的服务思想和行为，以此来规范服务人员的服务态度，进而不断促进图书馆服务的发展。另一方面，在网络时代环境下，图书馆早已失去了信息垄断地位，20世纪甚至出现了"图书馆消亡"论，在新形势下如何实现可持续发展，如何增强其核心竞争力就显得尤为重要和迫切。服务理念影响和决定着图书馆人的思想高度，指导图书馆制定发展规划和战略目标，而发展规划和战略目标往往决定着图书馆的核心竞争力。

由于图书馆社会职能的演进，图书馆的服务经历了从封闭到开放，从借阅到参考服务，从信息服务到知识服务，从无偿服务到有偿服务，从按时服务到及时服务，从馆内服务到馆外服务，从在线服务到全球服务的发展过程。从其发展上来看，在过去，图书馆的服务理念主要有以下几种：

第一，"三适当"准则，这一理念由美国著名图书馆学家杜威在1876

年提出，是指图书馆要在适当的时间，给适当的读者，提供适当的服务。

第二，"小而全""大而全""备而不用""万事不求人"的封闭式服务理念，即每个图书馆都试图建立自己比较完善的服务体系，争取不依靠外界支持，自己能够为用户提供完备的服务，从而形成一个自我封闭的内向型服务体系。

第三，公益服务理念，在中华人民共和国成立初期，我国的图书馆大多是国家建立的，是完全公益性的，这就使得为公众服务的公益性成为图书馆服务的一大理念。但这一理念同时也带来了一个问题，即图书馆经费由国家提供，图书馆服务讲求公益性，但我们应当清楚图书馆的公益服务并不意味着国家对图书馆的发展要无限制地投入，不意味着图书馆的经营不讲求成本效益，图书馆也应不断提升自身价值。

第四，传统图书馆的服务一般是等读者上门，所有的服务基本是以图书馆为中心，可谓围绕图书馆馆舍展开的。这是在一定发展阶段，科技水平、社会意识和传统习惯多种因素共同作用的结果，即将藏书、馆藏信息作为图书馆的主体并成为读者服务的唯一物质基础。由于机制、经费、人员、设备的限制，服务工作有许多局限性，同时也束缚了服务人员的思想，缺乏主动服务的精神，图书馆为读者提供的是"等上门，守摊式"的服务。

第五，传统的图书馆面向比较固定的读者群，主要对到馆的读者服务，图书馆以不变应万变，提供固定的一套服务模式，应对不同用户的不同需求。无论你是院士，还是大学新生，都接受同样的服务内容和服务方式。这完全是一种卖方市场，由图书馆主宰用户的需求，用户的需求必须适应图书馆所提供的服务。

三、网络时代图书馆的服务理念

随着时代的发展，图书馆界一致认为"服务是图书馆的基本宗旨，是贯穿图书馆发展的主线，是图书馆的核心价值观"，在网络社会，图书馆正日益面临着文化传播载体和传播方式的变革所带来的挑战和冲击，经受着日益严峻的竞争。要想赢得竞争优势，提高服务水平和质量，图书馆人员必须转变服务理念，具体来看，网络时代图书馆人员应树立以下服务理念：

（一）用户至上，服务第一

图书馆的社会价值是从满足用户需求中体现出来的。一个图书馆办得好不好，其办馆效益、社会价值如何，主要以用户对图书馆的认识去衡量，要看他们对利用图书馆的希望程度，对服务项目和服务标准的信誉程度，对服务人员素质和服务水平的满意程度，对服务效果的认可程度。因此在网络时代，在图书馆服务中，不管何时何地，都要"用户至上，服务第一"，要把"为一切用户服务""一切为了用户""满足用户的一切合理需求"作为图书馆服务工作的出发点和归宿。

为充分体现这一指导思想，图书馆采取成立读者工作委员会来实施对图书馆工作的具体指导；定期向读者汇报工作，出版图书馆工作年报，如实反映取得的成绩和存在的问题，接受全社会监督；推行义工制，邀请读者积极分子义务协助图书馆工作等。同时，还应该体现在尊重读者的阅读自由，不对读者设置不符合政策、不符合人权的障碍。

（二）竞争服务，协作服务

图书馆作为人类知识和信息的传播和服务机构，在网络信息资源的巨大冲击下，面临着重大的挑战和竞争。我们知道，随着现代通信技术、信息技术的快速发展和全面普及，越来越多的人开始倾向于通过互联网来获得相关资讯，同时网络技术也在全面改变人们的阅读方式，更多人（尤其是年轻人）更乐于阅读各类电子书，在这种情况下，人们对信息需求的第一获取途径再也不是图书馆。另外，各类书店及读书组织所提供的购书和阅读环境得到了前所未有的改变，纷纷采取了多种方式为人们提供人性、方便、灵活的服务，深受读者欢迎，更加广泛地吸引了广大读者。面对挑战和竞争，图书馆应该充分利用自身的资源优势，在服务工作中转变观念，变被动为主动，强化竞争意识，进一步做好信息的开发、搜集、检索、分析、组织、存取、传递等工作，在网络建设上，加快网络化和数字化建设步伐，提高员工的素质和业务水平，提升服务质量，确保图书馆在竞争中立于不败之地。

进入网络时代以后，知识传播和挖掘的速度也有了很大提升，现代社会每时每刻都会产生大量的知识与信息，图书馆要想完全搜集、掌握所有的知识和信息显然是不可能的，这就要求图书馆界要树立协作意识，只有通过各服务机构的相互协作，才能促进资源共享，使不同服务机构间的资源优势互补，降低资源采购和运营成本，提升协作服务机构内的相关技术水平和服务人员的综合素质，节约大量的人力物力，以此提高协作服务机构的整体效益；只有通过协作，其服务形式才能更加灵活多样，更加丰富多彩，才能提高各服务机构的服务水平。

（三）用户参与，资源共建

长久以来，图书馆业一直关心的一个问题就是，我们能向用户提供什么，这导致了图书馆所构建的丰富的软硬件资源以及所提供的各种类型的服务被用户冷漠对待。进入网络时代以后，随着Web时代所强调的用户主导、用户参与、用户分享、用户创造理念的广泛传播，图书馆也应转变思想观念，树立用户参与思想，将用户参与和互动作为图书馆资源建设与服务的前提依据。也就是说，通过应用Web和泛在智能的相关技术（如MySpace、Meta、Wiki及目前备受关注的豆瓣网等技术构建图书馆用户的交流社群，使分散在不同应用系统间的个人知识产出不断沉淀，为图书馆积累丰富的资源）让用户付出时间和精力来真正参与图书馆的资源建设，从而让用户开始重视这份投入、开始在乎这份关系，并乐于分享其建设成果。在引导用户参与图书馆资源建设的同时，图书馆还应加强与相关单位的合作，如加强与出版社和数据库商以及电信部门和网络服务商的跨界合作，达到资源、设备的充分共享，从而满足用户在泛在知识环境下的信息需求。

第二节 图书馆服务的对象及其需求

用户是图书馆服务的对象，也是图书馆生存发展的决定因素，用户服务工作是图书馆全部工作的出发点与归宿，因此要做好图书馆工作，就必须分析用户的需求、类型及其变化的趋势，提供有针对性的服务，即一种建立在用户满意基础之上的以用户为中心的服务。

一、图书馆服务的对象

传统图书馆主要收藏以纸张为载体的信息，它的服务模式也必然围绕着纸张文献和图书馆馆舍展开。当时的图书馆服务主要是为各类读者提供图书借阅、信息咨询与参考等相对单一的服务，因此在传统的图书馆模式下，读者就是其服务对象。但现代图书馆已不再是一个仅仅满足人们阅读需要的场所，图书馆及图书馆服务的概念正在发生深刻的变化。现代图书馆由于互联网和数字图书馆技术的发展，正从传统的实体图书馆向实体图书馆与虚拟图书馆相结合的复合图书馆方向发展。图书馆除了向人们提供借阅机会以外，也十分重视满足人们的信息需求、文化需求和休闲需求。基于此，读者已不能涵盖图书馆服务对象的全部范畴，因而这里以用户称之。

（一）图书馆用户的类型

图书馆用户的类型多样，根据不同的分类标准可将其分为不同的类型。

1. 根据用户的职业特征分类

根据用户的职业特征，可将其分为工人、农民、市民、军人、教师、学生、干部、科研人员和离退休人员等类型。

2. 根据用户所从事工作的学科范围分类

根据用户所从事工作的学科范围，可将其分为社会科学用户、自然科学用户以及一些综合性、边缘性学科的用户。

3. 根据用户运用图书馆资源的目的分类

根据用户运用图书馆资源的目的，可将其分为文献信息用户和非文献信息用户，文献信息用户可划分为研究型用户、学习型用户、释疑型用户和消遣型用户等。

4. 根据用户与图书馆的关系分类

根据用户与图书馆的关系，可将图书馆用户分为正式用户、潜在用户和临时用户。正式用户是在图书馆正式登记立户的注册用户，领有借阅证件，享有固定利用图书馆资源的权利。潜在用户是指具有阅读能力和文献信息需求，但没有与图书馆建立服务关系的人。临时用户指的是未同图书馆建立正式服务关系，凭身份证或其他有效证件偶尔利用图书馆资源和服务的服务对象。

5. 根据用户利用图书馆资源的方式分类

根据用户利用图书馆资源的方式，可将图书馆用户分为个人用户、集体用户和单位用户。个人用户是以自然人为单位，独立地利用图书馆的文献信息资源从事阅读或其他活动的服务对象。集体用户是指以固定的机构、团体为单位或由若干人自愿组合成一个小组来利用图书馆资源的用户。他们具有共同的服务需求和利用方式，或在同一单位，或从事同一职业、同一工作，在一定期限内，集体借阅一定范围、一定数量的文献或利用图书馆的其他资源。单位用户是指以固定的机构利用图书馆的用户，该机构所属的部门和个人，在一定的规则下，可以此机构的名义与图书馆建立借阅关系或资源共享关系。

（二）网络时代图书馆用户的特点

在网络时代，随着信息资源的开发和利用，图书馆在资源结构、服务形式以及服务内容等方面发生了很大变化，这些变化也在一定程度上带动了现代图书馆用户的变化，使现代图书馆用户呈现以下特点：

1. 用户范围广泛

传统图书馆的服务相对固定，一般局限于本地区、本系统或本单位的相对稳定的用户群。网络环境下，由于网络本身所具有的广域性特征，用户可以不到图书馆，只要遵守一定的协议，拥有一台电脑终端，便可在办公室或家庭的网络计算机上查询信息资源，完全打破了传统图书馆时代信息利用的时空限制。

2. 用户数量增长快

进入网络时代以后，随着人们信息意识的不断增强，对信息资源的重视日益加深。这就使得不少图书馆用户逐渐把获取的大量信息和知识当成享之不尽的资源和效益，信息和知识的需求成为用户个人学习、生活和工作中不可或缺的部分，图书馆作为人们信息资源获取的重要渠道，虽然在一定程度上受到网络的冲击，但网络也将越来越多的用户与图书馆相连，越来越多的用户开始通过网络享受图书馆提供的各类服务，从而大大增加了图书馆用户的数量。

3. 用户的信息需求多样

传统图书馆时代，用户利用图书馆的主要目的是查找文献进行科研或学习。而在网络环境下，用户上网搜集信息的目的是多元的。有的图书馆用户是想收集专业信息资源进行科研和学习；有的是为加强可信度、信心、稳固性和身份地位，出于个人整合的需要；有的是获得信息、知识和理解的知识需要；有的则是出于了解信息资源，查询特定事实数据，甚至交际的需要。总之，由于用户个体知识结构差异及查找目的的不同，其利用网络信息的类型也各不相同，呈现出多样性和复杂性。

4.用户水平不一

在传统图书馆时代，用户要想享受图书馆服务，首先要识字，才能通过图书馆中的各项文献资源获得相应信息。因此用户一般是文化水平较高的人。网络环境下的信息载体多元化，多媒体信息直观形象、生动有趣，所传递的信息也通俗易懂，文字阅读能力较低者也能轻松利用。由于信息意识和知识结构的不同，用户之间的信息素养和技能相差较大，导致用户层次参差不齐。

二、图书馆用户的需求分析

用户及其需要是图书馆产生和发展的原动力，没有用户，图书馆就失去了存在的价值和意义。随着网络环境的发展，科技信息开放获取的推进，就读者而言，读书或查寻资料可以通过多种途径来进行，图书馆只是其中的一种可供选择的信息源之一。图书馆工作人员与用户之间的面对面式的直接服务方式将逐渐减少，用户自身利用网络乃至图书馆的设备进行自我服务的比重将增加，这给图书馆服务带来了巨大挑战。为了能够更好地生存并发展下去，图书馆必须对用户的需求进行分析，以便结合用户需求为其提供对应服务。一般来说，不同类型的用户对图书馆的需求不同，如教师用户的信息需求相对来说目的比较明确，一般查阅教学参考资料和与研究课题相关的文献资料以及各种参考工具书，大多主题明确，范围比较确定，往往自己查找所需资料，强调信息的准确性和可靠性。管理人员要求提供方案咨询服务，即对所查到的信息进行二次加工或提供综述述评等浓缩的三次文献信息，他们对信息的需求呈现时效性、完整性和连续性的特点，强调信息的时效性。图书馆服务人员应根据用户的类型为其提供适应的服务。

此外，进入网络时代以后，随着知识经济的发展，文献资料的大量增加，科学技术的迅猛发展，大量知识信息渗透到社会生活的方方面面。各种信息之间的知识内容互相交叉，各个学科内容之间高度综合化和专门化，新的交叉学科、边缘学科大量涌现，使用户文献信息需求的内容呈现向微观化方向发展的趋势。用户不仅仅需要概括性、叙述性的文献信息，而且更加需要大量详尽的、专指性很强的文献信息，不断增加着专指性比较强的文献信息的需要。

再加上移动互联网的快速发展，图书馆用户对传统文献与声像文献、电子文献的需求并重，呈现出综合化趋势；信息需求向电子化、数字化、网络化信息资源的方向发展；信息需求呈现出全方位、社会化趋势，不仅需要科学技术研究所需要的信息，而且需要有关社会和生活方面的各种信息。在这种情况下，用户对信息的相关性、可靠性和准确性有了更高的要求。与此同时，用户希望能够快速、高效地获取信息，能够随时随地进行一站式检索，并获得相关主题的论文、照片、音频和视频等信息。用户信息需求的高效化主要表现在：首先，用户对满足工作、学习的信息需求较高，要求提供的信息具有准确性和可靠性；其次，用户要求获取的信息方便、快捷，能够减少用户的查询成本；最后，用户要求提供的信息直观、简洁，节省用户的阅读时间。移动信息组织与传递方式的变化，进一步激发了用户对信息高效化的需求。移动图书馆的出现满足了人们的这种需求，但由于受到手机等移动终端设备的限制，移动互联网用户在时间上、获取信息和体验等方面具有碎片化的特征，因此移动图书馆的用户需求也呈现一定碎片化特征。移动图书馆用户的使用行为一般穿插在日常工作和生活中，通常在急需时或等候时会使用，并且每次使用的时间较短，在时间上呈碎片化。同时，移动图书馆用户关注和获取的信息也呈碎片化特征，并且移动阅读层次通常较浅，缺乏深入性，这就要求移动图书馆能为用户提供内容适当、简洁精准的信息服务。

第三节 现代图书馆服务的转型

进入网络时代以后，随着信息技术的高速发展和普遍应用，人类的交流方式发生了很大变化，这也给图书馆带来了挑战。为适应网络环境的需要，从传统走向现代化，图书馆必须进行服务转型。

一、图书馆服务转型的必然性

当今的中国正处于转型时期，从农业社会向工业社会转变，从封闭半封闭社会向开放社会转变，从单一性社会向多样化社会转变，从伦理型社会向法理型社会转变。此外，在世界信息化浪潮的影响下，我国又提前进入了信息化社会。图书馆作为文化事业的组成部分属于上层建筑，以经济为基础，其变化、发展直接受经济条件的影响、制约。

从内在因素上来说，进入网络时代以后，图书馆的文献、读者、馆员、技术手段、建筑设备等要素均发生了变化，如文献载体形式由单一的印刷型向光电型、缩微型的方向发展，磁盘、光盘、海量存储器在图书馆的大量使用，电子计算机存储功能和传递功能在文献利用中的进一步发挥，这些变化也要求图书馆服务随之发生变化，以适应图书馆发展的需求。

从外在因素上来说，一方面，计算机出现以后，人类的信息载体和信息记录方式发生重大变革，逐渐演变出电子型文献，随着电子技术的迅猛发展，一切文字、图像、声音都可以很方便地转换为计算机可以识别的二进制数字，从而以数字化的形态保存和传递。在这种情况下，若图书馆还是坚持传统的纸质图书文献搜集、整理与保存，必然无法适应资源信息化存储、传递的形势，也无法满足图书馆用户对信息资源快捷利用的心理需求，再加上网络时代信息呈爆发式膨胀，传统的纸质文献整理与传递必然赶不上知识更新的速度，在这种情况下，图书馆必须进行服务转型。

另一方面，网络时代是个创新的世纪，各个行业都在搞创新，如传统学校教育到网络远程教育的延伸，商场封闭式销售到开架式自由选购，再到网络采购等，创新所带来的变化随处可见。如今的社会是以信息文化和公共资源为主要生存轴心的。在数字图书馆时代，任何一个图书馆都可以进行超馆藏超地域的服务，任何一个读者也都可以通过计算机利用图书馆。图书馆馆藏的多少和馆舍的大小已不再是形成竞争的优势，只有出色的服务才是图书馆的区别所在。出色服务的提供要靠图书馆的不断创新，只有在不断创新中才能有特色，为此，图书馆也必须进行服务转型。

二、图书馆服务转型的基本走向

网络技术的发展给图书馆服务带来了全新的技术环境和人文社会环境，再加上网络技术的全面普及，图书馆服务转型成为必然。从当前的形势来看，图书馆的服务转型主要有以下走向：

（一）服务对象由服务到馆读者向服务社会转变

在传统图书馆时代，图书馆工作人员的服务对象主要是到馆读者，即前来图书馆进行图书借阅、信息咨询的读者。进入网络时代以后，图书馆网络化、资源的数字化的发展，大大消除了读者与图书馆之间的地理障碍，图书馆的服务范围不再受到时空的限制，通过网络它可以为整个社会服务，也就是说，除了围绕"本馆"读者组织和进行读者服务工作以外，现代图书馆的服务对象不断拓展，不再仅仅局限于持有本馆借阅证的读者这样狭小的范围，而是大大突破了时间、空间的限制，延展到全国乃至全球。具体来看，网络时代的图书馆不仅可以服务到馆读者，也可以服务高校，还可以向企事业单位开放，服务地方政治、经济、社会、科技、文化等事业的发展。

（二）服务方式由"传统手工操作方法"向"综合文献技术应用"转变

在实践中我们可以看到，传统的图书馆服务方式绝大多数属于事务性工作，如图书的借阅与归还、取书归架、采购相关图书等，其手段是以落后的手工操作方法维系对外的各项服务活动，服务水平、服务时效滞后，这种做法除了观念、时代需求等因素外，根本原因还在于传统纸质文献的易损、稀缺和共享性差等特点，导致人们怕文献被弄丢、被损坏、文献不够用等，因此将文献的收藏放在了中心地位。进入网络时代以后，随着计算机技术、数字化技术、数据库技术、云计算等的快速发展，图书馆的服务方式也有了很大的变化，图书馆服务的手段也将逐步摆脱传统图书馆以手工操作为主的事务性服务方式，向依靠综合文献信息技术应用转变。换句话说，在网络时代，应用各类信息技术为用户提供适宜的服务是现代图书馆必然的选择。例如，不少图书馆设计了自助中心平台，其服务方式就十分多样。

（三）服务内容由信息服务向知识服务转变

传统图书馆的读者服务工作，主要围绕印刷型文献资源和部分非书资料的开发利用来组织和展开。随着大量商业化学术资源数据库的出现、电子出版物的出版和传统馆藏的数字化转换，数字化信息资源成为现代图书馆文献信息资源的主体，知识也成为最重要的生产力要素，知识的生产和创新成为经济发展、社会进步的重要保障。当今社会已进入知识经济社会，图书馆传统的信息服务早已不能满足人民日益增长的对知识的需求。在这种情况下，为了满足用户的需求，图书馆的服务内容逐渐从帮助用户获取文献信息、激活文献信息内容、实现资源共享的信息服务向从各种显性和隐性的知识资源中，针对用户在获取知识、吸取知识、利用知识、创新知识的过程中的需求，对相关信息知识进行搜集、分析、提炼、整理等，为其提供所需知识的知识服务转型。

（四）服务理念由"书本位"向"人本位"转变

在传统图书馆时代，工作人员虽然是为读者服务，但其服务理念一般表现为以书本为主,即以图书的收藏和保存为中心,图书馆的服务一切围绕图书馆开展工作,强调书静态的信息。进入网络时代以后,科学技术日新月异,信息服务全球化已经成为必然趋势,图书馆作为信息服务业的一个重要组成部分,将会在社会文献信息服务中发挥不可替代的作用,并成为我国信息产业的重要一员。但要切实履行这一职责,图书馆提供的服务必须符合用户的需求,因此图书馆的服务理念也不能停留在"过去的收藏"和足不出户的"借阅与归还"了,而是要从思想深处更新服务理念,以图书馆用户的需求为中心,为其提供适宜的服务,这样才有利于图书馆未来的发展。

(五)服务范围由"图书馆服务"向"资源共享"服务转变

传统图书馆以文献收藏为己任,以印刷型文献为主体,这种基于自我馆藏的图书馆是作为一个书刊存储基地和物理实体机构存在的。图书馆的服务范围仅限于这个特定的场所内,其服务的直接功能是利用自给自足的档案性馆藏,为相对稳定的读者提供"阵地服务"和"定向服务",满足读者对已知文献的需求,我们把这种服务称为"图书馆服务"。

进入网络时代以后,远程通信技术、网络的应用和推广,使得图书馆与地区网、国内网、国际网联网,把图书馆与近程和远程的读者、各类信息服务中心、各种书目利用机构、联机信息检索系统连为一体,为图书馆与其他机构共享资源提供了条件。再加上网络时代知识更新速度不断加快,图书馆想要凭一己之力搜集所有的知识信息是不可能的,只有与其他图书馆、其他机构进行合作,进行资源共享,才能充分发挥图书馆的作用。在这种情况下,图书馆的服务范围必然向"资源共享"转变。这是在网络环境下发展起来的一种新的、重要的学习交流模式,图书馆不仅要方便快捷地为用户提供信息,而且要成为用户不可或缺的信息共享空间开放存取,任何人可以在任何时间和地点、不受经济状况影响、平等免费地获取和使用相关信息,这也是符合网络时代信息交流特点的一种全新的高效的交流模式。

第四节 图书馆服务共享

进入网络时代以后,随着网络信息技术的快速发展,以百度、Google等为代表的互联网搜索引擎为人们提供了信息搜索的便捷方式,给图书馆的生存带来巨大挑战。针对这一情况，进行图书馆服务变革成为图书馆界的共识。其中，提倡图书馆服务共享就成为现代图书馆革新的一个重要思路。

一、服务共享的概念

服务共享，简单地说是指经营机构的一种共享机制。随着后工业化的服务经济快速发展，公司经营的利润获取也在发生变化。尤其是一些大公司为了节约成本，纷纷开始成立服务共享管理部门，主要用于处理重复性的日常事务，以最大幅度地提高效率。该种经营模式作为一个独立组织管理其资源；所提供的服务界定为服务共享产品；所承诺的服务符合服务水平协议书的要求；遵循统一的经营思想为整个组织的众多商业伙伴和客户提供服务。

从其概念的分析上我们可以看出，服务共享实际上是将分散在各个业务单元当中那些功能相同、流程相似的业务从原业务单元中剥离出来，并进行集中整合，组建共享服务中心，此共享服务中心以顾客（原业务单元）为导向，向顾客提供收费服务，并形成具有专业化的内部机构。它不仅有利于节约成本，而且是价值的再创造。

自21世纪以来，图书馆行业也逐渐将关注的重点从文献资源转向图书馆服务，一方面资源数字化引发读者到实体图书馆越来越少，另一方面更加关注读者的需求成为图书馆服务的共识。再加上海量信息的飞速产生，使得不少图书馆都开始思考如何准确地过滤和有效利用各种信息，提高各种信息资源的利用效率。在这种情况下，一些学者从企业经营的服务共享理念受到启发，倡导将这一方式引入图书馆行业，从而推动了图书馆服务共享的产生。

二、图书馆服务共享的基础

总体上来看，图书馆服务共享的提出是在新世纪信息技术快速发展，图书馆适应社会发展形势，重视用户服务的产物。细究起来，图书馆服务共享之所以可行，是因为它有以下基础：

（一）以用户为中心的服务理念

作为以提供服务为中心而存在的组织，以服务为中心也就是以用户为中心。图书馆通过服务来实现用户与信息之间的双向交流。如何去实践和运用以用户为中心的服务理念这个信念，决定了图书馆管理和图书馆服务的发展方向、路线和结果，也说明新世纪图书馆行业对于读者权利的重视。随之而来的，很多图书馆开始尝试为读者提供个性化的服务：定制收藏、个人门户、学科专题文献推送、手机图书馆定制等，都为随之而来的图书馆2.0的起源和发展奠定了基础。

（二）服务手段和服务内容的多样化

如同之前我们所分析的，现代网络技术和信息技术的全面渗透，为图书馆服务手段的更新和服务内容的延伸奠定了技术基础，在信息技术和通信技术的支持下，现代图书馆的服务手段和服务内容呈现明显的多样化特征：讲座与培训、专题文化展览、在线咨询和交流服务甚至是BBS、娱乐服务功能、读者利用文献的数据挖掘和分析、文化素质教育、定制复印、信息共享空间、高校科研成果转化的引路、学科研究者的网络虚拟社区等都可以在现代图书馆服务中找到。这些服务有些已经远远超出了传统图书馆服务的范畴，意味着图书馆行业在新时期的探索，这些探索也为图书馆服务共享奠定了坚实基础。

三、图书馆服务共享的内容

在实践中，图书馆的服务共享主要是借由SOA架构的图书馆服务共享体系，通过相关书库标准和互操作标准，实现成员机构所需业务的互联互通，保障用户在各个成员机构能够享受通行的服务。其服务内容主要包括以下几个方面：

（一）传统图书馆服务

图书馆服务共享并不是对图书馆服务的完全变革，传统的图书馆服务依然有其存在的价值，因此也属于服务共享的内容，它具体包括以下几个方面的内容：

1. 馆藏目录的共享

通过图书馆服务共享体系，用户可以获得服务共享的多个图书馆馆藏目录，图书馆编目人员可以利用共享的书目信息快速完成工作，用户也可以通过目录在网上浏览、借阅相关书籍。

2. 文献传递

对文献传递可按文献的形式进行分类，纸型文献可通过复印、邮寄、电传等形式进行共享；数字资源则可通过E-mail和建立文献传递专用服务器等方式共享。

3. 馆际互借

用户可以利用统一规划的"一卡通"在服务平台内填写并提交馆际互借需求，也可以根据自己的地域，选择适宜的服务模式。

（二）荐购图书

用户可以向其他用户推荐本馆已有图书，也可以在本馆的电子订单中向采编部推荐采购新书。这是图书馆馆藏资源建设的重要渠道，其方式有多种，往往开发专门的服务平台，将出版社和书商最新的书目信息进行推送，供读者按需推荐，馆员收到推荐信息查重后自动生成订单。

（三）知识共享

首先，图书馆可以设计用户个人文档、共享文档等功能，以便用户向知识社区上传和共享自己的文档，通过共享服务阅读和下载其他用户的知识文档，也可以通过收藏文档功能将共享文档库中的有用资料建立起快捷访问方式，从而缩短获取知识的时间。

其次，图书馆可以设计读书笔记功能，让用户将自己的读书笔记共享给其他用户，实现知识共享。

最后，图书馆可以设计藏书架功能，让用户可以通过上传私人藏书目录并与其他人共享，从而达到图书交流的目的。

（四）参考咨询

图书馆可以在网络上通过设置在线回答、评论、论坛、电子邮件等多种方式，与用户进行沟通，并为其提供多种形式的参考咨询服务。通过图书馆设计的各类交际平台，用户可以在线填写相关的咨询、建议或意见，并能及时得到在线馆员的答复或解决方案。

不同的图书馆也可以各自推荐自己的咨询馆员，与其他图书馆的咨询馆员一起组成用户参考咨询联盟，一起为用户提供各项咨询服务，还可以建立FAQ专家知识库，使学科专家参与咨询和图书馆联合咨询成为可能。

（五）知识社区

图书馆知识社区构建于Web技术之上，因为Web的思想完全符合图书馆建设读者知识社区的目的，尤其是"以人为本"的思想。但是图书馆毕竟有自己的实际情况，根据读者的需求设计新的服务功能，可以尝试包括SNS、RSS的知识定制与阅读、文献资源收藏、图书交易等社区要素。

（六）科技查新的服务共享

用户先填写查新委托书，提交相关资料，并可在系统查询委托查新项目的进度。不同的图书馆具有不同专业特色，其取得查新资质的方向也不同，服务共享后可以充分利用这些特色，开展更深入的服务。

（七）开放式互动服务

图书馆可以设计"文献互助""图书交易/交换"和"协同写作"等功能，实现图书馆知识社区的开放互动功能。其中，"文献互助"已经在"馆际互借"功能中得到体现，这里就不再赘述。"图书交易/交换"主要是为不同文献资源的拥有者提供一个信息交互的平台，以便让读者在最短时间内获得自己想要的知识。"协同写作"则是基于SNS技术中的Wiki思想的服务，它为做共同研究的用户集体编辑写作同一文章提供的技术支持。协同写作保留历史编辑记录，可以追溯以前的版本，有利于研究团队的组织与管理，便于分工合作。图书交换功能是通过用户上传并共享可供交流的私人藏书信息，为用户间交流图书提供的一项服务，该服务也是弥补馆藏有限的一种措施。图书的交换功能则由用户在系统之外实施完成，充分利用私人藏书开展服务。

（八）人际交流服务

图书馆服务共享并不是单纯的信息共享，也可以通过SNS的基本功能将现实的人际关系虚拟化，并重新构建社会人际关系。在具体实践中，图书馆可以在知识社区中设置"相册""迷你博客"和"好友互访"等功能，帮助用户进行好友添加，为其提供交流的机会和平台。用户也可以好友为中心把各个单一的读者联系成一个人际关系网，基本每个读者与读者之间都是有联系的，自己可以根据自己的交友原则，迅速快捷地建立起知识社区的社交网络。

（九）多样性知识源的聚合（RSS）

RSS是Really Simple Syndication、RDF（Resource Description Framework）Site Summary或Rich Site Summary的缩写，中文称为"简易信息聚合"，也叫"聚合内容"或"真正简单的内容聚合"，作为描述同步网站内容的格式，它是一种基于XML标准的Syndication技术和在互联网上被广泛采用的内容包装和投递协议。但由于不同的组织对于RSS技术的标准不一，RSS至今还没有一个统一的定义，也没有非常贴切的中文概念。

（十）联合开展阅读推广和其他主题活动

各成员馆可以联合开展主题书展、书评、新书通报、阅读辅导等读者阅读主题活动，开展学者讲座、文献利用培训、影视评介、书画展览等文化主题活动，持有服务共享"借阅证"的读者可免费参与。

第四章 图书馆信息服务

第一节 信息服务概述

一、关于信息社会

"信息社会"这个词早已为人们所熟悉，但要给信息社会下一个准确的定义，至少目前还有一定的困难，因为信息革命还在不断发展，未来的变化还难以预测，但人们已经真切地感受到信息革命为社会带来的巨大变化和深刻变革，我们的社会正在步入信息社会。

在信息社会里，社会信息化问题是每一个公民必须面对的最大现实，社会信息化是一个从工业经济向信息经济、从工业社会向信息社会演进的动态过程。从工业社会进入信息社会的过渡时期称为信息化社会，它的社会特征与信息社会是不同的，它反映了信息及其技术正在渗入社会生活的各个领域、各个层次的一种社会过渡进程。

就世界范围而言，工业社会只有几百年的历史，自从世界上第一台计算机问世以来，人类开始有了IT产业，我们便开始向信息社会迈进。工业社会和信息社会有着其鲜明的社会特征，在工业社会里，首先，社会的实践对象主要是人以外的物质世界，工业社会要解决的主要问题由人类生存和发展的基本需求所决定，必须创造出可供我们生存和发展的生活条件和生产资料，这是工业社会要解决的根本问题。其次，模具制造、批量生产是社会劳动的主要表现形式。在信息社会里，先表现在大量信息的产生，而且信息是有价值的东西。工业社会是一种很实在的社会,人们必须以看得见、摸得着的方式来判断事物的价值。但信息是人们无法以物质形态予以感受,却具有巨大潜在价值的东西,已经跻身于当今世界三大资源的行列。再次,社会实践的对象,从改造物质世界变成了提升人的素质世界。信息社会的实践重心,从开发大自然转向开发人类自己。最后,互联网以及时通信的方式,改变了人类活动的时间模式,也改变了人类文化的时间模式,让世界变成了"地球村"。

二、关于信息服务

（一）信息服务的含义

信息服务从广义的范畴,涉及社会生活的诸多领域。狭义的信息服务指对信息收集、加工、存储、传递和提供的社会化经营活动。由于科学的进步,各种文献载体和其他大众传媒的日益增多,互联网也日益普及,人们每时每刻都处于信息的包围之中,面对大量无序的信息资源,人们手足无措。如何去粗取精、迅速准确地找到所需要的信息,就是信息服务的本质所在。

现代社会信息服务具有十分丰富的内涵,它可以理解为以用户的信息需求为依据,围绕用户、面向用户开展的一切服务性活动。当前的信息服务,无论从内容上、形式上,还是从服务的广度和深度上看,都发生了天翻地覆的变化。随着社会的不断进步,信息服务的规模和效益对社会发展的影响将越来越突出。我国的信息服务经过长期的发展,已经形成了一个多层次的,包括科技、经济、文化、新闻、管理等信息在内的,面向各类用户,以满足专业人员多方面信息需求为目标的社会服务网络。在整体服务网络中,各类信息服务部门既分工又协调,开展各具特色的服务工作。

（二）信息服务的特征

从综合角度看,信息服务的特征主要有:社会性,信息服务的社会性不仅体现在信息的社会产生、传递与利用方面,而且体现在信息服务的社会价值和效益上,决定了信息服务的社会规范;知识性,信息服务是一种知识密集性服务,不仅要求服务人员具有综合知识素质,而且要求用户具备相应的知识储备,只有在用户知识与信息相匹配时才能有效地利用信息服务;关联性,信息、信息用户与信息服务之间存在着必然的关联关系,三者之间的内在联系是组织信息服务的基本依据,也是信息服务组织模式的决定因素;时效性,信息服务具有显著的时间效应,这是因为对于某一事件的信息只有在及时使用的情况下才具有价值，过时的信息将失去使用价值，甚至会产生负面影响，因此，信息服务中存在信息的"生命期"问题；指向性，任何信息服务都指向一定的用户和用户的信息活动，正因如此，才产生了信息服务的定向组织模式；伴随性，信息的产生、传递与利用总是伴随着用户的主体活动而发生的，所以信息服务必须要按用户的主体活动的内容、目标和任务来进行组织，以便对用户的主体活动能有所帮助；公用性，除了某些专门服务于单一用户的信息服务机构外，面向大众的公共信息服务可以同时为多个用户服务，这也是信息服务区别于其他社会化服务的因素之一；控制性，信息服务是一种置于社会控制之下的社会化服务，因此信息服务的开展关系到社会的运行、管理和服务对象的利益，它要受国家政策的导向和法律的严格约束。

（三）信息服务的体系结构

信息服务的领域十分广泛，不同类型的信息服务构成了信息服务的体系。按照不同的分类标准可以对信息服务进行不同的分类。一般来说，基于国内目前的情况，大致可以按照十个方面进行分类。

按照信息服务所提供的信息类型分为实物信息服务（向用户提供产品样本、试验材料等实物，供用户分析、参考、借鉴）、交往信息服务（也称口头信息服务，通过"信息发布会"等活动向用户提供他们所需要的有关信息）、文献信息服务（根据用户需求，为其提供文献，包括传统的印刷型文献和电子文献）、数据服务（向用户提供所需要的各种数据，供其使用）。

按信息服务所提供的文献信息加工深度分为一次文献服务（向用户提供原始文献或其他信息）、二次文献服务（指将原始文献信息搜集、整理、加工成反映其线索的目录、题录、文摘、索引等中间产物，从而向用户提供查找文献信息线索的一种服务）、三次文献服务（对原始文献信息进行研究，向用户提供文献信息研究结果的一种服务，它包括"综述文献"服务、文献评价服务等）。

按信息服务的内容分为科技信息服务、经济信息服务、法规信息服务、技术经济信息服务、军事信息服务、流通信息服务等，这些信息服务一般按用户要求进行，具有专业领域明确、形式固定的特点。

按信息服务的方式分为宣传报道服务、文献借阅服务、文献复制服务、文献代译服务、专项委托服务、信息检索服务、咨询服务、研究预测服务等。

按信息服务手段分为传统信息服务（指通过信息人员的智力劳动所进行的信息服务，如利用书本式检索工具书提供检索服务）、电子信息服务（指借助于计算机和网络系统开展的信息服务）。

按服务对象（用户）结构分为单向信息服务（面向单一用户所进行的针对性很强的服务）、多向信息服务（面向众多用户在一定范围内进行的信息服务）。

按信息服务时间长短分为长期信息服务、即时信息服务。

按信息服务的范围分为内部服务、外部服务。

按信息服务的能动性分为被动信息服务、主动信息服务。

按信息服务是否收费分为无偿信息服务、有偿信息服务。

三、信息服务的内容

信息服务应该包含如下几个内容：

信息资源开发服务。这是信息服务的基本工作，也是信息搜集、加工、标引等工作的目的所在。人类要进步，社会要发展，都必须重视信息资源的开发工作。许多看似没什么价值的原始材料，一经收集、整理和加工，往往会价值倍增，这就是信息资源开发的意义所在。

信息传递与交流服务。交流与传递是信息的重要特征之一，正因为信息的这一特征，才会使世界各国能够同时分享科学技术发展所带来的胜利果实。信息如果不进行传递与交流也就失去了自身存在的价值，更不能发挥其应有的作用。

信息加工与发布服务。不是所有信息对于用户都是可以直接利用的，"信息泛滥"早已是信息社会一个不争的事实，要做好信息服务，其中一项重要工作就是对信息进行加工整理，并将加工后的信息予以及时发布方能发挥信息的作用。

信息提供与利用服务。图书馆经过前期的信息搜集、信息加工、整理，其目的是提供给用户使用。通过用户对信息的利用，解决用户生产、生活、学习中遇到的问题，进而推动社会的发展和进步。

用户信息活动的组织与信息保障服务。信息用户，由于其学历、职称、知识结构、文化素养、兴趣爱好等的不同，把握信息、利用信息的能力也就参差不齐，图书馆应积极开展用户信息活动的组织和信息保障服务，帮助他们更好、更准确地掌握信息，利用信息。

四、信息服务的要求

信息资源开发的广泛性。信息服务须在充分开发信息资源的基础上进行，只有这样才能保证向用户提供的信息没有重大遗漏。为此，在信息服务工作中首先要注重用户需求调研，尽可能地吸收用户参与工作。

信息服务的充分性。充分性是指充分利用各种条件和一切可能的设备，组织用户服务工作。同时充分掌握用户需求、工作情况及基本的信息条件，以确保所提供的信息范围适当、内容完整和对需求的满足充分。

信息服务的及时性。及时性的含义包括两个方面：一是接待用户和接收用户的服务课题要及时；二是所提供的信息要及时，尽可能使用户以最快的速度得到他们所需要的最新信息。为了实现这一目标，必须保证有畅通的信息获取渠道和用户联系渠道。

信息服务的精炼性。信息服务中的一个至关重要的问题就是向用户提供的信息要精、要能解决问题，即向用户提供关键性信息。要达到这个要求，就必须提高信息服务人员的业务素质，必须在信息服务工作中加强信息分析与研究工作，开辟专项服务工作，努力提高专业性信息服务的质量。

信息提供的准确性。准确性是信息服务的最基本要求，不准确的信息对于用户来说，不仅无益，而且有害，它将导致用户决策的失误，造成损失。

信息服务准确性要求，不仅搜集信息要准确，而且要避免信息传递中的失真；同时对信息的判断要准确，做出的结论要正确、可靠。

信息服务收费的合理性。随着市场经济的发展，许多无偿服务已经向有偿服务或部分有偿的服务发展，信息服务也不例外。目前，信息服务许多都是有偿服务，但是从用户角度去看，支付服务费用应当确保一定的投入产出效益。这就要求在服务管理上要有科学性，同时注意到信息服务的高智能特征，在国家政策指导下制定合理的收费标准。

第二节 图书馆信息服务的发展与演变

一、传统图书馆信息服务面临的挑战

（一）基于用户的数字信息环境的形成

从20世纪90年代以来，信息生产、传输、利用的方式正发生本质的变化，它们必然要对图书馆信息服务的内容、方式和机制产生巨大影响。

1. 数字信息主流

我们已对数据库、全文出版物、网络资源等非常熟悉，但对数字信息在信息环境中的规模和分量长期缺乏量化的把握，因此，我们习惯地认为印刷载体仍然是主流信息载体，传统图书馆模式仍将长期发挥主流信息服务渠道，并且常常引用少数"权威"（尤其是居于科研教育前沿的用户和信息需求与查找最为活跃的年轻用户——而他们恰好是对公共信息政策及相关投入最具有影响的用户群），回避信息主流正越来越多地转向数字信息的事实。

实际上，数字信息正成为主流信息资源。数字信息交流化不仅意味着信息可获得性的极大提高，而且迅速促成"信息及其存取的民主化"，越来越多的个人、群组或机构可以方便地、低成本地打破专门机构的垄断，在大范围、大规模和持续地发布、获取、存储信息，并进一步导致以用户和信息生产者驱动的信息资源与服务市场新格局。

2. 学术信息交流过程的重组

传统学术信息交流体现中，图书馆往往是主要的甚至是唯一的对信息进行可靠收集存储、组织、"本地化"整合和直接提供信息服务的机构。这在根本上源于印刷载体传播利用的经济和效率因素，也造就了图书馆所拥有的"被俘获的"市场和用户，但是数字信息环境正急剧地改变这一切。

几乎所有的主要出版商都已建立和提供全文数字化文献（尤其是期刊），直接向用户提供基于网络的免费检索和收费传递服务，形成不依赖图书馆的可广泛利用的数字化学术信息资源体系。许多文摘索引商和检索服务商正积极将文摘索引检索服务与出版商的数字化资源、图书馆馆藏目录、万维网资源目录，甚至文献传递服务商相连，从而提供包括文献检索、文献传递以及

相应的管理功能等的全面信息服务。发行商也利用自己与出版社和图书馆的广泛联系，构建新的数字信息传递平台，为图书馆及其用户提供一个集成化的检索、利用和管理图书馆所订购的所有虚拟数字化期刊的体系。一些新型的信息服务运营商通过广泛连接（或收购）出版商、检索商或其他信息服务商，并开发新的服务内容，形成新的数字化、集成化信息服务模式。用户在数字化的学术信息交流体系中发挥出越来越主动和多样化的角色，通过个人网页、群组或项目网站、数字文献存储系统等来大量发布信息和直接提供服务。

在新的数字环境下，一个信息生产者驱动、直接面向信息用户的数字化学术信息交流体系已初见端倪，传统的各类机构严格有序的分工已被打破，通过无所不在的网络和市场化竞争，信息传递和服务再也不必依赖资源能力、地域、知识和行政隶属分割市场和业务。

用户工作空间数字化。对于用户来说，数字化已经不仅仅是个资源概念了，通过电子邮件、FTP文件、讨论组、网站等进行信息交流在科研与高等教育领域已是正常的甚至是主流的交流途径，而且用户的基本工作空间和工作流程正逐步数字化。这种变化将信息资源、信息服务、信息交流和用户工作过程聚合在同一数字空间，使用户的信息获取与利用空间整体地处于数字化状态，将会极大地改变用户信息需求的主要指向和用户信息检索利用的基本方式。

我们承认传统的图书馆信息服务（例如物理馆藏的建立、编目与流通等）仍然有一席之地，但其相对重要性、相对用户的贡献将被迅速削减，图书馆迫切需要发展与用户在数字工作空间中的新需求和新行为方式相适应的服务内容和服务机制。

（二）传统图书馆信息服务面临的挑战

其一，社会信息服务业对图书馆信息服务的冲击。随着信息环境的改善和信息需求的不断增长，社会上各种信息服务机构和咨询机构如雨后春笋般涌现。

这类信息服务机构不仅技术手段先进、服务方式灵活、业务工作富有特色，而且能围绕经济建设和社会发展的热点、难点，提供科技、法律、市场、人才、决策等信息咨询服务。他们能主动调查了解用户的需求信息，产品具有很强的针对性，能满足用户需要。相比之下，图书馆由于受到环境、体制、机制的制约，不仅服务观念陈旧，信息服务技术手段落后，而且服务方式死板，只有坐等用户上门的被动服务，加上专业人才缺乏，复合型人才少，无法提供个性化信息服务，致使图书馆信息服务日趋衰落。

其二，图书馆信息服务与网络时代的要求不相适应。传统图书馆在信息服务中除观念陈旧、管理服务方式落后外，还暴露出技术手段滞后，不能适应网络时代发展的要求；许多图书馆仍然采用传统的手工服务方式，信息采集和传输手段滞后，有些图书馆虽建有局域网，但仍未实现真正的网络化信息服务：图书馆的服务水平是低层次的，面对大量涌现的非文献资源，还固守在基于文献的信息阵地上，满足于参考咨询、代查代检、打字复印等浅层次的文献信息服务，无法涉足深层次的信息开发；图书馆的馆员素质有待进一步提高，现有馆员知识结构不合理，缺乏一支专门从事深层次信息开发与服务的学者型人才队伍。

二、图书馆信息服务的演变和走向

（一）重新设计和组织图书馆服务

图书馆界对于技术变革和它们所引起的服务重组并不陌生，实际上图书馆在应用信息技术上常常走在社会前面，例如联机检索、图书馆自动化等。

当信息环境走向网络化、数字化时，许多图书馆抓住机遇，对传统图书馆信息服务进行了有力的扩展，例如图书馆目录的网络检索、数字资源建设、数字参考咨询等。当然，许多应对措施更多的是将传统服务简单地拷贝到数字环境下，但也确有许多机构努力超越传统模式来拓展新的服务内容和形式。

重组传统服务。图书馆应对数字信息环境的一个流行措施是，根据数字环境提供的能力重新构建图书馆资源和服务的组织与提供方式，例如，图书馆系统和门户的个性化。许多图书馆系统开始提供个性化图书馆界面（例如 Mylibrary），根据用户选择来集成有关的资源和服务。许多图书馆已经按照不同的用户类别、专业类别，甚至根据具体或动态的主题或事件灵活地选择和组织资源来构成特定的专门图书馆，这些实际上是按照不同要求对图书馆内外的重组，数字信息服务的一个发展热点是数字化参考咨询、包括利用电子邮件、实时讨论软件、网络会议系统、客户呼叫系统等开展的咨询服务。图书馆已经基本把网络资源接受为自己可以组织和提供服务的资源，从而将这些资源的搜索、组织、检索作为资源建设的组成部分和"采访"工作流的有机环节。一些图书馆积极参加专门的主题信息网建设，另一些图书馆自行建立规范的网络资源导航系统，搜寻、选择、规范标引和不断校验的权威、可靠的网络信息资源。进一步的发展是将这些资源与图书馆目录、文摘索引数据库、全文数据、知识管理机制乃至一般网络搜索引擎连接起来，提供集成服务。

拓展服务内容。当图书馆被网络化、数字化技术武装起来后，许多图书馆开始采取更为开放和主动的方式来应对信息环境的变化，努力在传统图书馆服务之外拓展新的信息服务内容和形式，例如，网络学习中心、社区信息枢纽、信息结构建设、信息素质教育。

构造基于用户的信息服务机制。数字信息环境的一个特点是以用户为中心、用户驱动和围绕用户信息的过程，因此不少图书馆和其他信息机构开始探索如何构建基于用户的信息服务机制。尽管这些努力还不十分普遍，但它已体现了强大的吸引力和竞争力。例如，许多图书馆开始提供用户推荐资源、用户评述资源、用户批注、用户讨论组等功能。数字图书馆在提供上万种全文图书的检索和阅读的同时，还支持读者在图书中个性化的批注、书签、章节重组、讨论、写作和协作，从而使内容对象不再是固定的数据集合，而成为个性化、主观化、动态、交互和可扩展的信息工具。NSDL项目将支持用户动态调用各种合作学习系统、远程实验室、虚拟实验室来协作地检索、集成、处理信息并进行学习。

（二）图书馆信息服务的演变特征：知识服务

注重知识服务。现代图书馆应具有雄厚的文献资源、较高的文献保存率、不断发展的现代化网络、多层次的人才以及得天独厚的自身优势和地理环境优势，使之较其他行业更具有开展知识服务的优势。随着科学技术的不断发展，图书馆具有的知识传播服务功能也在不断增强，将成为社会的信息枢纽和因特网的重要组成部分。在信息开发上，它将注重信息资源的深加工和精处理，形成信息产品，通过信息咨询、产品展示等活动，推动科技成果走向市场，并转化为现实生产力；在信息服务上，它将突破时空界限，为社会提供多功能、全方位的服务，实现信息服务社会化；在信息技术应用上，它将引用和使用未来社会信息技术领域内的一切新发明、新技术，使信息的传输容量、速度和联网规模空前扩大，真正实现全社会的信息资源共享。

知识服务内容广泛、形式多样。由于网络环境的影响，图书馆的用户不再受时空、地域限制。用户地理分布更加广泛，数量不断增加，类型结构更加复杂，用户的信息需求呈多元化趋势。因此，图书馆除提供一般文献的初级信息外，更要提供以解决问题、形成方案为目的的注重内容的、针对性极强的深层服务。知识服务内容除提供专业知识外，还要提供用于完善知识结构、提高文化素养与生活品位和质量的综合性知识。知识产品形式多种多样，除传统的印刷型文献和大量的实物信息外，还有那些直观、生动、易于理解和接受的图文并茂的多媒体形式的知识。

个性化知识服务成为发展趋势。网络的形成一方面极大地推动了社会信息化的发展进程，使得知识更新周期大大缩短，社会知识总量急剧增加；另一方面使信息领域出现大量的"无效信息""垃圾信息"。在这大量、无序的信息面前，用户迫切需要图书馆能为他们提供个性化的信息平台服务，以便及时准确地获得最佳信息。传统图书馆信息服务中的定题服务就是一种典型的早期个性化信息服务方式，只是受当时条件与环境的限制，无法提供大量高质量的信息。因此，图书馆要利用自身优势，对馆藏资源和网络资源进行深层次开发，去伪存真，对信息进行分析、综合、整理，以新的、序列化的知识单元提供给用户，满足用户多方位的需求。

以网络为平台开展知识服务。网络化的信息环境使信息用户可通过直接上网来满足自身基本的、简单的信息需求，而图书馆等信息专业机构和人员的职责是提供综合、复杂、有序的信息，使用户获取有深度的知识内容。图书馆知识服务要重视用户需求的提高，从根本上转变传统的参考咨询工作的习惯，而更多地面向具体内容和直接的知识获取。同时，要发挥自己的资源优势，借助有关的网络技术和工具，如OCLC之First Search那样的集信息、检索、提供于一体的功能强大的信息服务系统，开展富有成效的服务。

（三）未来图书馆信息服务的走向

集成化是未来图书馆信息服务的主要模式。在网络环境下，集成化信息服务必定成为未来图书馆信息服务的主要模式。它是建立在信息资源集成、用户需求变化及信息技术发展三位一体基础上的服务方式。网络使图书馆集各类资源于一身，信息载体从单纯的纸质发展为与磁带、磁盘、光盘、镜像并存。集成信息服务表现为以图书馆信息资源共享的广泛集成为中心，以计算机、通信、网络和多媒体技术集成到图书馆信息服务当中为条件。图书馆通过 HIML、XML、PHP、JSP 等动态 Web 技术、因特网和开放 IP 地址，将全球的 Web 数据库、学术期刊、商务信息等数字化资源集成到图书馆主页供用户使用；利用智能检索、远程提交、下载、BBS 和 WebForm 等为用户提供新型信息服务。

个性化是未来图书馆信息服务的归宿。如何高效全面获取所需信息，提高主动信息服务能力，满足用户个性需求，是图书馆信息服务亟待解决的问题。于是，个性化信息服务应运而生，它是一种"以用户为中心"，培养个性、引导需求的服务模式，尊重用户是其根本，用户满意是其出发点，主动服务是其基本模式，双向沟通是其成功要素。它完全符合图书馆"用户至上"的服务理念。它通过研究用户行为和习惯，与用户进行零距离双向交流、互动，设计出用户期望的个性化信息服务模型，主动提供满足用户的特色服务，从而实现用户当前、长远、潜在的信息需求。网络环境下，个性化信息服务系统可根据用户兴趣在网上搜索并存储，建立面向用户的"个性化数字信息库"（含实体数据库或网上资源指引库），使用户能直接或间接获取所需信息。当前，图书馆开展个性化信息服务较成熟的技术支撑有定制 Web 页面、Web 数据库技术、信息推送技术、网页动态生成技术等。随着未来图书馆信息服务工作的深入和信息技术的发展，信息过滤技术、智能推拉技术、智能代理技术将进一步完善。智能 Agent 技术能以完全不同的方式提供智能化信息获取和处理手段，满足用户特定需求，成为个性化信息服务的关键技术。

社区化是未来图书馆信息服务的必然趋势。社区化是未来图书馆信息服务发展的必然趋势，也是图书馆馆员追求的目标。关键是我们如何利用先进技术扩大服务、赢得用户并充分发挥图书馆作用。事实上，图书馆的信息人才、资源、技术较其他信息机构更具优势，完全可凭已建立的网络和信息资源保障体系，挖掘潜力，服务于社会，服务于社区。随着社会信息化程度的不断提高，与城市生活息息相关的全方位信息需求日益增多。西方信息服务机构对此积极回应，使社区信息服务迅速发展。从内容和适应范围分析，图书馆信息服务要满足社区对"社会文化信息、实用性信息、特殊用户信息"的需求。社区信息需求说到底是对服务的需求，图书馆作为社会文化机构，责无旁贷地要以服务公众为己任，在社会信息化的今天更应如此。

分布式协作是未来图书馆信息服务的必经之路。在信息网络时代，由于图书馆资源和需求不断变化，各学科、地域、语言、文化复杂多样，要全方位、多角度、深层次满足用户的信息需求或咨询必须依靠各馆分工协作。现代信息技术为信息服务的分布式协作提供了方便，充分利用新信息技术建立分析式协作信息服务系统势在必行。国外许多国家已经或正在建立协作数字咨询服务（CDR_S）（我国也有图书馆加入外国的CDR_S）。

营销理念是未来图书馆信息服务发展的内驱力。图书馆作为信息集散地，与其他信息服务企业一样受经济规律制约，必须遵循同样的经营思想。营销的核心思想——"满足顾客需求"符合图书馆用户中心原则。图书馆坚持营销理念，必须实行"让用户成功"战略。它有利于塑造图书馆新形象，促进用户对信息服务的归属感。"让用户成功"是开放、不断发展的信息服务方式，其宗旨是以提高用户成功率为根本目标。当然，图书馆的营销应将服务战略作为核心营销战略，经营中要融入更多的服务，以增加对用户的附加值。

"全面质量管理"就是这种思想的集中体现。产品质量是服务质量的基本点，是服务价值的必然保证。信息服务有必要强化能力营销的地位，包括专业能力、创造能力、给用户充分信任能力的营销等，这样才能重建服务优势。信息服务还应把内部营销作为基本营销策略，因为服务效益的基础是内部员工需求的满足，只有员工需求满足了，才能有用户需求满足的可能，才会产生高效益。

创新性是未来信息服务再发展和生存的灵魂。在未来信息环境下，图书馆应抓住网络发展契机，大力倡导创新精神，形成创新共识和开创信息服务新局面的动力。总之，创新是未来图书馆信息服务再发展的灵魂。网络使信息实现分布式存取，用户可不受时空限制地利用全球信息资源，因此，对信息资源直接占有的重要性相对减弱，而获取利用信息的能力越发重要。为此，图书馆服务应坚持"以用户为中心"原则，把工作重点放在对现实资源和虚拟资源的组织、整理、深加工与有效传播和利用上。同时，根据网络环境下信息服务的新特点，随时进行调整和创新，使创新理念贯穿图书馆信息服务的始终，包括信息服务的管理创新、技术创新、人才创新、方式创新等。

第三节 图书馆信息服务模式

网络技术的快速发展和普及，已经成为现代社会、经济、科技、文化发展中的重要组成部分，并深入人们的日常生活中，一个数字化网络化的信息环境正在逐步形成，这必将推动社会文明的发展进程。

图书馆信息服务是图书馆根据用户的需求，收集各种相关信息，并对信息中包含的知识内容进行整理、分析、综合处理后，以一定的手段和方式提供给用户，以满足用户信息需求的一种活动。信息服务水平是现代图书馆工作质量的重要标志，因特网的普及给图书馆信息服务带来了新的竞争压力，必然带来图书馆信息服务模式的变革和创新。

一、建立书目利用协作体

书目信息是图书馆信息工作的重要组成部分，其质量的好坏直接关系到图书馆整体功能的发挥，是读者服务工作的重要手段之一，建立集中型书目利用协作体，通过一个统一的平台，不仅是改变目前图书馆的馆藏目录数据库分散和外部利用困难状况的有效途径之一，也是实现信息资源共建共享的重要举措。

（一）图书馆书目信息服务存在的主要问题

目前，国内的联合书目建设起步较晚，而且覆盖率不高，重复建设和条块分割现象仍很严重，而且建成的联合书目检索系统数据库的数据更新较慢，不能很好地反映各馆馆藏状况的变化，归纳起来，图书馆书目信息服务主要存在以下问题：

一是由于地区之间、行业之间、部门之间在资金支持、技术水平等存在着较大差异，致使书目信息服务发展不平衡。

二是由于书目信息服务部门选用的计算机系统在性能上的差异，使得图书馆自动化系统在功能上大多满足不了图书馆服务的要求和实践进展。

三是各图书馆的书目数据库容量大小不一，类型单一、品种不足，质量水平不高，缺乏相互间的协调和合作，使得书目数据相互重复，而且多是从本馆、本部门、本系统的需求出发，没有严格规范，也没有执行统一的技术标准，各种数据库软件的兼容性较差，转换相当困难，从而造成数据库的应用受到许多限制，给网络环境下的资源共享造成了极大的困难。

四是网上书目信息资源建设和服务水平差别较大。有的图书馆有独立网站，大多数图书馆的网页是挂在校园网上的，提供的服务内容较多，功能比较全面，如清华大学图书馆、北京大学图书馆、复旦大学图书馆等。有的只有本馆概况之类的介绍性页面，没有实质性的服务内容，许多网页的各个栏目还在建设中。

五是图书馆书目建设不完整，书目不能完全反映馆藏，存在手工与机读并用。书目对文献信息揭示的深度不够，仅仅从整体上进行揭示，没有深入文献内部。

六是网上公共查询界面各不相同，各自为战，不能共享，使网上书目信息服务受到极大的限制。

（二）图书馆书目信息服务新模式——建立书目利用协作体

书目信息是图书馆信息工作的重要组成部分，是信息服务的重要手段和途径，建立书目利用协作体，提供一个统一的平台，是改变目前图书馆的馆藏目录数据库分散和外部利用困难状况的有效途径之一。联机书目检索系统不但能实现信息资源的共建共享，而且可以大大节约读者的机会成本、时间成本。目前国内的联合书目建设起步较晚，而且覆盖率不高，重复建设和条块分割现象仍很严重，同时建成的联合书目检索系统数据库的数据更新较慢，不能很好地反映各馆馆藏状况的变化，对于书目信息服务的组织，首先要规范服务内容，为本地或远程服务建立一个统一的服务模式。传统图书馆的服务模式以藏、借、阅、咨的分离为特征，一般图书馆对多种文献类型载体（图书、期刊、电子出版物）采取分别管理的体制，这种管理体制势必造成图书馆服务与用户需求之间在某种程度上的脱节，使对同一用户的服务被人为地分割开来，用户无法得到系统提供的完整服务。其次要在全国加强电子信息的开发与宣传力度。再次要实现知识信息服务基础建设与书目信息网络服务的同步发展，从而有效实现书目信息服务的社会化共享，通过建立我国的集中型书目利用协作体，可以形成一个书目信息的"超级市场"。互联网、局域网、联机检索、光盘检索和各种基于数字信息的系统早已纳入图书馆书目服务工作中，用户理所应当享受到这些新手段所提供的集成化的服务。

通过OPAC将网络版的书目数据库与电子全文数据库连接起来，发展成集成性的电子服务系统，用户通过同一界面同时使用书目数据库和电子期刊全文。

要加强电子信息的开发力度，同时加大宣传。图书馆要充分利用自身的有利条件，为用户提供高质量的服务，如通过网页介绍自己的资源特点、机构设置、馆藏文献书目数据库、联机信息检索服务、国内外数据库检索、网络导航、光盘检索、特色信息检索服务、网络教室、链接其他虚拟图书馆等，借助各图书馆网站的远程咨询服务功能，通过上网实现图书馆的整体协作，达到资源共享、发挥最大效益的目的。

二、建立健全文献传送系统

文献传送系统是利用文献传递服务弥补各信息服务机构、图书馆馆藏文献不足，实现真正意义上的资源共享的有力保障，它把文献搜索、文献传递、参考咨询等多种功能集为一体，以海量的文献资源为基础，为用户提供切入目录和全文的深度检索，以及部分文献的全文试读，用户通过阅读文献的部分章节来判断自己对文献的需求与否，再通过文献传递来获取他们想要的文献资源，实现真正意义上的知识搜索。目前，国内不少图书馆已经开展为校内外用户提供本馆以外的原文文献复制和文献传递业务。部分图书馆馆际互借和文献传递服务已经全面实现系统管理，建立健全文献传递系统，实现互联互通、资源共享是图书馆信息服务的模式之一。

读秀知识库是全球最大的中文文献资源服务平台，含有众多图书馆无馆藏的图书资源，它利用文献传递服务弥补了馆藏文献资源的不足，实现了真正意义上的知识资源共享。它集文献搜索、试读、文献传递、参考咨询等多种功能为一体，以海量的数据库资源为基础，为用户提供切入目录和全文的深度检索，以及部分文献的全文试读，读者通过阅读文献的某个章节或通过文献传递来获取他们想要的文献资源，是一个真正意义上的知识搜索及文献服务平台。

三、网络信息服务

在数字化、网络化的21世纪，图书馆大力发展网络信息服务将是大势所趋，也是图书馆信息服务的主要模式。从20世纪90年代初开始，

Internet 进入了全盛的发展时期，Internet 的发展时至今日，已不仅仅应用于军事、科教领域，它已变成一个巨大的商业贸易网、文化娱乐网、出版发行网、广告网和新闻网等。Internet 不但可以提供丰富的文字信息，而且能提供生动的图形、图像、动画和音频、视频等多媒体信息，凭借着这些极其海量的信息资源，国际互联网堪称全球的信息超级市场。随着世界经济和科学技术水平的提高，网络信息传输日益朝着方便、安全、快捷和廉价的方向发展，而这正是信息用户所希望和要求的。因此，网络信息服务是现代图书馆信息服务的主要模式。

四、深层次开发信息资源，做好信息服务的核心工作

从用户需求出发，采取多种形式，通过多种渠道，积极主动地开展深层次的信息服务是现代图书馆生存和发展的基础，也是提高图书馆社会效益和经济效益的重要手段，在信息社会中，各类信息网络和信息服务机构不断增多，图书馆以其丰富的资源、先进的技术设备和人才优势以及长期的服务经验，优于其他的网络公司和信息机构。图书馆一方面应注意系统化知识信息整合、加工，如资源通报、查询检索服务、情报研究、咨询报告、二次文献开发、建立专题数据库等。另一方面应利用图书馆丰富的信息资源优势和专业技术特色，开发预测性的信息产品，及时了解各个学科领域的最新研究成果，研究动态，从而预测学科的发展方向，帮助用户掌握科学发展的总体趋势和动态变化。还应主动与专业领域相关的政府机构、社会团体、企事业单位、科研单位建立联系，通过有偿服务，实现优势互补，在积极开展情报服务和信息服务的同时，不断提高自己知识生产的能力，使图书馆信息服务由低层次向高层次发展。

第四节 图书馆信息服务探析

21 世纪是知识创新的世纪，信息经济已成为创造社会财富的形式。图书馆作为人类知识与信息的宝库，应该以不懈的努力和创新，成为向社会推广最新科技信息的桥梁，成为提供文献和智力资源的枢纽，以适应社会信息化的需求，迎接新世纪的挑战。

一、信息产业方兴未艾

信息是科技生产力的组成要素，是科学技术转化为生产力的桥梁和工具，科技知识的生产、传播和应用于社会实践，都离不开信息的作用。当前，我国正在积极推进社会信息化，开发信息资源是社会信息化的核心内容。在未来的知识经济社会中，信息产业将成为主导产业，将成为国家的重要经济支柱之一，信息中心应是图书馆的发展方向。

国家重点培育和发展知识产业，其中，信息产业最具发展前景。信息产业包括信息技术设备制造业和信息服务业。信息服务业是对信息资料进行收集、处理、储存、传递和提供的产业活动。由于信息技术的飞速发展及其在信息服务中的广泛应用，利用电子通信和数据处理技术的新兴信息服务产业迅速发展。传统的信息服务业都是以印刷文本、手工资料为主体。随着计算机、通信技术的迅速发展，传统的信息服务业与计算机为主要处理手段的新兴服务产业相互渗透、相互补充、相互促进，并逐渐融为一体，它是信息服务业总的发展趋势，也为图书馆形成新一代强大的信息中心，并更好地向社会提供信息服务奠定了物质技术条件。

同时，随着我国市场经济体制的确立和不断完善，各种信息的需求量也将日益增加，信息的市场化趋势越来越受到业内人士的关注，信息作为商品已进入了我们的社会。信息的市场化促进了信息服务的多样化、专业化，也使得各种各样的信息机构应运而生，于市场经济的大潮中搏击。

二、开拓创新，强化服务功能

在21世纪，作为创新和知识经济发展的重要条件之一，信息技术和信息服务业将进一步迅猛发展，在这种新的历史条件和新的技术环境下，如何根据人类发展规律、现实和潮流，以新的思想、新的视角观察世界、认识世界，进而审时度势，扬长补短，促进文献信息服务业更上一个新台阶，将是每一个图书情报工作者的历史义务和责任。

（一）深化改革，加强图书馆工作科学管理

1. 转变观念是加快发展的前提

时至今日，信息产业的迅速发展，因特网已将千百万个信息机构和用户联系在一起，突破时空、行业等条件来满足用户需求。同时，网上的信息资源已极其丰富，文献信息来源渠道日益多样化，面对这种严峻的形势，如果图书馆不解放思想，更新观念，加快发展，只满足于借借还还等浅显的服务，最终将在优胜劣汰的激烈竞争中失去生存空间。

2. 深化改革，创体制之新

图书馆的发展必须选择合适的体制，没有适合的图书馆发展体制，就会制约和阻碍图书馆的发展。当旧的体制已经远不适应时代发展的需要时，如果摆脱不了它的束缚，就要付出更惨重的代价。因此，求发展，就要深化体制改革，如人事用工制度、经费保障机制等，创体制之新，以最大的决心、最艰苦的努力和最有力的措施，加快体制改革的步伐。

3. 制定管理规范

充分发挥职能机构在宏观控制和组织协调中的作用，严格奖惩制度，体现多劳多得，是加强图书馆工作科学管理不可缺少的管理办法。

（二）创造良好环境，培养高素质人才

由于设备的现代化和组织的网络化，电脑技术、联机检索、数据处理技术等逐渐在图书馆得到广泛应用。因此，必须培养一批适应现代化需要、掌握现代化图书馆新技术的专门人才。这是实现图书馆现代化、提高服务功能的可靠保证。

1. 要树立以人为本的思想

以人为本，是图书馆事业发展的动力，人才乃生产力之本。图书馆工作的好坏，归根结底取决于图书馆人才素质的高低。在注重知识、人才的今天，也意味着读者和用户是促进图书馆事业发展的推动力量。

2. 图书馆人员要通过计算机和网络去为用户服务

随着信息高速公路、互联网络、数字图书馆的发展，图书馆自动化程度的普遍提高，要求工作人员不仅要有扎实和丰富的专业知识，还要有计算机技术、通信技术、声像技术等知识。图书馆工作人员应能从庞大的信息流中筛选信息，能知道什么信息可以上网络，知道什么信息可以从网络或数据库上截取下来，进而帮助用户打开世界信息资源的大门。

3. 大力鼓励和提倡业务学习和研究

大量的实践证明，人才的成功离不开个人的勤学苦钻，图书馆工作要求具有广博的知识，同时，又具有较强的实践性。因此，要紧密结合本职工作，干什么、学什么，缺什么、补什么。在注重实用实效的同时，也要有一定的超前意识，根据图书馆工作的开展，适当扩展知识面，特别是该专业领域的新知识、新技术、新方法及相关学科的知识。

（三）加强网络基础设施建设，逐步利用网络开展网上资源共享，提高信息服务的整体效能

利用计算机网络开展文献信息资源共建共享是图书馆自动化新的发展目标，"没有计算机网络，就没有计算机的发展"，这一点其实并不言过。

在现代化的信息环境与科学技术条件下，用户不再满足于传统的信息服务，而是迫切需要通过科技信息机构获取从事科研业务工作、制定方针政策所需要的内容全面、类型完整、形式多样、来源广泛的科技信息。用户需求的复杂多变，已不是一家一户的信息机构可以满足，这从客观上提出了资源共建共享的问题。解决这一问题的有效途径是利用现代化网络技术。

网络作为一种全新的信息控制手段，以其信息量大、传输方便、不受时空局限、共享性强等良好特性以及它的迅猛发展，使访问分散在各处的信息资源成为可能，也为各馆的资源共享，解决各馆的资源不足的矛盾提供了条件，还导致了图书馆的工作与服务环境也发生了深刻的变化。具有良好的网络环境成了衡量图书馆现代化的重要标志之一，成为促进现代化图书馆信息服务功能不断完善的巨大动力。

图书馆加强网络化建设是适应知识经济时代最基本的要求，这种网络化，必须充分体现如下特征：一是信息特征，不仅要有纸质文献，而且要有电子文献；二是自动化特征，图书馆应根据自身的特点向多功能发展，通过信息的传递、教育、开发、咨询等方式参与人才培养和市场服务；三是服务方式便捷化，能通过终端、传真机等手段索取有关信息；四是馆员优质化特征。因此，图书馆要实现信息迅速传递的有效利用，必须加强计算机检索系统、数据库系统、网络系统建设，逐步实现计算机化、数据化和网络化，大力建设、揭示并开放各自的网络资源，争取在较短的时间内逐步把传统的文献阅览、复制、外借等服务通过网络来实现，从而建立起适合经济发展需求的现代化信息服务网络体系，促进网上资源共享，使各种信息资源得到更广泛、更充分的利用，以提高信息服务的整体效能。

（四）大力推进数据库和数字化建设

随着知识经济的到来，数字技术正在改变着人类生存的方方面面，传

统的图书馆必将向数字图书馆发展。

传统图书馆最主要的职能是收藏，并在对所收藏的图书资料保存、组织的基础上为用户提供各种信息服务。而今天，奔涌的因特网大潮将一座内容无限、图文并茂、无边无界的数字图书馆推到了我们面前。数字图书馆以最明显的时代特征和科学技术因素成为经济发展的尖兵，走在经济发展的前沿。

所谓数字图书馆，简言之，就是一种拥有多种媒体、内容丰富的数字化信息资源，是一种能为读者方便、快捷地提供信息的服务机构。它的收藏对象是数字化的信息，是一个将收藏、服务和人集成在一起的一个环境，它支持数字化数据、信息和知识的整个生命周期的活动，包括生成、发布、传播、利用和保存。

数字图书馆是图书馆发展的趋势，是图书馆的较高级形式，它的基本目标是创造一个良好的信息环境，提供对分布式存储的信息的知识化组织、智能化访问和服务。所谓智能化访问是指对信息的访问不是简单地对原始数据的查找，而是根据用户的信息需求进行知识查找和内容提取。它要求图书馆拥有自己的网络，拥有相当数量性能良好的数字化处理设备及信息输出设备，为用户提供优质服务并实现数字化信息资源共享。

网络犹如高速公路，数字化图书馆就是那飞驰的汽车，而文献数字化是数字图书馆的基础。当前，应重点加强馆藏文献书目数据库的建库工作，尤其是馆藏特色数据库的建设，然后在统一规划和分工协作的基础上，开展各种专题信息数据库的建设。现在我国各类型图书馆在完成基本数据库和文献信息数字化的基础上，正在纷纷上网，建立自己的网站网址，在现代化信息服务的道路上迈出了可喜的一步。这一前景是令人鼓舞的。

（五）创新服务体系

随着图书馆事业的发展，图书馆信息服务的格局也要进行必要的调整与创新。

第一，在传统的文献传递中，要通过建立和完善藏书、目录体系，改革借阅制度，组织读者队伍，加强读书指导，创造为教学、科研、领导决策等服务的新方式方法，以及采取"走出去，请进来"等灵活多样的服务措施，为广大读者提供内容更加丰富、范围更加广泛、类型更加多样的原始文献服务和二次文献、三次文献等一批低级信息服务。

第二，在参考咨询工作中，除要做好一般性的参考咨询工作外，还可通过专指性强的书目参考工作和主动跟踪服务、定题服务，以及参与重点科研项目和开展联机检索等措施手段，在为教学、科研和领导决策以及生产建设服务等方面，针对用户的需求，广泛精确地为其提供各种有参考价值的预测活动、科技论评、技术转让……

第三，图书馆信息服务要由封闭式服务转向社会化服务，这是加快图书馆发展的必由之路。21世纪是信息服务业空前发展的世纪，雨后春笋般出现的各种信息服务机构和网络信息提供商将对图书馆形成巨大的挑战，为了提高图书馆在信息市场的竞争能力和竞争优势，图书馆只有依托自身所积累的文献资源、图书馆联网形成现代化的资源共享优势以及图书馆工作人员的智力资源，面向市场提供高附加值的信息服务，借机吸引用户，保有并力争扩大市场份额。

科技信息的开发利用是通过信息的采集、加工处理和输出被用户汲取后创造出科研成果而实现的。这个过程是科技信息工作自我体现的过程，对科技信息的利用并使其增值，最终推动了科技的发展和社会的进步。因此，图书馆要尽快把信息服务置身于社会的大环境中，按市场规律以需求为导向，以用户为核心，大力开展信息应用，尤其是专业性信息服务，向用户提供全方位、多层次的信息服务，发挥信息业的催化和倍增效用，加速科技成果向现实生产力的转化。

第五节 快速获取信息的重要途径——邮件列表

随着互联网的发展，网上的信息量日益增加，网站也越来越多，要在浩如烟海的网络咨询中快速找到所需的资料不是一件简单的事，而且目前我国的Web浏览被很多因素制约，比如速度慢、上网费用较高等，用户常常不能从容地进行信息搜索，因此在现有状况下，对于广大用户而言，邮件列表就是一种重要的获取各种信息的途径。

一、邮件列表的应用

邮件列表也叫Mailing List，是指建立在互联网或新闻组网络系统上的电子邮件地址的集合，它是由一群有共同兴趣的人，通过E-mail讨论他们共同关心的话题所形成的一种适合一对多方式发布电子邮件的有效工具。发件人只需把所有收件人的邮件地址一次性敲入邮件列表的地址栏中，以后发送所有邮件，所有的收件人都可收到该邮件，从而解除了发件人一遍又一遍重复相同的劳动。

邮件列表有多种形式，按照邮件列表成员的参加程度可分为：

交互式的邮件列表——新闻组（或讨论组）。新闻组是信息传播的一个重要组成部分。它由某个团体或个人发起，通过由公司或个人负责维护的新闻服务器提供服务，并可管理成千上万个新闻组。它实际上是对某一主题有共同兴趣的人们发表的信息和问题讨论的集合，而每个集合都有一个名字来反映所讨论的问题。在这里，感兴趣的用户可以加入进来，所有加入的成员都可以向该讨论组自由发表意见、见解，同时也可以收到该讨论组其他成员发送的信息。在这个讨论组中，你可以询问、请求帮助、帮助别人或发布消息等。例如，Windows讨论组就是专门讨论Windows的地方。如果你遇到困难，只需在讨论组中张贴求援的消息，马上会有高手为你提出方案或是解决问题。

单向式的邮件列表——时事通信或电子刊物（电子杂志）。它是随着互联网的出现而产生的一种新的信息传播方式，通常由某个团体或个人发起，定期或不定期地以E-mail方式、手机短信息等新兴的信息载体发送，感兴趣的用户可以申请订阅，但不能向该表的其他成员发送信息，它具有高效方便、形式多样、内容丰富、成本低廉等重要特点。

按照邮件列表的开放程度可分为：

开放式邮件列表。任何感兴趣的用户都可以自由加入或订阅邮件列表，邮件列表完全由邮件管理程序管理。

隐蔽式邮件列表。邮件列表不对公众开放。邮件列表的所有者选择特定的人发送，如某些家族内部式某些团体的邮件列表。

限制式邮件列表。邮件列表出现在邮件管理程序清单或其他的公开媒介中，但如果申请加入，需征得邮件列表所有者的同意，只有满足一定条件的人才能加入该邮件列表。

邮件列表的使用范围很广，可以满足用户获得各种信息的需求，如企业应用。新产品发布、与客户保持联系、产品的技术支持、信息反馈，也可以及时了解国内外市场动态、产品供求信息；Web 站点。主页更新、信息反馈；电子杂志。你可以主办自己的电子杂志，通过邮件列表的方式，向众多用户同时发送；技术讨论。通过邮件列表可以与国内外同行探讨科研进展、科研信息、加强业务联系，还可以获得在线培训机会；此外，还有邮购业务、股票信息、新闻发布等需求。因此，了解、使用好邮件列表在当今信息时代具有重要的意义。

二、邮件列表的加入

邮件列表是随着国际互联网和电子邮件的发展而迅速发展进来的一项服务，既具有传播范围广的特点，可以向 Internet 上众多用户迅速传递信息，又有使用简单方便的特点，只要能够使用 E-mail，就可使用邮件列表。

寻找加入邮件列表最有效的途径是访问、检索邮件列表服务网站。在互联网上有一些团体或个人提供邮件列表服务，他们通过邮件列表专用软件为邮件列表所有者提供免费或有偿服务，如管理用户、发送邮件、提供邮件列表的相关统计信息等。

邮件列表的订阅非常方便，如果需要向某一邮件列表发送电子邮件，只要将电子邮件发送到某一具体的信箱地址，将你用来接收邮件列表的电子信箱填入相应的框中，按"确定"按钮即可。因此，只要有一个自己的 E-mail 就可以通过服务查找到自己感兴趣的邮件列表，提出申请后即可加入。

由于凡是一个邮件列表的成员，发往一个特定的电子信箱的邮件，通过服务网站的转发，所有的成员都能收到，极大地促进了相互的交流，因此邮件列表在国外十分流行。而在国内，网络迅速发展的今天，邮件列表也有了飞跃。我们欣喜地看到，在国内也有了提供邮件列表服务的站点，比较著名的有博大、通易等，它们都有申请简单、易管理、使用简单等优点，但内容大多是有关电脑软件、硬件、互联网，或是生活、文学类的，自然科学相对涉及得较少。

大型邮件列表服务网站往往集中了成千上万个邮件列表供用户检索，使用者可以根据需要选择加入。

三、邮件列表的创建

一般地讲，创建一个邮件列表需要做好以下几个方面的工作：

（一）确定创建目的和类型

即是提供一个专门的讨论区，为感兴趣的人提供交流的场所，还是定向发布信息，也就是说，是建立一个讨论组而不是一份电子杂志。讨论组方便成员间相互交流，而电子杂志利于创办者传递信息，各自侧重点不同。

（二）确定管理方式

即是选择邮件列表服务商代为管理发送，还是自己添置服务器独立管理发送。一般而言，选择邮件列表服务商代为管理发送，成本低、其可以利用邮件列表服务商网站的影响力扩大订户，对于开放电子杂志比较适合。

（三）确定发送的格式

确定是文本格式发送还是以 HTML 格式发送。文本格式简洁、通用；HTML 格式美观、易于浏览，但需要浏览器支持。

（四）组织邮件列表内容

信息内容永远是互联网的核心，邮件列表也不例外。因此，当决定创建自己的邮件列表时，必须充分估计长期及时提供有用信息的难度和重要性。

有时，维护一个邮件列表比创建更难，因为邮件列表是一个自愿参加的群体，退订和订阅同样方便。

第六节 加强信息职能促进图书馆事业不断发展

21世纪是信息时代。近年来，信息技术的飞速发展，极大地丰富了信息资源，提高了信息质量，促进了信息传播，使信息这一战略资源日益成为经济发展不可缺少的重要因素。作为信息的重要来源之一的图书馆，当前面临着各种新的机遇和挑战，为了适应信息时代的需要，笔者认为图书馆应在以下几方面做出更大努力：

一、树立信息意识，强化信息服务

科学技术是生产力，邓小平同志又进一步指出科学技术是第一生产力。而科学是知识形态的潜在生产力，要转化为现实的物质生产力，需要依靠信息工作者将科学技术转介给生产部门，由生产部门直接创造出社会效益和经济效益。图书馆的主要任务之一就是为经济建设和科研提供信息资料。目前电子计算机技术和通信技术的飞速发展，正把传统的分离割裂的图书馆推向全球一体化、网络化的新阶段。图书馆应利用本馆和全国乃至全世界的信息资源来为各类读者提供多层次、高质量的信息服务。

首先，要举办丰富多彩的读书活动，为经济建设服务。图书馆在传播科学文化知识方面应具有多样性与趣味性。因此可以充分利用图书馆的设施，开展形式多样、生动活泼、形象直观的普及科学文化知识的读书活动，吸引更多的读者参加，使读者通过这些活动开发智力，掌握有关知识，使知识转化成为生产力。

其次，要充分发挥图书馆的组织优势，利用各种服务方式提供科技信息。图书馆的服务方式要从实际出发，讲究实效。以用户为中心，建立多层次、立体型的服务体系，深化二次文献、三次文献服务，进行科技咨询、定题服务以及建立科技联络点等，以广、快、精、准的产业手段处理各类信息，把知识和信息及时送到读者或用户手中，在讲求社会效益的同时，又可带来经济利益。

二、加强图书馆信息网络化建设

电子信息技术、网络技术使现代化图书馆正以全新的概念出现在人们面前。电子图书馆成为图书馆历史上一次最深刻、最彻底的革命，成为一切图书馆的未来之路。

由于信息互联网络的发展，读者可以方便地在此地将彼地图书馆网上的信息读取，而不必身临其境，这也就是专家们所讲的图书馆是没有围墙的。技术和方法是图书馆事业中最重要的因素之一。随着计算机技术、通信技术、信息数字化的突破，图书馆也逐渐走出地域和限制，向着全球一体化和网络化方向发展，信息资源和信息技术在促进经济发展方面的作用日趋明显，图书馆的社会职能也在不断发生变化。当今，保存图书和其他文献资料已不再是图书馆的主要职能，而借助于现代化的技术，保障读者或用户的各种信息需求才是最重要的。在这方面，出版物载体的多样化、电子化，传播信息媒体的自动化、通信网络化等都为图书馆职能的转变创造了良好的条件。

面对图书馆应用技术环境的巨大变化，公共图书馆应走出封闭状态，加强同专业性图书馆、学校图书馆以及国家图书馆的交流与合作，在全国范围内建立计算机网络，实现国际联机检索、资源共享。尽管现在由于技术和经费等问题的制约使数字化图书馆在国内大面积建立还有相当大的困难，但它正以其深刻的革命性冲击着我国各类图书馆，改变着图书馆工作者和读者的观念。在目前形成全国计算机网络条件尚不具备的情况下，可先考虑实行部门或地区局部联网。相信在不久的将来，全国的图书馆网络定能建成，我国的图书馆事业将再一次蓬勃发展，走向辉煌。

电子时代的到来，图书馆遇到的挑战首先来自观念上的挑战。过去是读者到图书馆接受被动服务，现在是图书馆主动为用户服务，这势必要求图书馆工作者在观念、服务质量、主动性等方面有一个质的飞跃。

图书馆是一项社会事业，图书馆工作者就是知识和信息的传播者，就是为不断发展和丰富人类文明而服务的劳动者，因此我们一方面要加强图书馆工作者的思想道德素质，倡导敬业精神；另一方面要加强业务培训，努力培养一批掌握现代化技术和服务手段，胜任专深层次的文献加工和咨询工作的图书馆专业人才。在信息文献资源和用户之间架起坚实的桥梁，依赖于社会经济的发展，但更为重要的是要得到各级政府的重视和社会各界的大力支持。在我国大力发展经济、发展生产力的今天，图书情报信息快不快、灵不灵，至关重要。目前，我国图书馆事业还存在经费投入严重不足的问题，必须采取切实措施加以解决。可喜的是，中共中央和国务院对作为文化事业的图书馆事业给予了高度重视，令广大图书馆工作者无比振奋，使图书馆工作者深切感受到图书馆获得重大发展的良机已经来到。把握住这一绝好机遇，加快事业的发展，是图书馆工作者光荣的职责。

总结过去，展望未来，图书馆工作者肩负着光荣而艰巨的历史使命，应积极行动起来，提高图书馆工作者的信息服务意识，加强电子化建设、队伍建设及信息开发工作，为我国图书馆事业的再度辉煌做出贡献。

第七节 地区信息资源共建共享

随着社会的发展，社会对信息资源的需求越来越迫切，一馆之力，已不能满足社会的需求。面对挑战，唯一可选择的道路就是要逐步由微观的馆藏建设转向宏观的文献资源建设，在统筹安排，分工合作下，形成信息资源分布合理、利用率高的协作网络，以实现信息资源的社会共享。

一、建立协作网络迫在眉睫

长期以来，我国各系统、各地区的图书馆由于受"小而全""大而全"

的思想影响，人们观念陈旧，缺乏开拓意识，习惯于依赖政府拨款，形成了各馆在功能上的封闭单一性，在文献资料建设上重复与类同化，在管理体制上则条块分割，各自为政，致使文献资料的利用率很低，保障率极差，造成了图书文献建设上的重复浪费，缺乏特色；又由于文献资源的单调缺乏，不能保证社会上对信息资料日益增长的需要，因此图书馆日益失去对广大读者用户的利用价值与吸引力，读者不断减少，图书利用率日趋降低，在全国已成为普遍性问题。虽有少数图书馆在市场经济条件下，开始尝试改革，探索新路，搞了一些分工协作的项目，并取得了初步的经验和效益，但在政策上缺乏保证，在社会舆论上难以得到普遍认可，步履十分艰难。

众所周知，我国各地图书馆资金紧张是图书馆不景气的普遍现象。许多地区和部门的图书馆，现代化办公设备落后，微机、阅读设备都没有购置，更谈不上开展联机检索业务和读者服务工作。在这种情况下，如果各馆再继续追求"小而全""大而全"的模式，只会造成社会资源更大的浪费和图书馆事业的停滞不前，进而严重限制图书资料潜在效益的充分发挥。因此，建立图书馆协作网络，实现文献资源共享，已是我国图书馆事业发展的必然趋势。建立协作网络已不能也不应该再停留在理论研讨上了，而应该付诸行动。

二、建设协作网络的可行性

就图书情报工作的现状来看，在全国范围内建立一个统一的大的文献资源共享体系是不现实的，而在一定的领域内建立地区性文献资源共享是可行的。图书馆的馆藏、目录、人员、馆舍、设备等都是资源，只要有多个图书馆通过各种合作手段使用这些资源，就是馆际联合与资源共享，合作的单位越多，效益就越大。

要想迅速建立高速运转的协作网络，首先要求各馆的主要领导要解放思想，破除陈旧的观念，树立大网络、大协作的新观念，只有敢于做出局部的牺牲，才能求得全面的发展。在此基础上，再做一些技术细节上的要求和建立统一管理系统，以处理馆际协作过程中的各种问题。

在建立协作网络问题上，市级馆也应承担全市藏书协作中心的任务，即可作为地区性图书馆网络的核心馆；而专业馆可由实力雄厚、专业性强的图书馆承担，专业分馆由特色藏书突出的科研机构图书馆承担，即核心馆—专业馆—专业分馆。

地区图书馆协作网络建立起来以后，因其藏书丰富，就近就地服务，活动方便，收效也更为直接，因而是可首先考虑的。然后在此基础上再逐渐向外扩展，同别的省、市、区协作网并网，以求更大发展。

其次，必须建立起协调作用的有权威、跨系统的领导机构，例如学会的理事会，在这个权威机构的领导下，通过充分协商，确定地区性图书馆网络化建设的基本方针和远景规划，制定协作条例和工作细则，用有约束力的协议和法规，在大家共同遵守的基础上，统筹地区图书馆资源的布局、分配和使用，保证共享的实现。

目前，根据现有条件可在这一机构的组织和领导下，做好以下几项工作：

第一，成员馆中，有一些不属本馆收藏范围或不对口的图书资料及复本，在本馆一般无使用价值或使用价值不多，但对某些成员馆却大有价值。因而，可以通过调拨或转让的方式，把这些图书资料提供给需要的图书馆，使其重新获得读者，这也是实现资源共享的一条有效途径。

第二，在协调机构的具体分工协调下，开展协作采购，既解决了经费不足，文献品种少，数量下降的问题，又避免了过去由于条块分割、贪大求全而造成的文献采集的重复，使藏非所用或不多用的问题得到较好解决。

第三，在订购协调的基础上，进一步的工作便是编制联合目录，在各协作馆之间，根据具体情况，发放适量的通用借书证，开展公共读者服务工作，使有限的经费让更多的读者受益。

在市场经济条件下，还应本着互惠互利的原则建立无偿与有偿兼有的双层共享模式，支持借出馆对借出文献的各种附加处理收取一定的费用，如邮费、复制费等。这样一方面调动借出馆的工作积极性，另一方面减少借入馆的不负责任地随便借阅。

第四，"百闻不如一见"。在不影响工作的情况下，图书馆间的互访活动，也是交流协作的重要内容。互访活动包括：学术研究访问和工作访问。可以通过参观、报告、座谈、讨论等，增长见识，结识外馆同行，了解社会，且具有真情实感，从而增强为图书馆事业做贡献的信心。

但仅仅停留在走马观花式的"听、传、记"上，还达不到预期的学习目的，还可以用互换的方式深入了解对方的一些好经验、好做法，做到知己知彼，并同自己的实际情况有效地结合起来，从而收到好的效果。

互换的方式可以两馆互换，可以多馆合作，也可以同岗互换，但不一定对等互换，时间可长可短。总之，互换是加强合作、建立友谊、促进工作，而不是做买卖。

综上所述，加速扩大图书馆界合作交流，把有限的人力、物力、财力用在刀刃上，避免了馆际之间无谓的重复劳动，使所有协作馆成为开放的大学，让其社会功能得到充分发挥，是大势所趋，人心所向。让我们携起手来，为迎接图书馆事业的繁荣发展，在团结合作的道路上迈进。

第五章 现代图书馆传统文献服务

第一节 文献流通服务

一、文献流通服务

（一）文献流通服务

文献流通服务是图书馆与读者联系最密切的工作环节，读者对图书馆的利用主要是通过文献借阅活动进行的。

1. 外借服务

外借服务是指图书馆允许读者通过一定的手续，在规定的时间内将馆内文献借出馆外的一种服务方式。外借服务是满足用户将部分藏书借出馆外，自由利用的图书室服务方式。外借服务为需要文献而又不便坐馆研读的人提供了方便。外借的方式主要有个人外借、集体外借和馆际互借。个人外借是面向读者个人的，外借手续简便。这类读者数量最多，是图书馆员主要的服务对象。集体外借主要是面向机关团体和学校的，其特点是面向特定的读者群，外借的文献可以一人办理、多人使用。馆际互借是图书馆之间根据协议，相互利用对方馆藏以满足读者需求的外借方式。随着信息共享理念的深入，馆际互借方式越来越普通。

2. 阅览服务

阅览服务是图书馆利用一定的空间设施，组织读者开展文献阅读活动的服务方式。图书馆一般按读者对象、藏书类型、学科门类等来设置不同的阅览室，其中按读者对象，设置普通阅览室、少儿阅览室、科技阅览室、教师阅览室、学生阅览室、盲人阅览室等；按文献类型，设置期刊阅览室、报纸阅览室、古籍阅览室、缩微阅览室等；按学科门类，设置社科阅览室、文学阅览室、综合阅览室等。通过文献复制工作，为用户获得文献资料提供重要的辅助手段。阅览室有适合读者学习、研究的环境和设备，并设有辅助书库，陈列各种书目、索引和其他工具书，还有一部分仅供馆内阅览而不外借的文献资料。阅览室可采用开架、半开架或闭架服务。其中，开架阅览具有多方面的优越性：允许用户直接进书库浏览，方便其选择所需的文献；有利于开阔用户视野，提高阅读兴趣，吸引更多的用户利用图书室的藏书；节省用户选书的时间；扩大图书流通范围，降低文献拒借率；能使工作人员从繁忙的进库取书劳动中解脱出来。另外，通过建立分馆、文献流通站、巡回书车等，方便不能来馆的用户使用图书馆的馆藏。

3. 复制服务

复制服务是以文献复制为手段，提供流通和传递使用文献资料的一种服务方式，它是传统外借、阅览服务的延伸。在传统的复制方式中，缩微照相和静电复印法采用较普遍。文献复制可提高文献利用率，满足用户占有特定文献的需要；节省用户获取文献的时间和精力，加快文献传递速度；有效地搜集难得的文献资料，解决保存和使用的矛盾。

4. 视听和网上服务

这是图书馆的又一种服务方式和教育手段，一般在视听阅览室和电子阅览室进行。利用唱机、放像机、放映机等光电设备以及网络电脑，高效率、高质量地传递知识信息，尤其是在链接了国际互联网的电子阅览室里，用户一机在手便可享受无边无界的知识信息服务。现在有的图书馆还开展了移动阅读器的借阅工作，如 Kindle、PAD 等。

流通服务作为图书馆面对读者最主要的服务方式，其服务质量的好坏不仅关系到馆藏文献资源的开发和利用，而且直接影响到图书馆在读者心中的形象。

（二）流通服务的特点

1. 不受图书馆时间和空间的限制，方便读者利用

由于图书馆接待读者的时间和空间是有限的，难以满足大量的读者经

常在图书馆内阅读文献的需要。通过外借服务方法，读者可以在规定的期限内，自由地安排阅读时间和地点，不受图书馆开放时间和阅览室空间的限制，从而充分利用所借的书刊文献。

2. 降低图书馆工作人员工作量，减缓阅览室空间紧张的矛盾

长期以来，由于我国图书馆读者服务手段落后，图书馆工作人员劳动强度大，阅览室空间紧张，已经成为图书馆读者服务工作发展的桎梏。要降低和减少读者服务的劳动强度，缓和有限的空间设施和读者日益强烈的文献需求之间的矛盾，就要在外借服务方法上进行改革和创新。

3. 诱导读者潜在需求，促进读者阅读行为的产生

由于外借服务方法提供给读者的是以整本书刊为单位的原始文献，比较直观。尤其是在开架借阅过程中，读者与文献直接接触，可以刺激读者阅读欲望的产生，使潜在的需求转化为现实需求，从而产生阅读行为。对那些不能前来或不能常来图书馆的潜在读者，通过巡回外借服务、送书上门、馆外流通、邮寄借书等形式，使他们方便地借到和利用自己所需要的文献，以充分满足他们的文献需求。

4. 不能满足读者的全部借阅需求

由于外借服务方法不仅有外借范围、品种和期限等方面的限制，而且对读者的借阅权限有限制，并非所有的读者都能享受外借图书的权利，因此它只能满足读者的部分文献需求。

5. 文献破损率高

由于文献经常处于流通状态，使文献的外观形态受到损害，从而影响文献的使用寿命。

二、流通服务的管理

（一）读者的管理

1. 读者的管理

读者的管理是图书馆管理系统的一个方面，也是图书馆人力资源管理的一部分。所谓读者管理是指图书馆管理者根据图书馆的方针、任务和目标，对图书馆的读者进行有目的地整序，研究其阅读需求的规律，协调其同图书馆的关系，使文献流与读者流有机结合，以便图书馆的文献信息资源和读者的智力资源得以有效开发。

从读者的角度讲，管理就是一种引导、协调和控制。制度作为管理手段在执行时需要考虑到读者的实际需求，配置相应的管理措施，实现管理与服务的最优组合，更多在于引导而不是强制。图书馆通过加强对读者的管理，给读者提供一个优良的借阅环境，保障服务渠道畅通，提高服务效率，节省读者时间，满足读者快速获取信息知识的需求。读者管理不是游离于服务之外，而是寓服务于其中并最终保障服务的有效实施。

服务兼具管理，管理也是一种服务。读者管理不是特立独行的，它融合在具体的服务实施过程中，并走在服务的前列。德鲁克指出：图书馆是为它所服务的那些人，即读者而存在的，而不是为在图书馆工作的员工存在的。读者及其需要是图书馆产生和发展的源动力。没有了读者，图书馆就成了无源之水，就失去了存在的价值和意义。因此，读者是图书馆工作的最终评价者，读者管理在图书馆管理中具有重要地位。

2.借书证的管理

借书证是读者借阅图书馆文献信息的凭证。随着图书馆自动化的发展，图书馆工作中的各环节已经变为计算机管理。目前，图书馆多已使用计算机管理的机读条码证借还图书，借书证的信息一般有读者姓名、单位、地址、年龄、有效期、读者流通类型等。

对借书证实行科学管理，具体如下：借书证要专门化、制度化、经常化管理；确立借阅分离、自由领取、限期实用、自然淘汰的管理原则；扩展借阅证功能，变单纯的借阅凭证为社会信息交流的工具。

（二）流通工作的管理

流通部是图书馆工作的前沿阵地，流通服务是对读者直接面对面地服务，是读者能直接感受和体验的一种服务，每天都在重复着借书、还书、上架、整理、现场秩序和设备维护等过程。

1.标志准确醒目

标志准确醒目是开架书库管理中非常重要的环节，读者进入书库首先映入眼帘的就是各种标志，并通过标志到达目的地，快速实现图书借阅。为此，在开架书库中设置的架标、书标等各种标志应准确可靠、一目了然。对各种类目的解释要通俗易懂，不用或少用笼统的、概括性的语言。

2. 架位整齐有序

书架的方向和间距决定了利用自然光的强弱和读者选书时的便捷程度，图书排架的满架度和高度决定了读者选书时的难度。最适宜的架位应该是2—5层，太低，光线太暗，读者看不清楚而且选书困难；太高，大多数读者取书放书困难。最有效的满架度在50%—80%，太少，书架空位多、浪费资源；太满，读者取放书困难，而且破损率较高。

3. 操作规范统一

读者在开架书库办理借还书手续时，工作人员应该严格按照系统操作规范执行。认真履行岗位职责，做到手、眼、嘴协调一致，以高度负责的态度对待每一位读者。避免因操作不规范导致窜借、漏借、漏还等一系列问题，给读者带来不必要的麻烦和损失，影响图书馆在读者心目中的形象，甚至产生不必要的纠纷和矛盾。就此，要提升流通服务质量，办理借书过程中可通过以下几个方面的管理和检查来预防：完善图书借还的操作规范，要求馆员严格按流通借阅子系统的指南实施操作；完善工作日志制度，要求馆员坚持做好每天借还量的统计日志；部主任要加强监督检查。

4. 环境安静整洁

优美、安静舒适的服务环境，令读者感悟到的是一份尊重和关怀。在特定的图书馆服务空间内，服务环境的关注焦点可从"净与静"两个字上做文章。"净"强调的是整齐、有序和清洁。要求馆藏资源的摆放科学合理、方便读者查阅、室内地面清洁、空气清新、阅览桌椅整洁无尘等，令读者在此感受到一份温馨、一份享受。"静"则要从注意手机声、脚步声、交谈声、图书的轻拿轻放、书车推动声五方面入手。为了有效地减少噪声源，必须对借阅区工作人员提出下列要求：工作期间，避免穿容易发出响声的鞋；工作交谈，尽量用耳语；搬运、摆放图书时，轻拿轻放；推动书车时，速度要慢，同时对空书车略为"施压"，避免噪声的产生。安静而干净的环境，带给读者的是一种无声的关怀，美的熏陶，有利于读者集中精力，思维敏捷地开展研究学习。

（三）规章制度的管理

1. 规章制度的确立

图书馆流通部门的规章制度是为了维护社会公共文献信息资源（国家

资产）安全，维护读者的权利和利益而规定工作人员和读者的行为准则与规范，保证图书馆正常工作的公共守则和规定。

图书馆流通部门的规章制度主要有两个方面的内容：其一是规定图书馆性质、任务、工作部门、业务工作范围及其人员的工作程序和规范。其二是维护图书馆正常工作及其对读者违章的处理规定。前者是图书馆工作人员的守则，后者是调整图书馆与读者关系的准则。一个图书馆管理水平如何，规章制度是否健全和能否贯彻执行也是一个重要标志。

2. 规章制度的内容

流通部门的规章制度内容包括图书馆工作人员守则、流通管理员岗位职责、读者入馆须知、图书赔偿制度、阅览室阅览规则等。

三、流通服务的发展

（一）"大流通"模式

大流通模式是图书馆流通领域中一种新的开放式管理服务模式，是体现科技进步的管理模式。大流通服务模式是以整个图书馆作为一个空间进行服务布局，各种载体资源和服务区域合并，书刊借阅合一。整个图书馆仅设一个入口，读者统一在一处借还书。读者在入口处刷卡入馆后，不用存包即可自由进出各阅览室。大流通服务实现了图书馆"藏、借、阅、咨"一体化。大流通服务是图书馆的一种新型服务模式，是现代图书馆发展的基本要求和发展方向。它不仅提高了读者的满意度，还提高了馆藏文献的利用率，发挥了图书馆馆藏资源的整体效益，提高了读者服务质量。

1. 空间格局通透化

大流通环境要求空间格局通透化。通透、明亮、开放、大气的大开间空间环境，是有效地将信息检索、阅览、参考咨询、文献典藏、借还服务乃至读者休闲集于一体的基础保证，可使阅览室功能书库化，书库功能阅览化。这样的建筑格局是构建新型服务管理模式的基础条件保障。

2. 文献资源利用率提高

多种信息资源一体化，信息载体书刊资料与读者零距离接触，大大提高了文献资源的利用率；读者权益平等化，取消了不同读者使用图书馆"待遇不同"的界限，使馆藏资源得以充分利用。

3.充分体现现代图书馆服务理念

大流通服务管理模式给予读者更多的便利和满足。以人为本在图书馆最好的诠释就是"以读者为根本",奉行"读者至上,服务第一"的服务理念,图书馆的一切是以最大限度地满足读者的需求为出发点,最大限度地实现图书馆的价值。

图书馆的整个馆藏资源在阅览流通中处于一个全开放的环境,允许读者携带书包及读者已经借阅好的图书馆书籍等进入图书馆各个区域进行阅览学习,读者能够直接和架位上的文献见面,自由地挑取自己所需。大流通这种人性化的管理模式和多功能服务给读者带来无限享受,读者心理压力得到释放,工作与学习的压力都有所缓减。

(二)通借通还

通借通还是城市图书馆服务的一个重要内容。所谓通借通还,就是对公众提供服务的图书馆组合为一个服务平台,在其中任何一家图书馆,读者都可以:查找所有图书馆的馆藏信息和借阅信息;外借所有图书馆的藏书,包括可以预约在哪一家馆取书;在任何一家图书馆还书……上述服务均可通过现场、网络、电话方式实现。作为通借通还服务的延伸,包括借还书的上门服务。

通借通还是城市图书馆联盟、总分馆、区域集群图书馆文献借阅发展模式。从传统的角度来看,通借通还是指读者凭借图书馆的有效借阅证件,可通过现场或网络等服务途径,实现对已纳入通借通还体系的图书馆总馆、分馆或任一成员馆实现图书的任意查询与借还。从通借通还的管理模式来看,通借通还主要有三种管理模式:总分馆管理模式、分散—整合管理模式和分散—共建管理模式。

1.总分馆管理模式

总分馆管理模式是指由总馆负责统一组织管理,通过统一经费来源、统一业务协调、统一技术支撑系统,并采用统一服务标准,统一收费标准,从而保证读者可持"一卡通"借阅卡在全体分馆或成员馆中享受同等服务待遇,国内外多数图书馆都在采用此种管理模式。

2.分散—整合管理模式

分散—整合管理模式是指同一地区内的图书馆保持现有的管理体制与

原有行政业务运作模式，但通过地区性的协调机制来实现通借通还，如北京地区的图书馆联盟等。

3. 分散—共建管理模式

分散—共建管理模式，指全市图书馆保持现有的条块分割、分散管理的管理体制，通过协调方式，共建一个专门的馆藏和实施项目的管理机构。图书馆通借通还项目的成员馆合作共同建立一个专门的通借通还馆藏，专用于通借通还服务。每个馆拿出一笔经费，专用于建立一个共同的通借通还馆藏，该通借通还馆藏是属于所有成员馆的，图书流动到哪个成员馆就留在哪个成员馆，不必回到原来借出的地方。全市成立一个通借通还管理机构（委员会或领导小组，负责对通借通还工作的领导和各馆之间的协调），在成员馆当中设置一个牵头馆，负责对通借通还项目的业务管理、通借通还专项经费的使用和通借通还馆藏的统一采购加工等。上海地区图书馆，实行的就是分散—共建管理模式。

第二节 文献复制服务

一、文献复制

（一）文献复制的产生与发展

文献复制是根据文献资料，不经过排版印刷，直接制成复制品的一种技术。目前，复制文献使用的方法主要有两种：一种是缩微方法，就是将文献资料缩小制成各种形式的文献缩微品；另一种是复印方法，就是将文献资料制成直接可读的复印件。

文献复制已有一百多年了。从前人们要想获得文献资料的副本，主要是依靠抄写的方法，如我国古籍中的抄写本等，这些手抄本不能被称作原件的复制品。只是到了摄影术发明以后，才为使用复制的方法来取得文献资料的副本提供了技术上的可能性。

（二）文献复制服务的作用

文献复制服务是阅览服务、外借服务的延伸，也是其他服务方式中读者获取文献的补充和发展。文献复制服务，应用于一切情报部门搜集、存储文献的工作中，应用于一切用户和个人读者在获取、交流文献的活动中。它是外借服务和阅览服务方法的延伸，也是其他服务方法中读者获取文献资料的补充和扩展，这是一种有效的服务手段。

1. 有效地补充缺藏文献

文献复制方法是图书馆补充缺藏文献的重要途径。众所周知，任何一个图书馆，不可能收藏所有的出版物，永远存在文献"缺藏"现象。在文献采购时，对有些重点文献以及丛书、多卷书、期刊等连续出版物难免有"缺漏"卷、期情况，而且这些"缺藏"的文献不可能重新出版；对有些珍贵文献，如善本书、孤本书、手稿、特藏及外文原版书刊等，是很难收集到的，多数是无法收集到的。文献复制为图书馆补充"缺藏"提供了一条重要的渠道。通过文献复制工作，图书馆可以有效地收集难以获得的文献，解决文献收藏与文献利用的矛盾。

而有些文献，如报刊、特种文献、缩微资料、声像资料，可以用缩微倍率高、质量好的缩微件代替原件保存，而提供原件利用。这样，既可高密度存贮文献，节省存贮空间，缓和或解决书库容量紧张的发展趋势，又不影响读者利用，妥善地解决了图书文献保存与使用的矛盾。

2. 提高文献利用率

图书馆收藏文献的数量、品种、复本有限，与读者对文献数量的需要之间有一定的差距。尤其是读者对科技文献的需求范围广、品种多、数量大、内容专，图书馆收藏文献的复本数量是有限的，不可能满足所有读者的借阅需求。读者在阅读文献时，有的需要阅读整本书刊，而更多的则需要在大量书刊文献中摘取片段章节、数据、图表、部分论述等。仅仅靠传统的文献外借服务方法，是不可能解决的。因为外借服务只能提供优先的基本书刊，在有限的时间内为读者解决流通使用问题。阅览服务，只能限定在图书馆开放时间内为读者提供查阅参考，既无法满足读者长时间地、大量地占有所需文献（否则必然影响馆藏文献的利用率，而同其他读者的相同需要产生"撞车事故"），又不可能让读者在任何时候都很方便自由地到馆内来利用大量资料，从中选择摘抄有关部分。在这种情况下，运用复制的方法，从大量书刊中复印出读者需要的片断文献资料既方便了读者，又提高了书刊的利用率。

3. 节省读者获取文献的时间

复制服务，既可满足个别读者的特殊需要，又可满足群体读者的共同需要。前者按照个别读者提出的特定文献需要，进行单篇单份原文文献复制，直接提供读者使用，不许加工处理。后者则针对社会性需要，按专题、按课题，系统地、成批地复制有关最新文献资料，然后进行整理编排加工，主动提供有共同需要的读者群参考使用。无论是单份复制，还是成批复制，都会大大节省读者摘抄誊写文献、积累资料的时间，显著提高文献传递交流的速度，方便了读者在实践上的学习、研究需要。静电复印一张文献，只需几秒钟，成本较低，效果较好；而手工抄写则需很长时间，花时多，代价高，可靠性差。两相比较，复制服务方法的优越性显而易见。

二、文献复制的方法与形式

（一）文献复制技术方法

文献复制方法很多，有手工抄写复制、键盘打字复印、静电机械复印、照相复制、光电誊影复印以及电脑存贮复印等。这些复制方法，在图书情报部门都程度不同地得到应用。其中常用的复制方法，主要有静电复制和缩微复制两种。照相技术，侧重于文献的搜集和保存，同时，在流通领域借助阅读设备也出现了越来越多的缩微复制品，而且显示出富于活力的潜在发展趋势。静电复印技术，侧重于文献服务的传递和使用，同时，在收藏领域中的比重也日益增大。

（二）文献复制的新形式

近年来，国内很多图书馆都配备了自助复印打印设备，为读者提供"无人管理"的自助式打印复印服务，这种服务方式既可以节省图书馆的人力，又可以减少读者排队等待的时间，并且由于其相对低廉的收费和自助结算的模式可以大大减少纠纷，也已是图书馆执行知识产权保护策略的一种措施。图书馆可以通过在所有自助设备上张贴知识产权保护的留示等方式加强读者的版权保护意识、引导尊重知识产权的使用习惯，避免由于人为因素导致侵犯知识产权、无限制地为读者复印打印资料的情况发生。

北京大学图书馆、清华大学图书馆、浙江大学图书馆等大学图书馆和中国国家图书馆、深圳图书馆等公共图书馆都使用了联创自助打印复印扫描系统。该系统引入"自助式无人化"的管理模式，通过一卡通等进行身份认证和收费，做到使用者、使用时间、内容、费用的精确可控，在所有接入网的电脑上，为读者和管理员提供方便和廉价地打印、复印与数字化扫描服务。

第三节 非书资料服务

一、非书资料简介

非书资料也称非印刷型资料，是指馆藏中除印刷型出版物之外，通过现代技术方法与手段，将知识记录和贮存在纸张以外的物质载体上的所有文献。非书资料包括录音制品、录像制品、缩微幻灯片和投影片、电影片、多载体非书资料图片、模型、智力玩具、机读件等。

（一）非书资料的主要形式

1. 缩微资料

缩微资料是指用缩微照相的方式将原始文献缩小若干倍数存储在感光材料上，并借助于专用阅读器而使用的文献。缩微资料包括现有图书、报刊等印刷文献的缩微复制品和原始出版物。缩微资料有如下特点：缩微文献的体积小、重量轻，可以节省存储空间；计算机技术与缩微技术的结合，使缩微文献规格统一，易于实现检索的机械化和自动化；缩微文献一般是原始文献的再现，因此可以真实再现原件的原貌，记录准确；缩微文献易于复制，可制成多份拷贝片，便于分地保管，广为利用，还可以避免对原件的损坏；缩微文献必须借助专门的阅读设备才能利用，而且阅读过程费时费力，多次阅读之后，胶片容易造成划伤，影响阅读效果。

2. 视听与影像资料

视听与影像资料是指以磁性材料、光学材料等记录载体，利用专门的机械装置记录与显示声音和图像的文献。视听与影像制品的特征如下：视听与影像制品以形象、音响、光电信号等特殊信息记录方式为手段，信息记录在胶片、胶卷、磁带等感光或磁性材料上，存储介质丰富；与普通图书相比，视听与影像制品体积小，重量轻，节约存储空间；视听与影像制品运用了声音、图像等不同方式传播信息，信息表达不仅清晰、准确，而且形象、直观，信息传播的真实性和完整性比普通图书要好；视听与影像制品的使用必须借助专门的设备，而且对视听与影像制品的保管需要满足一定的条件，如温度、湿度等，以延长文献的使用期限。

3. 机读资料

机读资料是通过计算机存贮和阅读的文献。机读资料是以磁化材料为载体，以数字代码与文字图像为信息符号，用编码与程序设计手段，通过计算机存储与传播知识信息的文献资料，故也称之为电子型文献资源。它的特点是：密度高、容量大；数据检索处理速度快、效率高；可高速度远距离传输文献信息。机读资料按存储载体可分为磁带、磁盘、光盘等类型，其中磁盘和光盘是主要的机读文献载体类型。

（二）非书资料的特点

非书资料的出现是现代科学技术成果直接应用于知识的存贮和记录与传播手段的结果。因此，非书资料有着与传统印刷型资料不同的特点：

1. 容量大

目前普遍使用的 DVD 光盘容量为 4.7GB，它所能存储的内容相当于 5000 余本 100 万字的书籍，而它的直径为 12cm，厚度仅为 1.2mm。

2. 储存时间长，复制方便

光盘保存时间长，复制方便。只要拥有一部普通光盘刻录机，只需一个多小时就能复制一张 DVD 光盘，而且在温湿度适宜的条件下，可保存百年不影响使用。

3. 原始记录事件过程

非书资料可以将现实生活或想象中的各种事物通过现代的摄影、摄像或者录音技术记录下来，用专门设备播放，能够给观赏者生动形象的感受。

（三）非书资料的优点

1. 直感性强

非书资料是知识文字化和声像化结合的产物，具有传播速度快、范围广、声像并茂、直感性强的特点。

2. 融趣味性和知识性于一体

音像资料的内容往往是通过声音和形象等方式记录在不同的载体上，以声音和图像表达知识和信息的内容，所以它本身具有一种魅力，即它的趣味性和知识性，比单纯依靠语言和文字的交流更能引起读者的兴趣。

读者在使用非书资料的过程中，不仅要不停地视、听，还要不断地动脑筋思考、分析、动口说、动手写，充分发挥了人类身体各器官的功能。

3. 复制简单，携带方便

非书资料的制作可以依据读者的要求，在较短时间内编辑制作，大量生产，并能随时修订利用的途径和学习的内容，还可以自行制作，适合特殊的需要，因而它能达到读者和制作者之间及时与双向的思想交流。非书资料使用简便，储存及流通方便。

4. 检索方便，传递迅速

非书资料在传递信息过程中，具有灵活性、选择性和多途径的检索入口，它为情报调研提供了新的有力工具，使科研人员、教师及时掌握本学科目前在国内外的发展动态，为选择课题、确定研究方向和备课提供了有效服务。

由于录入技术的不断发展，大大地提高了非书资料的内容密度。同时由于信息处理的高技术、高水平和传真的效果，充实了难以用文字表达的信息资源，不但使信息资源得到了更广泛的开发利用，而且发展了高层次的信息服务。

5. 补充纸本图书的不足

非书资料在教学中的运用，可以弥补书本知识不足，使学生感觉到第二课堂的优越性，起到课堂教学的延伸与扩展作用，大大提高学生的语言交际能力。

二、非书资料的服务与管理

（一）非书资料服务形式

非书资料服务一般主要采用馆内服务、馆外流通服务和自由交换服务三种方式。

1. 馆内服务

馆内视听服务的具体做法是通过设置不同类型的视听室为读者利用不同内容、载体的视听文献提供方便。目前较为普遍的做法是设置下列视听服务室：

（1）音像文献视听室

音像文献视听室是图书馆通过配置有关的录放像设备、录放音设备，诸如录像机、放像机、电影机、电影放映机、投影机、录音机、放映机、留声机、幻灯机，以及建立技术含量更高的多媒体音像文献服务系统，为读者学习、研究、欣赏有关音像文献服务的一种方式。

读者通过图书馆的"音像文献视听室"，可以学习有关的科学知识，可以学习自己喜爱的语言，也可以尽情地进行音乐欣赏或观看自己喜爱的电影或录像。因此，"音像文献视听室"已成为许多读者乐于利用的服务形式。为此，有条件的图书馆可以通过建立"大、中、小"相结合，既适用于个体读者，又适用于集体读者的视听空间，为读者、用户提供更多、更好、更方便的服务。

（2）电子文献阅览室

电子文献阅览室也可称为电子读物阅览室或电子阅览室。它是图书馆通过配置多媒体电子计算机设备及建立相应的局域网系统，为读者查检利用数字化电子文献而设置的电子文献服务系统。在电子文献阅览室中，读者可以查阅利用各种类型的数字化文献。由于电子文献阅览室是技术含量较高的服务系统，因此读者既可以在此感受到内容丰富、形式多样、生动形象、感染力强的视听享受，又可以在此"广、快、精、准"地获取所需要的文献信息。

（3）缩微文献阅览室

缩微文献阅览室是图书馆通过配置不同规格、不同功能的缩微文献阅读器等设备，为读者查找利用馆藏"缩微品"的服务系统。十几年来，为了加快抢救历史珍贵文献的工作，我国图书馆在全国图书馆文献缩微中心的支持、指导下，配置了技术含量很高的缩微拍摄编辑制作系统，生产了数量极大、品质优良的"缩微型"图书。此外，不少图书馆还通过图书出版部门收藏了大量的"缩微型"文献。不少图书馆为了让广大读者查找利用馆藏的许多珍贵的历史文献，纷纷通过建立"缩微文献阅览室"来为读者提供服务。条件好的图书馆为了让读者得到相对完整且逼真的文献，还专门为读者配置了缩微阅读复印机。

2. 馆外流通服务

图书馆一般情况下是不允许把非书资料带出馆外的，但随着"以人为本""一切为了读者"的思想的深化，在部分图书馆中，视听文献的"外借流通服务"也悄悄地开展起来。由于这种服务方式符合读者的需求，是一项"民心"行动，因而深受读者欢迎。随着时间的推移，这种突破思维定式的服务工作在更多的图书馆开展起来。由于视听文献的载体比印刷型文献复杂、多样，因此视听文献外借服务的管理和运作显得相对复杂一些，对文献的完整程度的判断也显得困难一些。为此，凡是开展视听文献外借流通服务的图书馆都要认真研究相应的对策，从而把读者欢迎的好事办好。

3.自由交换服务

自由交换服务是指从馆藏中选择多余的复本，以"会员制"方式在读者中的会员范围内开展自由交换服务。通过开展非书资料的自由交换服务，既可以让读者互通有无，又可以变废为宝，让那些闲置的视听文献找到新的用户，从而充分发挥其应有的作用。作为自由交换服务的主体，图书馆应为开展这项活动提供必要的场所和用于会员交换所必需的一定数量的基础性非书资料，同时应承担日常管理和服务工作。目前，尽管开展非书资料自由交换服务的图书馆还不是十分普遍，但这种服务符合民心、民意，可以相信，它将随着图书馆事业的发展而发展，具有无限的生命力。

（二）非书资料的服务管理

非书资料的服务已经成为图书馆读者服务工作的重要组成部分，建设好非书资料服务系统，是图书馆读者服务工作的重要内容。非书资料服务系统的建立涉及服务场所设备、文献采购、设备维护、服务方式、人员配备等多方面的因素。

1.非书资料服务系统的建设

从图书馆非书资料服务工作的实践来看，尽管每个图书馆都可以根据本馆的实际去建立具有自己特色的服务技术系统，但从每个图书馆的服务工作需要考虑，从现代技术发展的条件考虑，在保证科学性和实用性的前提下，建设一套多功能的服务系统是十分必要的，也是完全可能的。

目前，国内外有好多技术设备系统，对有条件的图书馆，应该在充分市场调研的基础上，在现有系统中，选择具有发展潜能的技术先进的自动化系统是必要的。因为非书资料的服务工作中最基本也是最重要就是要建立一套功能齐全、兼容性强、运作稳定、优质高效的技术系统，才能使设备运行自如，读者使用起来得心应手。

2.非书资料服务场所的选择

非书资料服务对场所是有一定要求的，有特殊性的。场地要有足够适当的面积，为以后扩建、升级做好准备；要有独立、封闭的房间，综合考虑图书馆的动静分区，不能影响阅览区的读者阅读；同时应注意温度、防潮、防尘等因素。

3.非书资料文献的选择

在选择非书资料文献时，应注意文献与本馆设备功能的匹配，文艺类视听文献要注意娱乐性、思想性、健康性。

4.非书资料服务的规章制度

非书资料服务系统是技术性特强的服务体系，建立健全视听服务的规章制度十分必要。非书资料服务的规章制度不但包括一般的使用规则、条例等管理制度，而且更重要的是对技术操作规程和安全保障等做出明确的规定。对于涉及国家安全和网络安全管理的基本要求，也必须通过规章条例予以明示。

三、随书光盘

随书光盘即图书所附带的光盘，它具有数字化的特点，集文字、图像、声音于一体，是对图书内容进行补充说明的一种非书资源。

（一）随书光盘的主要特点

1.随书光盘是图书的附属品

随书光盘不同于电子图书、电子期刊等非书资源，它作为图书的附件，与图书有着明显的整体性，它是图书的一种补充材料，只有将图书和光盘结合起来使用，才能帮助读者加深对图书内容的理解，起到辅助学习的作用。

2.随书光盘容量大，内容丰富

随书光盘的内容多种多样，学科类别涉及各个领域，有计算机类图书附带的程序实例、源代码、免费软件等；有社科类、艺术类图书的图片、声音等；有电子工程类图书附带的辅助教学软件等；还有一些是图书的电子版、教学盘或演示课件，以及一些参考手册、说明文档、技术资料等。

3.随书光盘易损坏，不易流通

随书光盘是一种光介质的电子文献，特别怕挤压和划伤，怕强光长时间照射，因此需要密封防尘储存，不易流通。但是为了保证书盘一体化，部分图书馆将图书与光盘一起入藏流通部供读者借阅，这种方式没有考虑到随书光盘的易损坏性。光盘的长期流通易造成盘片被划伤，将最终造成光盘数据的丢失。

4.随书光盘的内容时效性强,易过时

图书馆内附盘的图书大多为计算机、网络、电子工程技术等学科类图书。由于科学技术的发展,此类图书的半衰期在所有文献中是最短的,内容更新极快,往往很多读者对某一内容还没有完全掌握,市场上又出现该内容的"升级替代品",因此,此类随书光盘很容易过时,失去它的利用价值。

（二）随书光盘的借阅

随书光盘在图书馆通常采用借阅光盘介质或网络下载的方式。

1.借阅介绍介质的方式

只能适用于小规模的图书馆。大一点的图书馆通常使用网络借阅的方式,先将随书光盘制作成光盘镜像文件存放在服务器中,通过光盘检索来下载随书光盘。对于早期的音频文件通常使用磁带方式或音频光盘的方式,可以将这些资源通过转换成 MP3 文件格式,便于节省存储空间和提供使用方便性。

2.随书光盘网

现在很多图书馆通过共建共享的方式建立随书光盘网,节省每个图书馆制作光盘数据库的成本,通常采用限制在图书馆或高校内部下载。

第四节 连续出版物服务

连续出版物是图书馆文献收藏的重要组成部分,在各类信息资源中的地位和作用越来越重要。连续出版物工作有其自身特点,相对于图书来说,有一定的独立性,在图书馆业务工作中占有重要的地位。

一、连续出版物的定义与特征

（一）连续出版物的定义

关于连续出版物的定义有很多,它们的表述略有差别,但概念、内涵基本一致。自从国内外标准明确定义了连续出版物的主要特征及其范围以来,连续出版物这一概念已成为包括期刊、报纸、年鉴、汇编等文献的统称,连续出版物已经成为被标准化的文献工作专业词汇。

ISSN 是国际标准连续出版物（International Standard Serial Number）的英文缩写,是为各种内容类型和载体类型的连续出版物（如报纸、杂志、年鉴等）所分配的具有唯一识别性的代码。分配 ISSN 的权威机构是 ISSN 国际中心、国家中心和地区中心。

（二）连续出版物的特征

根据连续出版物的定义，连续出版物具有以下特征：

1. 连续出版

连续出版物有一定的出版规律和周期，定期或不定期地连续出版，无限期地出版下去。这是连续出版物的主要特征。

2. 有卷号、期号或年、月标识

连续出版物按一定的编号（卷号、期号）顺序连续出版，连续出版物的编号和年、月标识每期都刊登在比较固定的位置。

3. 每期有多个作者撰写的不同内容的文章

连续出版物通常每期均由若干篇不同内容的文章组成，每期至少载有两篇以上不同作者写的文章。

4. 题名与出版形式统一

每一种连续出版物都有一个固定题名、统一的装帧和出版形式。在一定的时期内，每期编排格式也都比较固定。我国已颁布了国家标准，对科技学术期刊和检索期刊编排格式等进行了规范。报纸的报头版面设计结构通常也比较固定，往往根据其专业性质、使用对象、地域特色等，将报纸的版面划分为不同的版块和栏目。

5. 有相对固定的编辑出版机构

连续出版物通常有一个比较稳定的编辑出版部门且内容在一个相对固定的学科范围内。

6. 不再版

连续出版物区别于图书的另一个特征是，一般原编辑单位都不再版。在连续出版物的特征中，定期或不定期连续出版是区别于普通图书的本质属性，而连续编号则是其本质属性的表现形式。

二、连续出版物的类型

（一）连续出版物的类型

连续出版物的类型范围广泛、种类繁多，不同的划分标准有不同的类型。根据其编纂方式和出版特点，连续出版物可分为以下八种类型：

第五章　现代图书馆传统文献服务

1. 期刊

在统一题名下，以统一的装帧形式，按期序号（卷号、期号）或时序号（月号、季号）定期或不定期出版的出版物。

2. 报纸

一种快速报道新闻、刊载评论、有稳定的编辑部和固定的题名，按年月或卷期顺序无限期连续刊行下去的出版物。相对于期刊来说，报纸内容较广，多是刊载国内外社会、政治、经济、军事、文化、教育、科技等方面的新闻。而且报纸一般在报名中含有"报"的字样。从出版频率上看，期刊出版周期较长，一般多以周、半月、月、双月、季为出版周期。而报纸出版周期较短，一般多以日、周为出版周期。

3. 年度出版物

以同一总名称，逐年出版的连续出版物，如年刊、年报、年鉴，以及按年出版的丛书等。

4. 成系列的报告

报道有关学科研究、事物进展情况或调研结果的一种文献。其中无限期连续出版，称为成系列的报告，用于连续出版物。其主要特征是有有关主办机构的名称；定期或不定期地出版；有连续编号；装帧简单、出版快、篇幅不受限制。

5. 成系列的学会会刊

由各种学术团体主办或编辑出版的刊物，其中无限期连续出版者，属连续出版物。此类文献的题名中往往含有会报、会志、学刊、通信、纪要、学报、通报等字样。

6. 会议录

各种专业技术性会议、学术研究及团体会议、政党及立法会议的报告和记录。按出版时间分，有会前出版物和会后出版物两种。

7. 汇刊

按内容将不同著者的不同文章汇组成册，并计划无限期连续出版的出版物，其文章一般都是从其他文献中摘选的，所以也有人称之为选刊。

8. 丛刊

一组相互有关的出版物，每种出版物都有其自身的正题名，也有一个整体上适用于一组的题名。丛刊可以有编号，也可以无编号。

（二）连续出版物的发展变化

1. 出版载体多元化

随着科学技术的发展、电子通信技术的广泛应用，非印刷型期刊纷纷崭露头角，相继出现缩微型、音像型、只读光盘型、电子网络型等电子出版物。很多报刊同时出印刷版、缩微版和电子版等多种版式。非印刷型期刊，特别是近十年来快速发展的网络版电子期刊，表现出了旺盛的生命力，它以灵活、全面、准确、快速、自动检索等特点，成为重要的信息载体，是世界信息载体的发展方向。

2. 编辑技术现代化

现代信息技术的广泛应用为报刊编辑出版单位提供了高效的出版发行基础。编辑出版电子化，主要是指在编辑出版过程的各个环节中采用现代电子技术进行修改、编辑排版、插图装帧、出版发行，使之成为新型的电子出版物。很多报刊编辑出版单位同时推出了印刷版、电子版和缩微版等不同版本，有的电子版还分成光盘版和网络版。面对不同的载体，用户获取信息的方式有了更多的选择空间，不仅能够利用纸质载体期刊，还可以利用以集成电路、软硬磁盘、光盘为载体的期刊，甚至可以通过网络直接利用。

3. 检索途径多样化

国内检索类刊物虽然起步较晚，但二次、三次文献的加工深度有新的发展。检索途径趋于多样化，有题录、索引、文摘等，无论是在加工深度、检索途径、内容揭示，还是在加工手段方面等，这方面的工作还有待进一步加强。

4. 传播手段网络化

随着电子报刊的大量出现，一批商业性数据库集成商应运而生，如清华同方的中国学术期刊网、万方数据、维普数据、人大报刊复印资料等都建有期刊数据库，并可提供光盘版和网络版，为科研人员提供了极大的方便。网络化带来了信息传播全球化，为报刊业的发展创造了更宽广的前景。

5. 期刊全文数据库

用户的需求和信息技术的使用，使电子期刊从书目数据库向全文信息数据库发展，全文数据库越来越多。其中，光盘电子期刊尤为突出。世界上很多有名的大型数据库都化整为零，以光盘形式出售。大多数联机检索型电子期刊也提供全文检索。形式多样的网络电子期刊，有的可从网络上的服务器中随时检索，有的可向编辑部索取，通过电子邮件方式获取全文信息。

6.印刷与电子出版物长期共存

网络化、数字化时代，电子报刊因其价位较低、发行广泛、使用简便、信息存储量大、数据库检索功能极强、出版周期短而受到广泛的欢迎，并呈现出巨大的发展潜力，人们有理由看好其未来发展。但印刷型报刊也不会因此而很快消亡。长期以来形成的阅读习惯将使相当多的人更乐意接受印刷型报刊，在当前计算机数量尚不能满足需求、电子报刊也存在一些不尽如人意的缺陷，人们难以改变阅读习惯的情况下，印刷版和电子版报刊在相当长时间内将会并存，形成网络版报刊与印刷型报刊共存互补、相互竞争的格局。

（三）连续出版物的发展策略

1.馆藏连续出版物建设

图书馆的读者在查找和利用文献信息时，通常本着省时、省力、省钱的原则，他们倾向于使用那些容易得到又不花钱的文献信息。馆藏信息资源是用户的首选信息，也是用户认为利用最为方便的信息。目前，馆藏电子期刊的主要形式是光盘数据库。由于光盘检索系统具有存储密度高、容量大、可进行追溯检索、批量定题服务以及套录等优点，我们应把广泛收集目录文摘等二次文献光盘信息数据库放在首位。这样一来，即使本单位收藏的期刊种数有限，但因文献线索完整，用户仍可通过网络资源等获取原始文献，从而弥补一次文献收藏不足的缺陷，同时可以缓解经费的不足。

对印刷型期刊和光盘数据库进行合理配置。光盘检索系统有自身的优点，但其缺点是要定期进行更新，一般 1—5 个月一次。这在一定程度上影响了数据库的新颖性。同时，收入光盘数据库的期刊品种以某一领域学科的部分期刊为主，不可能囊括各种资料，这会影响信息的查全率。因此，不能也不可能以光盘数据库完全代替印刷型期刊，而应采取各种类型期刊互相配置的办法，使印刷型期刊与光盘数据库之间的配置处于最佳状态。具体分为三个层次，一是并列收集，即暗藏期刊两种版本都收集，光盘数据库主要用于追溯服务和定额服务；二是交叉收集，即选择部分期刊，如本馆读者使用率较高的部分收集两种版本，其余的只收集印刷型的；三是分开收集，即有光盘数据库的不再收集印刷型的，如为科研项目所需要的期刊则采用光盘数据库，其余的采用印刷型的。

2. 共享各文化信息中心的馆藏期刊信息资源

互联网的功用主要是快速传递信息和实现资源共享。我们可以通过网络收集国内各图书馆及各文献信息中心提供的期刊文献信息，更好地计划馆藏期刊文献的订购和安排有限的经费。网络的形成促进和加强了图书馆间的协作和共享，以建立国内按地区或系统购期刊文献信息保障体系为目标，采取各图书馆以优势学科、特色专业和地方特色为主导的馆藏信息资源的方法，统一规划，加强合作，使网上各成员馆之间密切合作，并各自选定几个独具特色的专业方向重点收集，使其中某些专业方向的文献系统化，形成馆藏特色，在网络资源共享中体现各自的优势和存在价值。

3. 利用互联网上的期刊信息资源

当本馆乃至国内的信息资源满足不了信息用户的特殊需要时，可以依赖因特网上的信息资源，做好读者服务工作。一是跟踪网络电子期刊，搜集需要的信息。网络上存在大量的电子学报、电子快报、学术论坛和计算机会议等，可通过电子邮件方式收集有关信息。二是利用网上期刊目录信息通报。

第五节 参考咨询服务

参考咨询服务是图书情报部门的专业技术人员对情报用户在利用文献、寻求知识和情报方面提供帮助的活动。它以协助检索、解答咨询和专题文献报道等方式向情报用户提供事实、数据和文献线索。参考咨询工作的实质是以文献为根据，通过个别解答的方式，有针对性地向读者提供具体的文献、文献知识和文献途径的一项服务工作。它具有服务性、针对性、多样性、实用性、智力性、社会性的特点。

一、参考咨询的含义

图书馆的参考咨询即图书馆的参考咨询服务，它是19世纪下半叶在美国公共图书馆和高等院校图书馆开展起来的。在我国，有学者称参考咨询工作是图书馆为读者提供服务的一种，它是以客观社会需要为契机，以文献为纽带，通过各种方式为读者搜集、存储、检索、揭示和传递信息的业务过程。也有学者称参考咨询工作是图书馆员与读者间一种不同知识类型的信息转移的运动过程，它是以读者的需要为线索，以信息载体为纽带，由馆员向读者揭示信息、传递信息以及向读者提示检索方法并从存储信息中找出所需问题之结果的业务过程。还有学者称参考工作是图书馆员给予寻求情报的各个读者的个人帮助。而参考服务则包含着图书馆对于这项工作所承担责任的明确认识，还包含着为了这个目的而建立的一个专门机构。

简单地讲，参考咨询就是信息咨询，而信息咨询就是图书馆员对读者/用户在利用文献和寻求知识、情报方面提供帮助的活动。随着社会信息化和图书馆信息服务社会化，高层次的参考咨询已转移到以文献信息的深层次开发与智力的充分发挥为重心，运用现代化技术手段与科学方法为用户提供知识、信息、经验、方法与策略的服务。

（一）参考咨询的特点

参考咨询的服务内容不断深化与发展，其服务形式也出现网络化、现代化、多样化的趋势，表现出以下特点：

1. 服务性

参考咨询服务是图书馆读者服务工作的重心，要求面向用户、主动奉献、读者第一、服务至上。从本质上说，参考咨询仍然属于读者服务工作的范畴，服务性是参考咨询最基本的特征。参考咨询是在图书馆传统的工作流程采访、分类、编目、典藏、流通、阅览的基础上开展的一项重要内容。在参考咨询过程中，馆员通过个别解答读者提问，来满足读者的个性化需求，服务内容与其他部门的读者服务工作有着千丝万缕的联系，是读者服务的延伸和发展。

2. 针对性

参考咨询的选题是针对用户的具体要求，必须有的放矢地开展个性化的服务。从参考咨询服务的目的来看，它具有很强的针对性。参考咨询主要针对读者的学习、工作与生活中所遇到的问题，提供文献信息服务，以满足读者越来越个性化的服务需求。

读者需求是开展咨询服务的前提，没有读者需求，也就没有图书馆的咨询服务，所以调查了解读者的信息需求是开展参考咨询服务的基础。各类型、各层次的图书馆的服务对象是不同的，参考咨询应根据图书馆的方针和任务开展读者需求调查研究，以分清工作的轻重缓急，明确服务重点。

3. 实用性

参考咨询服务的出发点和归宿都是为了满足读者需求，解决实际问题，从而达到强化情报职能和教育职能的目的。

从参考咨询工作的效果来看，具有一定的实用性。首先，读者在实际生活、工作和学习中，必然会碰到各种各样的问题，参考咨询馆员帮助读者获取资料和利用图书馆资源，节约读者查找资料的大量时间。其次，参考咨询服务还有利于深入开发文献资源，提高文献资源的利用率，为科技人员、领导决策和企业发展提供丰富的文献资源和动态信息。例如，随着图书馆情报职能增强和现代化技术的应用，图书馆从优化资源配置、提高服务质量、方便读者等方面入手，在保证为高校的教研工作提供服务的基础之上，扬长避短，立足实用地参与社会情报服务，为社会提供实用易得的经济信息服务。参考咨询突出体现了图书馆的情报职能与教育职能，它所表现出来的工作水平与开发能力反映了图书馆服务的优劣，参考咨询工作的社会价值体现在工作效率、社会效率和为经济建设服务的效益等方面。

4. 智力性

参考咨询的核心业务是开发文献信息资源，这是一种智能化的科学劳动，需要较丰富的知识、经验和技术。

从参考咨询所需的技术来说，它属于一种知识密集型的智力劳动。图书馆参考咨询服务不像外借流通服务那样直接简单地为读者提供原始文献，在解答读者咨询问题中，除少数咨询问题可以仅凭借图书馆工作人员的知识和经验就能立即回答外，大部分问题要将对文献的检索、加工、整理、分析、研究等活动结合起来，其工作的实质就是以文献查找、选择与利用为依据，向读者提供具体的文献、文献知识和文献检索途径，它是一种复杂的、学术性较强的、对服务人员素质要求较高的服务方式。例如，在一些大型图书馆，已有专门的情报研究工作，开始为政府、企业、科研开展深层次的研究服务，提供辅助决策功能。图书馆一般都设立了专门的部门或工作人员，从事定题跟踪服务、专题文献调研、编制专题文献书目、文摘、论文索引或特定的资料汇编等工作，还可以承担课题立项、科技专题查新、专利申请等更深阶段的服务。这种服务主要针对一些较固定读者，具有长期性和相对的稳定性，这要求咨询工作人员具备较高的专业技能并要付出大量额外的工作。

5. 社会性

参考咨询是一种开放性的社会服务，本质上是一种知识信息的传递、交流与反馈的过程，开放性的服务系统，无论咨询队伍或服务对象都具有鲜明的社会性特点。

图书馆是信息产业的有机组成部分，主要具有保存人类文化遗产、开展社会教育、传递科学信息和开发智力资源四种社会职能。参考咨询服务是一种开放性的社会服务系统。首先，咨询服务对象具有鲜明的社会性。参考咨询服务就是图书馆运用各种方法帮助读者解答在科研和生产中需要查阅文献资料而出现的疑难问题，为读者提供所需的文献和情报。随着社会信息化程度的不断提高及图书馆服务观念的转变，参考咨询服务的社会化程度日益加深，服务对象与范围进一步扩大。尤其是开展了合作咨询和网上咨询服务以后，其服务对象已不再限于馆内读者，本社区乃至跨地区、跨国界的有关用户都可能成为服务对象。其次，咨询队伍具有鲜明的社会性。由于科学技术的发展，科学知识与信息资源急剧增长，光靠一个图书馆的力量已无法单独完成各种资源库的建设及各种咨询问题的解答，更谈不上各种咨询软件的研制与开发。知识与资源的共建共享势在必行，咨询队伍建设的协作化与社会化进一步发展，出现了跨地区、跨国界的合作咨询。最后，咨询服务内容具有社会性。随着图书馆日益融入社会信息化的浪潮之中，参考咨询服务的内容也由过去以学科咨询、专业咨询为主转向为广大用户提供涵盖学习、生活、工作等方面的各类社会化信息，以最大限度地满足用户日益增长的信息需求。

6. 多样性

参考咨询是一种综合性的文献信息词组服务，从参考咨询服务的内容、形式、方法来看，参考咨询都呈现出多样性的特点。

首先，读者咨询问题多种多样，来源广泛。有来自社会各个部门的咨询问题，也有涉及学科领域的专门问题；有综合性的咨询，也有专题性的咨询；有文献信息咨询，也有非文献信息咨询。当然，并非读者提出的一切问题，图书馆都应给予解答，只有属于图书馆服务范围的问题，才是参考咨询的服务内容。其次，参考咨询形式多样化。从读者提问的形式看，有到馆咨询、电话咨询、信件咨询、网络咨询等多种形式；从馆员对具体问题所采取的形式看，有文献检索方法辅导、提供文献线索、提供原文、定期提供最新资料、提供专题研究报告等。

（二）参考咨询服务内容

参考咨询服务工作的内容十分丰富，有它自己的体系。目前大、中型图书馆参考咨询服务的内容，主要有解答咨询服务、书目参考服务、信息检索服务、情报研究服务和用户教育服务等。

1. 解答咨询服务

解答咨询服务，即对读者提出的一般知识性问题，如有关事实、数据等的问题，通过查阅有关的检索工具，直接回答读者；或指引读者利用某一检索工具，直接查阅有关资料，以求得问题的解决。解答咨询服务作为参考咨询服务的最初形式，是参考咨询服务最常见的服务内容。其解答咨询的方式主要有口头回答、电话回答、E-mail回答、表单回答等。对于一些常见的问题，很多图书馆是通过设置咨询台或开展FAQ服务来解决的，这是一种非常有效的做法。

2. 书目参考服务

书目参考是对读者提出的一些研究性问题，如专题性、专门性研究课题等，通过提供各种形式的专题文摘目录索引，供读者查阅所需文献资料，以解决有关课题的咨询。由于它不直接提供具体答案，只提供资料线索以供解决有关问题时参考，所以被称为"书目参考"或"专题咨询"。对于一些未经提问或常设的课题，不少图书馆通过编制专题目录、索引与文摘，主动提供文献信息，开展书目情报服务，成为传统参考咨询服务的一项重要内容。而网络参考咨询服务中的"学科导航""本馆资源导航"以及书目数据库建设，则是网络环境下的书目参考服务。

书目参考工作的立足点是文献信息加工。选题应以客观需要为依据，在选择材料时，要求对某一特定范围内所必需的文献，做到尽可能全面、系统、收录完备。

3. 信息检索服务

信息检索服务是指将信息按一定方式组织和存储起来，并按需检索出有关信息的过程。信息检索按手段可分为手工检索和计算机检索，按检索对象可分为文献检索、数据检索和网上信息检索等，按服务项目可分为一般课题检索、定题服务检索、查新服务检索等，按课题性质可分为事实型检索、专题型检索、导向型检索、综合型检索等。传统的信息检索以文献检索为主要内容，现代的信息检索以数据库检索和网上信息检索为重要组成部分。"网络导航""学科导航""本馆资源导航""学科信息门户"和"特色库"的建设与利用，是新时期信息检索的重要工作内容和信息检索资源。

4. 情报研究服务

情报研究服务是图书馆对文献信息进行分析与综合的一种服务，主要是通过对某一时期或某一领域的文献信息进行分析与归纳，并以研究报告的形式提供给用户。其功能在于通过对大量文献进行分析研究和综合，为读者提供浓缩的、系统化的情报资料，为预测研究和决策研究提供参考。情报研究服务主要有定题服务、专题剪报服务、专题数据库建设等多种形式。

5. 用户教育服务

图书馆作为文化科学教育机构，是社会公众进行终身学习和教育的重要课堂。这种教育是通过社会公众阅读的方式来传递科学文化知识的社会活动，是社会公众自由地利用图书馆来学习知识和更新知识的活动，是任何学校教育都无法比拟的。随着时代的发展，图书馆开始大量应用计算机技术、网络技术，使读者利用图书馆的难度加大。网络信息的利用对读者素质提出了更高的要求，没有较高的文化水平，不熟悉网络图书馆的内部结构，不具备一些基本的计算机和文献信息检索方法的读者是无法从网上获取信息的。因此，在传统图书馆向数字图书馆转化的过程中，大力开展用户教育，培养用户的综合信息能力尤为重要。

二、现代参考咨询服务模式

现代参考咨询服务是以用户的信息需求为中心，达到快速传递与交流信息之目的。就目前我国图书馆开展数字参考咨询的服务模式来看，可分为几类：异步咨询、同步咨询、合作咨询、新模式；就服务内容来看，除了这几种服务模式外，还应设置知识库的浏览与检索、信息导航、用户反馈平台等。

（一）异步服务

异步数字咨询服务是指用户提问与专家回答是非即时的，是目前最简单、最流行的一种服务方式，主要采取电子邮件参考咨询服务（E-mail Reference）、Web 表单咨询、FAQ 咨询（Frequently Asked Questions Reference）

等几种方式及其结合形式来实现。

1.电子邮件参考咨询服务

在图书馆的主页中数字参考咨询服务台上,设立一个简单的电子邮件地址链接,用户需要提交问题时,只需点击链接,用户的计算机就可以启动电子邮件软件。在我国凡是能够进行数字参考咨询服务的图书馆大多都采用了这种咨询方式。

2.Web表单咨询

这是目前图书馆开展数字咨询用得最多的一种咨询方式。用户经过注册登录后,进入图书馆页面上设立的表单,填写咨询标题、咨询内容、咨询背景和用途、咨询专家选择、回复时间要求等,通过点击"发送"或者"提交"即可将问题发送给图书馆。图书馆也将问题的回复通过邮件或咨询结果查询直接交给用户。

3.FAQ咨询

FAQ是图书馆根据长期咨询工作实践经验和对用户的调查,将用户经常询问的一些较大众化、有代表性的咨询问题进行分类组织、编列入FAQ知识库,供用户查询。这样就可以避免馆员重复回答相同的问题;用户在提交咨询问题前,先查询FAQ知识库,看有无现成的答案,以节约时间。

(二)同步咨询

同步数字咨询服务是利用基本的软件实现用户与图书馆馆员之间进行文本或视频音频信息的迅捷交流,亦称实时交互式参考咨询,这是显示数字参考咨询服务互动性强、特点最明显的模式。目前主要有以下几种方式:

1.在线咨询(Chat Reference)

在线咨询是广大用户所熟悉的聊天室。用户只要登录图书馆数字参考咨询台,进行用户注册,实时咨询的时间范围内,就可与参考咨询馆员进行在线交流。这是一种即时信息的交流。

2.网络寻呼(ICQ)

交流双方只要在各自的计算机安装程序,拥有双方ICQ号码,便可在网上呼叫对方。同时在线即刻直接进行交流,即使咨询馆员不在线,也可给其发送信息,待对方下次上网进入ICQ时,将首先发现该信息,类似于腾讯QQ。

3. 视频会议咨询（Video Conferencing Reference）

在建立起可视、可交谈的共享白板的基础上，同时辅以摄像机、交谈窗口等，利用宽带 Web 技术，使咨询馆员与用户可以真正"面对面"进行同步交流。

4. 同步浏览咨询（Co-Browsing Reference）

这是一种最为理想的数字参考咨询模式，可以真正实现用户与咨询馆员全部信息的实时交流，做到：知道用户的 IP 地址；知道用户用的是什么浏览器；知道用户正在浏览的是什么网页；向用户的显示器发送游动的图标，邀请用户实时问答；报送网页，在用户的浏览器打开一个新的窗口（包括所拥有的数据库网页）；填写联机表单（如数据库检索显示屏或联机馆际互借单），并推送到用户的显示器上；使图书馆员的浏览器与用户的浏览器同步，这样图书馆员打开的每一个网页也显示在用户的显示器上；在联机交互结束时，将整个问答的脚本通过电子邮件传送给用户；将用户的请求转发给另一位图书馆员（联合体中的一个成员馆，也许是其他国家、地区的图书馆）；了解用户排队等候联机帮助的情况（如已经等待的时间）；保留脚本日志，供以后改进服务分析之用；向用户提供另外一种语言的联系中心界面。

（三）网络合作式参考咨询服务

网络合作式参考咨询是图书馆之间合作成立网上咨询中心，各成员图书馆咨询界面均实时链接到共同的请求管理器。用户通过所在图书馆网页上的咨询服务链接，按照统一表单填写并发送咨询请求；该问题被送至请求管理器，请求管理器根据问题性质和用户情况自动检索成员馆数据库，根据工作时区、地理位置、资源特点、用户类别、接受问题数量限制、特别服务项目等，选择最合适的图书馆，将咨询问题以电子邮件形式传给该馆；咨询问题得到解答后也将通过请求管理器传送回最初接受咨询的图书馆，并通过它传给用户，与此同时咨询问题和相应的答案被存放入 Q/A 数据库。请求管理器还跟踪咨询解答过程，掌握问题得到回答的程度。咨询的有关数据可用于统计、管理，甚至自动回答用户查询。

网络参考咨询作为数字参考咨询服务的最高层次，其优势是不言而喻的：最大优势是咨询专家合作可以完成更深层次的学术咨询；可以共享合作馆的资源优势，完成个性化咨询服务；可以节省经费。参加合作式参考咨询服务系统，可以集体购买软件或通过交纳少量的服务费即可加入，这样相对来说，节省了经费。

（四）数字参考咨询的新模式——微博与微信

微博是互联网发展进程中的新兴媒体，逐渐成为人们生活、学习和工作中获取信息的主要途径之一。在微博与人们阅读关联日益紧密的今天，将微博与图书馆数字参考咨询服务结合，是图书馆文化传播服务的一种新的方向。可利用微博的特点让广大群众参与到学习中，使他们通过微博与作者、专家进行互动，为传播文化及知识提供广阔空间，让教育事业得到普及和快速发展。

交流互动性是微博最显著的特征，微博使读者与图书馆之间的交流具有实时沟通的特性，利用微博平台读者可以向图书管理员提出要求和问题，管理员会及时对其进行解答，满足读者需求；微博具有个性化服务特点，能够将相同专业、相同兴趣、相同领域的读者汇集在一起进行统一服务，同时可进行差异化服务，让图书馆数字参考咨询服务更加人性化；微博具有信息共享功能，在图书馆与某一读者进行互动交流过程中，对遇到的问题进行解答，同时可以将解答结果分享给其他读者，由此避免多次回答相同问题，节省资源；微博具有按时间排序的功能，可以方便读者掌握最新服务信息，并且微博具有评论功能，能够让图书咨询管理者掌握用户需求，及时调整服务方式，提高服务能力。

微博在图书馆参考咨询服务中的应用服务内容主要包括：微博提醒服务、微博直播服务、微博课堂服务、微博群、微博访谈、微博订阅等。

微信是快速与人联系的一种手机新型语音工具。微信推送服务的内容可以包含以下几个方面：

1. 广播式信息推送

基于微信的广播式信息推送的服务内容包括新书通报、活动公告、讲座、新闻等。这类信息推送服务满足了普通读者对于即时性消息类信息的需求。目前国内大部分图书馆会将此类信息通过图书馆首页、电子屏、宣传栏及纸质媒介等形式发布。但是受时间和地点的制约，有很大一部分读者不能及时准确地了解到这些即时信息。利用微信推送这些消息就可以弥补以上不足，用户可以通过微信推送的即时消息及时了解图书馆举办讲座的内容、主讲嘉宾、时间以及参会人员的要求，可以提前准备，积极参与。

2. 学科化信息推送

在学科化信息服务中图书馆和专业图书馆一直走在行业的前面，学科化服务是参考咨询服务的重要工作之一。但是受到时间、空间和人员条件的制约，图书馆参考咨询服务很难深入地开展。传统图书馆迫切需要一种全新的创新服务打破僵局，使学科化信息服务走出困境。微信的运用正好可以弥补上述不足。图书馆可以利用微信将特定学科内的专家、学科信息资源、数据库中的数据和网络信息资源以学科知识单元的方式发送到用户手中，使用户可以在任何方便的时间、地点进行查阅、学习，为学术研究和科研工作者节约了大量的时间，提高了效率。

3. 个性化信息推送

随着信息时代的到来，人们对于信息的时效性、个性化要求也越来越高。面对不同的课题，研究水平的不同，需要的信息资源也相对不同。图书馆可以根据用户的群体采取不同的推送方式。在搜集、分析读者信息需求的基础上，向其推荐所需的最新科研专题信息、专业文献及科研课题研究信息，发送网上专题信息资源导航地址等，以帮助他们快速获取信息，节约时间成本，提升图书馆的服务质量。

第六章 现代图书馆服务共享

第一节 服务共享概述

数字文献已经超越传统文献，成为和物质、能源并列的三大社会基础资源的问题。图书馆作为一个开放的知识与信息中心，也不再是简单地将资源共享出来，更多的是要满足读者的"不同口味"的需求，帮助人们获取知识。由此看来，服务共享则应该是图书馆下一步关注的重点。

一、服务共享起源和研究现状

服务共享，简单地说是指经营机构的一种共享机制，各经营机构或组织共同分享一套服务体系而不是各自建立独立系统而导致重复服务。

随着经济全球化、一体化的趋势愈加强烈，公司、酒店、航空等传统行业在构建其信息系统时，都希望其内部实现信息化管理，又希望与外部系统能够灵活地数据交换，这一趋势在互联网出现以后越发明显和迫切。此外，传统行业为了扩大经营规模，就必须突破地域的限制，利用信息技术的快速发展，各种连锁经营、服务外包、联盟服务等新型服务共享模式逐渐成为社会的主流，在各行各业都得到大量的应用。

自21世纪以来，图书馆行业也逐渐将关注的重点从文献资源转向图书馆服务，一方面资源数字化引发读者到实体图书馆越来越少，另一方面更加关注读者的需求，成为图书馆服务的共识。海量信息的飞速产生，迫使各类文献机构把工作重心从如何获得信息，转到如何准确地过滤和有效利用各种信息上。文献信息资源整合由于能有效地消除信息孤岛，提高各种信息资源的利用效率而成为大家广为流传的话题，在综合运用文献调研法、比较分析法、专家咨询法、层次分析法以及实证分析方法和计算机领域的相关技术方法进行理论探讨和实证研究，对国内外数字信息资源整合系统进行全面深入地比较分析的基础上，明确国内数字信息资源建设存在的差距，借鉴比较成功的数字信息资源整合模式和整合系统，为提出整合策略和构建整合模型奠定了理论基础。

二、图书馆服务共享的基础

图书馆服务共享的提出，是21世纪以后，随着信息技术的快速发展，图书馆对读者的重视越来越高而逐渐产生的。个体化的共享、参与成为服务主流，图书馆也开始尝试图书馆2.0理念和相关技术提升文献服务，充分尊重读者，体现人文关怀、注重读者参与，构建以用户需求为核心的服务模式，让图书馆在完善文献资源支撑体系的同时，关注读者个性化需求，逐渐深化服务，拓展服务，提升图书馆管理水平及服务质量。在此背景下，图书馆服务共享应运而生。

（一）图书馆已经形成以读者为中心的服务理念

图书馆是否会成为一种更加面向大众的新型信息中介机构，或者逐渐被网络的信息服务替代而成为类似图书的博物馆、文物收藏机构，都成为业界学者所关注、思考的重点。

随着Web的发展，给图书馆带来了新的理念和思路的同时，带来了新的发展机遇。用户不再单纯地满足于大量的网上资源，而是渴求全方位的服务。因此建立在技术性与资源数字图书馆基础之上的服务型图书馆，是图书馆的未来发展方向，因为采用先进的服务方式、服务手段为用户提供更好的服务，才是图书馆建设和发展的核心。

近现代图书馆一直倡导以读者服务为核心构建图书馆系统，摒弃原来的"重藏轻用"思想，但是收效甚微。21世纪以来，随着个性化时代的来临，这种思想越来越受到重视。根据世界各国图书馆信息资源共享的历史与现状、理论与实践，可总结归纳出四个基本定理：定理一，一切信息资源都是有用的；定理二，一切信息资源都是为了用的；定理三，人人享有自由平等地利用信息资源的权利；定理四，用户永远都是正确的。这四个基本定理揭示了人类社会信息资源共享的基本观念、普遍原则和社会价值，是信息资源共享的理论核心和实践准则。定理四"用户永远都是正确的"揭示信息资源共享服务的用户观念和基本准则，引起了图书馆界的广泛关注和争论，也让这个定理进入很多图书馆馆员思想深处。

可以说，如何去实践和运用这个信念，决定了图书馆管理和图书馆服务的发展方向、路线和结果，也说明新世纪图书馆行业对于读者权利的重视。随之而来的，很多图书馆开始尝试为读者提供个性化的服务：定制收藏、个人门户、学科专题文献推送、手机图书馆定制等，都为随之而来的图书馆2.0的起源和发展奠定了基础。

（二）服务手段和服务内容的多样化，成为服务共享的坚实基础

有了计算机，有了互联网络，有了大规模存储技术的支撑，有了对读者的关注，新世纪图书馆的服务手段和服务内容开始变得多样化：讲座与培训、专题文化展览、在线咨询和交流服务——甚至是BBS、娱乐服务功能、读者利用文献的数据挖掘和分析、文化素质教育、定制复印、信息共享空间、高校科研成果转化的引路、学科研究者的网络虚拟社区等。有些服务似乎超出了传统图书馆的范畴，但这就是21世纪的信息服务，这些改变，意味着在社会发展的竞争和压力中，图书馆已经尝试着去寻求一条适合这个行业生存和发展的、倡导知识服务的特色之路。

图书馆的上述改变，具有两个鲜明的特色，一个是对于读者的高度关注，超过了以往任何时候，这也符合"以人为本"的时代特色；另一个是与信息技术紧密结合，科技是第一生产力，传统图书馆的每一次大发展，从文字的产生、纸张的诞生、印刷术的发明、计算机的使用等，无不都是以技术作为强大的推动力，这同样符合信息时代的特征。

三、对服务共享基础——图书馆资源的重新理解

（一）馆藏的文献资源

图书馆目前收藏的文献资源，主要是纸质文献，对于纸质文献的管理和服务，是图书馆的业务核心工作。计算机出现后，尤其是数字化出版的兴起，业界曾经讨论纸质文献什么时候消亡的问题，但事实是：一方面纸质文献保存着人类自诞生以来的几乎全部的知识积累，这是不可替代的；另一方面纸质文献仍然保持着稳定的增长率，由于各行业信息化水平的问题，由于

地区之间贫富差距的原因，由于传统的阅读习惯的问题等，在很长的一段时间内，纸质文献仍将是文献的主流。前面已经提到传统图书馆学的重点就是对于纸质文献的研究，因此对于纸质文献的管理和服务已经形成了一整套的理论、技术方法，其中也不乏宝贵的经验。

（二）数字文献

计算机和互联网是人类伟大的发明，数字文献随着计算机的产生而产生，又随着互联网的产生而凸显出价值。20世纪90年代之后，多媒体技术的出现，也让数字文献变得丰富多彩起来，以前通过存储在光盘、磁性材料等载体的纯文本文献，增加了图像、声音、影像等更多直观的媒体，于是正式出版的数字文献出版物开始出现：数字图书、数字期刊、全文数据库、网络报纸、电子地图、软件、音乐 CD、电影 DVD 等，似乎数不胜数。21 世纪初，互联网的推广又加速了数字文献的传播深度和广度。数字文献以其存储形式多样、体积小、内容丰富、传播速度快、范围广、检索方便等优点，越来越受到读者的认可和喜爱，图书馆自然也愿意投入购买数字资源的经费，目前图书馆主要是各类检索数据库和全文数据库，它们或者是自建的，或者是通过数据库商购买的；或者在本地建立镜像站，或者通过 IP 控制进行网络远程访问。今后还将包括多媒体文献资源，如多媒体课件、图片资源库、音乐资源库、视频资源库等。

但是，数字文献种类的繁多带来了相应的问题：元数据标准的不统一、数字格式的多样性、独立的管理和服务系统等，都给读者带来很多不便。随着数据库的增多，图书馆服务器和存储系统的压力也越来越大，系统管理员日益发现自己成为机房管理员，因为不时地要监控各种文献服务器的状态，定期增加数据，进行数据备份。这些众多的数据库，其实大多数是以"信息孤岛"的方式而存在的，之间并没有数据关联，检索也是各自独立的，因此，图书馆不得不提出"统一检索平台"的概念，期望通过这样的折中方式，解决不同数据库之间的集中检索问题。

（三）共享的文献资源

图书馆的资源不能仅限于馆藏的文献，按照"为我所用"的文献资源策略，共享资源将会逐渐成为图书馆开展文献服务的重要支撑。尽管目前图书馆也大力提倡文献资源共享，并在国家层次、地区层次、高校之间建立起了一些行之有效的共享体系，但是对于图书馆来说，这还是不够的，毕竟在目前的技术条件下，共享的技术支撑和共享的需求远远超过了以前。

（四）互联网的开放资源

通过 Google 或者百度获取信息，已经成为多数人的习惯，尤其是这些搜索引擎的事实数据的资源量，已经远远超过任何一家图书馆。互联网上的其他可用的知识资源，则更加丰富，比起传统文献，在时效性、专业性方面有过之而无不及。这些开放的资源，都可以成为图书馆开展知识服务的重要来源，但是需要图书馆注意的是，互联网资源数量众多且分散，且每天都在快速增长，如何对这些资源进行开发利用并纳入图书馆的文献资源服务体系中，读者为什么不直接检索利用这些搜索引擎等都是急需解决的难题。

（五）读者的共享资源

在图书馆 2.0 的理念中，倡导读者分享自己的文献资源，这就需要在读者的个性化门户中，基于 Web 技术，给读者提供保存各类私有文档和文献资源的网络虚拟空间，读者可以自行设定，将其中的部分文献共享出来，经图书馆馆员审核后发布，从而形成图书馆资源体系的一部分。这其实也是"开放获取"的精神和模式，是在图书馆得到的具体体现。但是图书馆需要解决的问题是，读者凭什么要把自己的文献资源共享到图书馆？毕竟互联网上还有很多类似的服务。上述所有的文献资源，甚至包括网络书店的销售书目、出版社的新书目、新华书店的订购书目、二手图书市场的销售目录等，都需要纳入统一的图书馆知识检索的体系中，并具有统一的读者沙龙系统，针对检索出来的文献资源，鼓励读者开展评论和推荐，形成图书馆独特的网络文化氛围。

（六）馆员和读者也是图书馆最重要的资源

图书馆服务的对象是读者，是最宝贵的用户资源，读者和馆员共同在整个图书馆生态体系中承担着具有能动性的重要作用，也是图书馆服务永恒不变的线索。图书馆系统为读者服务，也为图书馆馆员开展管理工作服务，换句话说，馆员也是整个系统架构中的用户之一，是从事管理工作的资源。随着文献服务体系的完善，我们甚至可以设想，将来或许会出现没有一本馆藏图书的图书馆，馆员按照读者提出的需要，再从不同的文献共享渠道获得文献并提供给读者，实现"按需服务"。

馆员也是一个广泛的概念，从事图书馆管理工作的都是馆员，包括馆长、副馆长、部门主管、普通馆员、系统管理员、临时工、勤工助学的学生等。图书馆应该倡导馆员进行图书馆管理的个性化，实现馆员与业务管理的关联，实现馆员角色的可管理、可跨部门。目前图书馆采用的现代化图书馆管理系统，一般包括图书采访子系统、编目子系统、流通子系统、公共检索子系统、期刊管理子系统及办公管理子系统等，都是针对馆藏图书来设计系统架构，而图书馆则以管理系统的各个功能块为基础，设置采访、编目、典藏、流通、阅览等部门，在这些部门之间以传统的纸质文献交接为核心。但是随着数字化资源的增多，服务类型的增多，这种线性"物质流"的工作流程已经不能适应图书馆现代化发展的需要，因此图书馆应该提倡以馆员为核心的业务流程重组，实现按角色、分层次的业务管理逻辑控制，以适应图书馆复合型的发展态势，凸显人力资源的重要性。

以用户为核心的图书馆服务共享体系，在提倡文献资源共享的同时，将提倡馆员资源共享、读者资源共享。馆员资源共享，将实现图书馆之间的联合参考咨询、联合编目、联合建设数字化文献资源等，读者资源共享，将在Web技术的支持下，实现在虚拟空间中，读者个人空间的互访、互助，并可以在大范围内，分享来自更多图书馆的读者上传的共享文献资源。

（七）设施和设备

不可否认，这是图书馆的基础资源，也是必不可少的资源。在新技术和图书馆服务共享的背景下，图书馆的建筑、公共设施、自动化设备等都值得研究，以进一步适应读者的需要。就目前而言，图书馆的馆舍已经朝着全开放图书借阅一体化、功能多样化、网络化、休闲化的方向发展，而图书馆的设施和设备，也将适应现代化的发展进度，大量使用高性能服务器、计算机、海量的磁盘阵列等，生产力水平的提高，同样带来了图书馆知识服务效率的大幅提高。在设施、设备资源与图书馆服务理念结合方面，近期出现的"信息共享空间"是一个较为完美的结合。这是图书馆经过特别设计的一站式服务中心和协同学习的一个环境，综合使用方便的互联网、功能完善的计算机软硬件设施和内容丰富的知识库（包括印刷型、数字化和多媒体等各种信息资源），在技术熟练的图书馆参考咨询馆员、计算机专家、多媒体工作者和指导教师的共同支持下，为读者（包括个人、小组或学术团队）的学习、讨论和研究等活动提供一站式服务，培育读者的信息素养，促进读者学习、交流、协作和研究。与之相类似的还有创新社区。

四、图书馆服务共享理念

随着信息时代的来临和社会进步，信息技术的种种诱惑让图书馆工作变得艰难起来，多样的读者需求，日益变化的服务方式，图书馆行业压力也日益增大。因此图书馆应通过各种技术手段，通过对传统文献管理方式的变革，强化对读者的知识服务，将图书馆的一部分服务内容或服务能力共享出来，其他图书馆或用户可以通过请求获得共享的服务内容或能力，通过服务共享将图书馆联结在一起，构成一朵服务云，在云中每个机构都是服务提供者，同时是受益者。例如，一个是图书馆某学科的编目数据，可以通过一个数据接口，向另外一个图书馆提供服务调用，便可实现编目资源的共享。又如，某一图书馆网站拥有标签的规范化输出的能力，也可通过这种方式，为另外一个图书馆的用户提供规范标签提示。

因此图书馆服务共享是以共建信息为资源，个体图书馆之间共享服务内容，彼此互通有无，形成整体合作服务，发挥信息资源的优势，互联信息、联合服务、共享资源，降低了发展成本，为社会大众提供最大的方便，提升整个图书馆事业的服务能力。无论是在规划还是建设和实施过程中，图书馆服务共享都要坚持共享的理念，主要有以下四个方面：

（一）资源"为我所有"转变为"为我所用"

现代图书馆的开放性要求图书馆应抱着"不求为我所有，但求为我所用"的态度，且意味着今后图书馆将突破文献资源的范畴，不管是哪种类型的资源，其建设目的仍然是为读者所用，并且义无反顾；图书馆资源建设的延续性，客观上图书馆馆藏文献仍然将成为开展知识服务的主要资源。"资源有限、服务无限；存取有限、获取无限"，但是图书馆的资源不能仅限于馆藏的文献，按照"为我所用"的文献资源策略，共享资源将会逐渐成为图书馆开展文献服务的重要支撑。将来服务共享文献资源来源将主要有三方面：图书馆参与的文献共享体系、互联网的开放资源、读者的共享资源。

（二）人性化"畅通无阻"服务

图书馆创新应以内容管理、学习和服务扩展为指导，对馆藏和服务项目进行整合，开展馆际合作。图书馆是学习、阅读、免费获取信息的场所。

人性化"畅通无阻"服务，必须是图书馆服务共享坚持的理念，在读者的角度思考服务的细节，最好提供一站式服务，不论是现实的，还是虚拟空间的。

（三）高度重视用户参与和用户体验

图书馆应当为用户主动宣传其服务，应当寻找方法将用户所需的文献提供给他们，而不是让人们到图书馆去找。新时代的图书馆，从对 Web 相关技术的应用发展到更加重视其理念和哲学在图书馆中的应用，将用户作为基础，以用户为中心，尊重读者，强调用户参与，重视用户体验、用户交互与用户参与，消除资源利用和获取的障碍，图书馆的资源建设、服务开展和管理工作都是围绕着用户而进行的，尽最大努力使得每位读者都能享受图书馆服务。

（四）共享互赢

构建网络社区，营造一个读者可以交互的虚拟空间，提供更多的知识服务，而且这个空间面向整个互联网的用户。这其中包括读者与馆员的交互、读者之间的交互、读者群的建立与交互、馆员之间的交互、图书馆直接的交互等，可采用激励的积分制度等。

图书馆的知识社区应给读者提供各类文献资源（包括读者之间的共享资源）的个性化定制服务，并能根据自己的需要，进行分类、组织、标引等，供读者方便地、长期地利用自己需要的文献知识。此外，每位读者都有自己的学科背景，或者学科关注方向。

Web 以个人交流为中心，形成信息发布与互动的聚集，信息丰富的个人或社群站点成为信息汇集的中心。这种信息汇集中心，具有互动解题和资源自给的功能，是网络多向交流、多媒体类型交流的生存适应者，是 Web 时代的新生信息中心。这种新生的信息中心使得知识的获取呈现"去中心化"的特征，这对图书馆由于知识资源聚集而自然形成的中心地位构成了很大的挑战。

五、图书馆服务共享内容

图书馆服务共享对系统的新技术有了更高的要求，以求更加符合"读者至上"的服务原则。图书馆服务共享通常采用 SOA 架构的图书馆服务共享体系，通过相关书库标准和互操作标准，实现成员机构所需业务的互联互通，保障用户在各个成员机构能够享受通行的服务，构建数据交换中心，实现对用户的统一认证和相关成员机构之间的结算，忽略对成员机构内部业务的管理和影响，重视用户的共享需求，开展相关共享服务。

图书馆服务共享背靠图书馆行业的文献资源背景和用户背景，制定图书馆服务标准、元数据标准和相关业务规范，建设读者认证中心和数据交换中心，实现公共数据交换基础上的读者和服务共享。对于各个图书馆的文献服务进行统筹、引导和协调，最大限度地满足读者的各类文献需求。图书馆服务共享可围绕图书馆群和读者群，建设网络知识服务社区，开展在线阅读、参考咨询、知识共享等服务。

（一）传统图书馆服务

1. 馆藏目录

同时获得参与服务共享的多个图书馆馆藏目录，编目人员可用共享出来的书目信息，快速完成编目工作，节约时间精力；读者可查询共享图书馆的馆藏信息，实现网上预约、网上续借、还书日提醒等功能。

2. 馆际互借

用户可以在服务平台内填写并提交馆际互借需求，在统一规划下实现借书证"一卡通"。同时可"网上预约、通借通还、送书到馆、资源共享"的服务模式，使不同地域的用户或在不同图书馆注册的用户，可在整个保障体系中的图书馆就近借阅。

3. 文献传递

通过复印、电传、邮寄等方式实现对纸型文献的介质传递服务，通过E-mail和建立文献传递专用服务器等方式实现数字化资源的网络传递服务。读者通过服务共享平台查询感兴趣的资源文献，并预订传递服务。这些服务都是传统以资源共享为核心的共享体系的基础性工作，在服务共享体系中依然非常重要。

（二）知识社区

图书馆知识社区构建于 Web 技术之上，因为 Web 的思想完全符合图书馆建设读者知识社区的目的，尤其是"以人为本"的思想。但是图书馆毕竟有自己的实际情况，根据读者的需求设计新的服务功能，可以尝试包括以下社区要素：

第六章 现代图书馆服务共享

1.SNS 的基本功能

网络社区基本功能，可以在图书馆的知识社区中进行提供。包括站内短信、好友的搜索与添加、好友空间的互访、好友群的设置与管理、开放获取空间的提供、协同写作、生活服务功能等，甚至是一些小游戏功能，都是吸引读者使用知识社区的要素。

2.与图书馆传统文献服务的联系

既然同样是图书馆管理的一个门户系统，就务必实现读者在图书馆中各项阅读活动的真实反映的诸多功能，包括检索馆藏图书、借阅情况查询、推荐采购图书、图书超期提醒及通知、图书预约和续借、个性化的数字文献资源定制、馆员的在线咨询和服务、读者建议和投诉等。这些功能方便读者利用传统图书馆，提高文献的利用率。

3.RSS 的知识定制与阅读

RSS 是一个非常典型的、适合于图书馆使用的应用。除了图书馆可以提供新书目录、图书馆通知、学科信息等 RSS 的推送服务之外，还可以在门户系统中给读者提供 RSS 定制与阅读的功能，读者通过 RSS 定制各类互联网新闻、博客、产品信息、图书馆书评等，并自行分类整理，形成个性化的网页，所有需要的图书馆信息或者互联网都能够及时更新、查阅，成为图书馆与互联网之间一个很好的纽带。

4.文献资源收藏

图书馆的文献资源可以用浩如烟海来形容，读者重复需要某篇文献时，往往不得不重新进行搜索。因此图书馆的个人书斋必须提供文献资源的收藏功能，读者将需要的、感兴趣的文献资源收藏起来，也可以自行设置分类、标注等，实际上就是个人组织起来的图书线索，以大大方便读者利用图书资源。通过收藏功能，读者可以组建一个属于自己的虚拟的图书馆。目前图书馆已经逐步将数字资源也纳入图书馆检索系统中，这样会使个人门户的收藏功能更具有实用价值。

5.读书笔记（含书评系统）

读书人通常都有一个习惯，就是写读书笔记，有些读者还有专门的读书笔记本，但是纸质图书和计算机之间没有形成关联，所以之前图书馆不能实现这个服务。在拥有个人门户之后，图书馆可以建立一个类似博客记录日志的功能,将读者检索过的、借阅过的图书统一进行罗列,然后由读者自己添加该书的读后感、评论等,图书馆可以委派馆员评分和推荐。这些读书笔记将显示在图书检索系统中(隐私的书评,读者可以设置权限不进行共享),供别的读者检索到这本书后进行参考,以决定是否借阅。同样图书检索系统也可以提供书评功能,阅读过这本图书的读者,就可以直接在检索系统中添加图书评论。读书笔记加上图书评论功能,相当于读者也参与到图书馆的图书推荐中。

6.图书交易

图书馆的门户系统在技术实现上,和商务门户没有太大差别,差别在于内容的实现。既然是图书馆就和"书"有关,个人书斋系统就应该把"书"的文章做足:如果读者不能检索到需要的图书,不能馆际互借到需要的图书,那么图书馆可以通过电子商务的方式,让读者自购急需的图书,这种情况往往发生在两种情况下:所需图书是新书、所需图书一直都处于被其他读者借阅的状态。更进一步地,读者自己手中的图书,如果不需要,也可以通过个人门户系统提供的商务平台,实现二手图书交易。

(三)荐购图书

用户可以向其他用户推荐本馆已有图书,也可以在本馆的电子订单中向采编部推荐采购新书。这是图书馆馆藏资源建设的重要渠道,其方式有多种,往往开发专门的服务平台,将出版社和书商最新的书目信息进行推送,供读者按需推荐,馆员收到推荐信息后,查重后自动生成订单。

(四)参考咨询

目前图书馆通常采用在线回答、留言簿、BBS、电子邮件、电话等多种方式,实现与读者之间的沟通,开展各种类型的参考咨询服务,用户可以在线填写相关的咨询、建议或意见,并能及时得到在线馆员的答复或解决方案。由各馆推荐咨询馆员组成服务共享联盟内联合咨询馆员,通过电话、E-mail,面谈以及在线咨询等形式,为读者提供联合参考咨询服务,并逐渐建立起FAQ专家知识库。还可以进一步尝试在两方面得到提高:其他读者也可以参与咨询工作,读者对于问题的解决能够更加贴近需求;由于图书馆服务联盟的建立,使学科专家参与咨询和图书馆联合咨询成为可能。

（五）科技查新的服务共享

用户在先填写查新委托书，提交相关资料，并可在系统查询委托查新项目的进度。不同的图书馆具有专业各色，其取得查新资质的方向也不同，服务共享后可以充分利用这些特色，开展更深入的服务。

（六）知识共享

1. 文档库

可以分为"我的文档""我的收藏""共享文档""文档上传""我的分类""个人论著"几个部分。用户可以向知识社区上传和共享自己的文档，通过共享服务阅读和下载其他用户的知识文档，也可以通过收藏文档功能将共享文档库中的有用资料建立起快捷访问方式，从而缩短获取知识的时间。在本模块中，用户还可以将自己上传的文献按照自定义标准进行分类，方便用户管理文档。

2. 藏书架

由于大多数图书馆受到经费、场地等限制，不可能将各学科的图书都纳入馆藏计划。在该模块中，用户可以通过上传私人藏书目录并与其他用于共享，从而达到图书交流的作用。

3. 读书笔记

读书笔记是对书评的一种层次上的提升。一般书评以短小精悍为主，而读书笔记更倡导"长篇大论"，用户可以在这个功能的帮助下与整个知识社区的用户分享读书心得与收获，激发灵感。

（七）开放式互动服务

"文献互助""写写文章"（协同写作）和"买书卖书"（图书交换）三部分可以实现图书馆知识社区的开放互动功能。"文献互助"使图书馆文献传递服务在"馆际互借"功能中已得到实现，因此"文献互助"系统主要用于用户之间的知识交换和文献互助，读者可发表一个查找文档的信息，其他读者可以帮忙一起来做这件事，有求助的文献信息的可以直接提供给读者节约读者获取搜索文献信息的时间。这也正是体现了图书馆服务的目标——"节约读者时间"，让读者在最短时间内获得自己想要的知识，也更加完善了知识社区的互动功能。"写写文章"（协同写作）则是基于 SNS 技术中的 Wiki 思想的服务，它为做共同研究的用户集体编辑写作同一文章提供的技术支持。协同写作保留历史编辑记录，可以追溯以前的版本，有利于研究团队的组织与管理，便于分工合作。"买书卖书（图书交换）"是通过用户上传并共享可供交流的私人藏书信息，为用户间交流图书提供的一项服务，该服务也是弥补馆藏有限的一种措施。图书的交换功能则是由用户在系统之外实施完成，充分利用私人藏书开展服务。

（八）人际交流服务

SNS的基本功能是将现实的人际关系虚拟化，并重新构建社会人际关系。在图书馆知识社区中，"相册""迷你博客"和"好友互访"三大功能模块的目的就是帮助用户建立、添加好友，增加交流的机会，从而帮助用户实现虚拟的知识社区人际网络关系的建立。如前所述，社区互访除了提供好友空间及一些借阅信息的查询等，采用SNS技术全面集成社交功能，用户在通过添加好友并快速地访问好友的同时，可以从好友动态中了解到好友最新的动态，如上传了哪些图片、更新了哪些文档，最新添加了哪些好友，最新写了什么迷你博客等，同时用户可以了解最近有哪些读者访问了自己的书斋等。这一技术的集成与应用，大大丰富了用户在知识社区的社交关系网络。用户可以好友为中心把各个单一的读者联系成一个人际关系网，基本每个读者与读者之间都是有联系的，自己可以根据自己的交友原则，迅速快捷地建立起知识社区的社交网络。

（九）联合开展阅读推广和其他主题活动

各成员馆可以联合开展主题书展、书评、新书通报、阅读辅导等读者阅读主题活动，开展学者讲座、文献利用培训、影视评介、书画展览等文化主题活动，持有服务共享"借阅证"的读者可免费参与。

第二节 可供借鉴的服务共享体系

一、中国银联的共享模式

（一）中国银联概况

目前中国银联已经成为不仅服务于中国，而且服务于越来越多国家和地区，拥有多家境内外成员机构的银行卡组织，并延伸到亚太、欧美、非洲、澳洲等多个国家和地区，银联自主品牌成为国内普遍认可、国际具有影响的银行卡品牌。

中国银联通过银联跨行交易清算系统，实现商业银行系统间的互联互通和资源共享，保证银行卡跨行、跨地区和跨境的使用。中国银联已与境内外数百家机构展开广泛合作，银联网络遍布中国城乡，并已延伸至亚洲、欧洲、美洲、大洋洲、非洲等境外多个国家和地区。中国银联大力推进各类基于银行卡的综合支付服务。持卡人不仅可以在 ATM 自动取款机、商户 POS 刷卡终端等使用银行卡，还可以通过互联网、手机、固定电话、自助终端、智能电视终端等各类新兴渠道实现公用事业缴费、机票和酒店预订、信用卡还款、自助转账等多种支付。围绕着满足多元化用卡需求，在中国银联和商业银行等相关机构的共同努力下，一个范围更广、领域更多、渠道更丰富的银行卡受理环境正在逐步形成。

（二）性质与职责

中国银联处于银行卡产业的核心和枢纽地位，是实现银行卡系统互联互通的关键所在。依托中国银联跨行交易清算系统，中国银联制定和推广银联跨行交易清算系统入网标准，统一银行卡跨行技术标准和业务规范，形成银行卡产业的资源共享和自律机制，从而对银行卡产业的发展起到引导、协调、推动和促进作用。

中国银联的主要职责是负责建设和运营银联跨行交易清算系统这一基础设施，推广统一的银行卡标准规范，为商业银行、特约商户、持卡人提供跨行信息交换、清算数据处理、风险防范等银行卡基础服务，推动银行卡产业集约化、规模化发展，同时联合商业银行，创建银行卡的自主品牌。

（三）银联的服务

1. 基础服务

包括建设和运营银行卡跨行交易清算系统这一基础设施，推广统一的银行卡标准规范，提供高效的跨行信息交换、清算数据处理、风险防范等基础服务。

2. 银行服务

为各大商业银行提供集清算数据处理、技术支持、风险控制、数据分析、产品创新的综合服务方案。通过银行卡跨行交易清算系统，为国内商业银行提供跨行、跨地区、跨境的银行卡转接服务。

3. 商户服务

为商户提供多种多样的支付解决方案，帮助商户解决支付应用方面的实际问题，实现商业运行的高效和便捷。

4. 持卡人服务

建立形式多样的持卡人服务平台，满足持卡人多样化的增值服务需求。

（四）银联的管理与服务体系

中国银联采用公司化运作，以推动银行卡专业化服务体系的可持续性发展。具体包括以下商业公司：

1. 银联商务有限公司

从事银行卡受理市场专业化服务的全国性集团公司，为发卡机构、特约商户和广大持卡人提供银行卡收单专业化服务。

2. 银联数据服务有限公司

为金融机构提供银行卡数据处理服务的专业化公司，集成和提供各类银行卡业务所需的解决方案、服务平台和网络基础设施。

3. 银联电子支付有限公司

银联电子支付有限公司是银行卡增值业务应用的专业支付公司，拥有面向全国的统一支付网关，从事以互联网等新兴渠道为基础的网上支付、网上跨行转账、网上基金交易、自助终端支付等银行卡网上支付及增值业务。

4. 银行卡检测中心

银行卡检测中心是银行卡产品及其受理终端机具的检测机构，拥有国家级检测中心资质以及符合国际标准的EMV检测实验室，对各种银行卡和机具进行技术质量检测。

5. 中金金融认证中心

由中国人民银行和国家信息安全管理部门批准成立的互联网第三方安全认证机构，通过发放数字证书为网上银行、电子商务、电子政务提供安全认证服务。

这些商业公司通力合作，在共同的目标下密切联系，合作共享，推动了中国银联这些年的快速扩充和发展。

二、航空联盟

随着世界航空运输业的迅猛发展，特别是国际航运服务领域的拓宽，

第六章 现代图书馆服务共享

一些航空公司开始在业务服务、信息交流等方面加强合作，组成航空联盟。航空联盟是指数家航空公司为了实现网络互联、枢纽互通、客源互补、常客互助，达到扩大市场份额、巩固常客客源、增加收入的目的，在双方利益一致的基础上，选择在地区市场处于领导地位的盈利航空公司，共同协商，相互间建立战略合作伙伴关系，发挥协同效应。目前较为成功的航盟有：天合联盟、星空联盟、寰宇一家等。

（一）航空联盟的服务共享体系

我们以星空联盟为例，了解航空联盟的具体服务共享体系。

星空联盟（Star Alliance）成立于1997年，总部位于德国法兰克福，是世界上第一家全球性航空公司联盟。星空联盟英语名称和标志代表了最初成立时的五个成员：北欧航空（Scandinavian Airlines）、泰国国际航空（Thai Airways International）、加拿大航空（Air Canada）、汉莎航空（Lufthansa）以及美国联合航空（United Airlines）。联盟的主要合作内容是将航线网络、贵宾候机室、值机服务、票务及其他服务融为一体，无论客户位于世界何处，都可以提高其旅游体验。目前拥有28家正式成员，航线涵盖了192个国家以及1330个机场，包括中国国航等国内航空公司。

通过星空联盟成员的共同协调与安排，将提供旅客更多的班机选择、更理想的接转机时间、更简单化的订票手续及更妥善的地勤服务，符合资格的旅客可享用全球机场贵宾室及相互通用。

会员搭乘任一星空联盟成员的航班，皆可将累计里程数转换至任一成员航空的里程酬宾计划的账户内，进而成为该计划的尊贵级会员，金钻级会员可享受订位及机场后补机位优先确认权，优先办理机场报到、登机、通关及行李托运等手续，不仅如此，任一星空联盟的乘客只要是持全额、无限制条件的机票，如果在机场临时更改航班，不需要至原开票航空公司要求背书，便可直接改搭联盟其他成员的航班。另外，星空联盟设计了以飞行里程数为计算基础的"星空联盟环球票"，票价经济实惠再加上联盟的密集航线网，提供旅客轻松实现环游的旅程。

星空联盟主要的合作方式包括扩大代码共享规模，常旅客计划的点数分享，航线分布网的串连与飞行时间表的协调，在各地机场的服务柜台与贵宾室共享与共同执行形象提升活动。相对于航空公司之间的复杂合作方式，对于一般的搭机旅客来说，要使用星空联盟的服务则比较简单，只需申办成员航空公司提供的独立常旅客计划中的任何一个（重复申办不同公司的 FFP 并没有累加作用），就可以将搭乘不同航空公司班机的里程累积在同一个 FFP 里。除此之外，原本是跨公司的转机延远航段也被视为同一家公司内部航线的衔接，因此在票价上有机会享有更多优惠。

星空联盟优惠包括常旅客计划、星空联盟金卡/银卡等级、贵宾休息室、获得里程数/积分、星空联盟奖励、星空联盟升级奖励、转机、同一屋檐计划（成员航空公司在同一航站楼运营）。星空联盟产品和服务还包括特惠套票和航空通票。星空联盟还尽心尽力提供旅客于购票、机场报到及登机时更多的便利，可减少成本，提高效率，以合作代替竞争。

星空联盟的乘客权益包括享受到超值通票和特惠机票，如环球票、环亚洲通票；享受通程登机一站式服务；航班不正常时，乘客可以享受最快时间的签转；乘客的行李发生错运、漏运后，可在第一时间找回；乘客搭乘联盟内任何一家航空公司的航班，都可积攒和兑换里程积分。星空联盟金卡会员享有优先办理登机手续权（享用专门的值机柜台办理登记手续）、优先机场候补权（如在到达机场前未做预订，可优先候补座位）、优先候补权（在航班预订已满时，享受优先候补座位权）、优先提取行李（可在联盟内优先提取行李）、增加托运行李额度（金卡会员可额外免费享受一件行李的托运）、航班时刻协调（星空联盟各成员航空公司通过协调航班进出港时间，降低旅客候机时间）、享受全球机场贵宾休息室等。

（二）航空联盟的主要价值体现

目前航空联盟的利益主要体现在商务方面，其价值体现在以下几个方面：

第一，优化枢纽网络结构，扩大网络覆盖能力，扩大旅客选择机会，创造更多收入，因为成员公司的网络可以互相支持，提供以远点客源，做强做大本地市场。

第二，实现与其他成员航空公司渠道共享，拓宽销售渠道，特别是国际销售渠道，能够以较低成本渗透到新的市场，进行产品整合，优化产品结构，丰富产品种类，推出更加完善、更有吸引力的常客产品。

第三，提升服务水平，改善服务质量。

第四，借助联盟，提高在陌生市场上的品牌认知度。

第五，通过航空联盟成员之间更加紧密的联营合作，实现风险共担，提高抗风险的能力。

第六，提升核心竞争力，提高应对低成本航空公司的能力。

（三）航空理解的主要服务共享领域

常规合作：比例分摊、包舱包位、代码共享、渠道整合、航班整合。

加深合作：销售网络、信息管理系统、常客、服务整合。

深度合作：共同市场促销、共同产品设计、共同品牌推广等深度合作领域。

信息共享：创建信息共享平台。包括服务注册管理、业务流程管理、监控管理等功能，通过上述功能接入航班信息发布平台、短信平台、市场销售分析等系统，并将这些系统中可复用的功能发布成统一航班动态查询、短信发送、客户主数据等共享服务，信息共享平台上线运行不仅在IT资产值上得到极大提升，而且打破了各自信息之间的壁垒，促进了联盟内各航空公司之间在广度和深度上的合作。

三、连锁酒店

连锁酒店也是服务行业重要和典型的服务共享体系，已经成为酒店行业的主流服务形态。

（一）连锁酒店的经营模式

1. 直营店模式

经济型连锁酒店在进入一个区域时，往往采用标准连锁的直营店模式来塑造自己的形象，如锦江之星、如家快捷等经济型连锁酒店，最开始时均以直营店模式拓展市场，直营店模式最开始的投入较大，但却有利于统一的管理，服务质量高，还可以积累稳定的资产，有利于酒店企业的形象塑造和为扩充加盟做示范。

2. 特许经营模式

特许经营是指特许权拥有者授予特许权经营者一种获得许可的特权以从事经营的行为。经济型连锁酒店的规模扩张需要走低成本战略，特许经营模式对于酒店总部而言，只需将规范化的管理方式、经营技术及经营理念通过受让或转让给加盟者，就可以实现规模扩张。而对于加盟者而言，也只需支付一定的加盟费用，接受培训后就可直接套用酒店成功的经验、技术和无形资产，降低投资风险。目前国内运作成熟的连锁酒店，特别是经济型酒店已经逐渐向特许经营模式转化。

3. 战略联盟模式

连锁酒店要改变规模小、市场竞争力不强的现状，需要集合两个或两个以上的酒店资源和优势，形成战略联盟经营模式。建立连锁酒店战略联盟更有助于了解市场形势、风险共担、资金、技术共享，有利于形成规模经济，降低运营成本。

4. 兼并收购模式

兼并收购模式是另一种酒店连锁经营模式，可以促进酒店发展，扩大经营规模，有效降低进入壁垒，并获得原有酒店企业的生产能力和各种资产、企业经验及市场份额。兼并收购模式主要适用于发展成熟、规模较大的连锁酒店，目前国内并不常见，如家快捷这样的品牌连锁酒店曾采用过这种经营和发展模式。

（二）连锁酒店的优势

1. 品牌效应

连锁酒店往往是在品牌酒店发展到一定的规模，具有相当的市场份额后，逐渐在全国各大城市开设分店而形成的。连锁酒店能够借助品牌的影响力与经验，降低投资和经营的风险，从而克服单体酒店单打独斗的经营弊端，既有利于降低风险，也有利于扩大品牌知名度。

2. 统一经营，降低成本

连锁酒店采取统一的采购系统、订房系统、批量采购，可以降低酒店的固定成本投入，具有一定的规模优势和资金优势，能够更好地控制成本，实现竞争优势，达到利润最大化目标。

3. 管理水平高

连锁酒店品牌具有专业的管理和经营团队，能够为加盟后的单体酒店营运打造坚实的运作保障，另外通过连锁酒店建设信息、资源共享系统，各分营店之间可以共享客房数据库和客户信息档案，通过分析客户信息资源，全方位、多角度地了解客户需求，可以有效地稳定客源，提升酒店形象。

四、可供借鉴的图书馆服务共享经验

图书馆从诞生到现在，以服务社会阅读为天职，担负着保存历史记忆、传承社会文明的艰巨任务，服务对象自始至终都是社会大众。"同一个世界，同一个图书馆"，全世界图书馆联合起来，共同服务于人类大众。现代图书馆的管理和服务应向银行、航空、餐饮、宾馆、零售等传统服务行业学习并理解服务的真正内涵，构建起基于读者的知识服务联盟，以替代原来的以文献资源共享为核心的共享，也就是从文献资源共享发展为文献服务共享。图书馆的文献资源是有限的，文献服务却是无限的。

（一）图书馆服务共享联盟的理念

通过上述对于中国银联、航空和酒店联盟的阐述，图书馆可向传统服务行业的服务共享借鉴先进的理念，采用如下新思路：

第一，忽略对于成员机构内部业务的管理和影响，重视用户的共享需求，开展相关服务。

第二，通过相关数据标准和通用卡片介质，实现成员机构的所需业务的互联互通，保证用户在各个成员机构能够享受通行的服务。

第三，构建标准的管理和服务规范与流程，以保证联盟内各成员单位的服务质量控制。

第四，构建数据交换中心，实现对于用户的统一认证，和相关的成员机构之间的结算。

第五，商务化运作以保持可持续性发展。

笔者认为，图书馆共享体系的建设是分阶段发展的。如果说第一阶段是以文献资源共享为核心，那么随着共享文献目录、文献资源的建设达到一定规模，重点面向读者的共享服务就成为共享体系发展的第二阶段核心。借鉴各个服务行业的经验和解决方案，我们倡导在图书馆行业也构建类似的管理与服务联合体，如可以命名为"中国图联"。在图书馆以用户为核心的指导思想下，重点解决如何让读者享受联合体的成员馆提供的各种各样的文献服务。

中国图联可以是中国图书馆行业的文献服务共享联盟，依靠图书馆行业的文献资源背景和用户背景，制定图书馆服务标准、元数据标准和相关业务规范，建设全国读者认证中心和数据交换中心，实现公共数据交换基础上的读者和服务共享。对各个图书馆的文献服务进行统筹、引导和协调，最大限度地满足读者的各类文献需求。围绕图书馆群和读者群，建设网络知识服务社区，开展在线阅读、参考咨询、知识共享等服务，以此构建数字图书馆联合体，共同为读者服务。

（二）图书馆共享服务联盟的原则

图书馆的服务联盟应坚持"平等、统一、共享、参与"四原则。

1. 平等原则

包括读者平等和图书馆平等。读者平等是指图书馆的读者，不论职别，尽量平等，对待其他图书馆的读者与对待本馆读者一样。图书馆平等是指图书馆不论大小，在统一的服务公约基础上，一律平等。

2. 统一原则

成员馆在服务规范方面，如办证的方法和流程、读者借阅流程、借书册数、借书时长、超期违约金、赔书标准、开放时间的约定等方面尽可能统一，相关的业务流程也应尽可能统一。为了实现高效的数据交换，现代化管理系统应尽可能实现统一。

3. 共享原则

倡导图书馆在知识产权允许的情况下，开展文献共享；构建读者社交网络，倡导读者共享自己的资源。

4. 参与原则

坚持以读者为核心的图书馆发展思路，图书馆积极参与联盟的文献服务和资源建设等工作，读者可以参与图书馆的资源建设、网络文献服务、参考咨询等工作。

（三）图书馆服务共享联盟的运行管理与服务原则

这样的共享联盟体制必须采用公司化运作的模式。除日常运行管理必要的管理委员会、专家委员会等常设机构外，应成立整个运行体系建设和发展必要的第三方运营服务公司。主要职能包括：一是向各个图书馆推销图书馆服务联盟的理念，为加入的图书馆提供现代化管理系统软件，在收取年软件服务费的前提下，提供售后支持与服务；二是给各个图书馆的读者发放可以实现馆际互借的类似银行的银联卡的"图联卡"，并给图书馆联盟提供馆际互借的物流支持；三是在各个图书馆管理系统的基础上，构建统一的用户认证中心和数据交换中心，共享读者、书目信息等，并在此基础上构建、运营、发展全新的网络知识服务社区。

笔者认为，服务共享联盟只有坚持以下三项服务原则，方能够对读者产生足够的吸引力，这也是现代社会对图书馆发展的要求。

1. 终身服务

知识社会的几何级数的发展速度要求人类必须不断更新自己的知识，学校教育已经不能满足社会的需要，教育需要发展成为一个持续不断的进程，贯穿于人的一生。图书馆也将成为终身教育的重要组成部分，是终身学习的重要场所。信息化为读者的终身服务奠定了基础，使得终身服务这个理想变得不那么空洞，特别是以用户为核心的现在，图书馆必须为读者提供终身服务，这将成为图书馆服务联盟最吸引人的优势。

2. 广泛的社会服务

主要是针对图书馆。根据教育部新发布的《普通高等学校图书馆规程》，有条件的图书馆要向社会开放，发挥地区文献中心的作用，支持地方建设。已经有一些高校，如厦门大学图书馆率先这么做了，但是没有形成普遍性。向社会开放，应该是图书馆服务联盟对以读者为核心理念的阐释，尤其在图书馆，毕业的学生从性质上讲就是社会读者，如果不向社会服务，也就无法实现终身服务的承诺。终身服务和为社会服务是密不可分的。

3. 非营利的收费服务

在市场经济条件下，知识消费的观点已经深入人心，收取合理的信息服务费用，不存在什么法律和社会舆论的障碍，关键是哪些收费、哪些免费需要界定。实现非营利的收费，以提高服务共享联盟的服务水平，是相关收费服务的基本原则。如成员图书馆向第三方运营公司支付一定的经过核算的成本费用。

（四）图书馆服务共享联盟的可持续性发展

构建一个庞大的共享体系，且涉及的用户、参与的机构众多，其可持续性将是重点研究的内容。笔者认为，服务共享联盟可以因为以下三点，保持其可持续性：

1. 社会发展对于图书馆的必然要求

知识经济时代的来临，信息社会的高速发展，对图书馆的要求越来越高。图书馆要满足社会发展的需要，以原来基本上还是单打独斗的姿态，是远远不够的，势必形成合力来满足这个需求。这样做了也可以较容易地获得国家财政、社会舆论的支持。

2. 稳定的用户群

图书馆自身的共享需求，以及读者的知识需求，使得一个依靠整个行业的共享服务计划得以保障，如大学图书馆每年自动会增加新用户，而原有的用户则因为实施终身服务没有流失，使得计划的可持续性发展得到保证。

3. 非营利性收费，保证图书馆服务共享联盟的基本运行

为了保证共享联盟的正常运行，非营利性收费是必要的，可以尝试通过对社会读者服务、文献传递、网络广告、网络知识社区的电子商务、情报服务等方面获得非营利性收入。

这样一个拥有如此庞大、优质用户群的服务联盟体系的营利能力，应对其发展持乐观的态度。当然这样庞大的共享体系计划，将会出现建设和发展中的诸多问题，单靠任何一个图书馆是不可能得到解决的，不排除纯商业化运作出现的可能性，毕竟这里有上千万的用户群体，而且是中国素质质量高的一个用户群体。在更加遥远的图书馆理想中，如果构建成功这样的图联体系，形成全新的知识服务产业，那么以"知识搜索与服务"的概念，才有可能逐步在与百度、谷歌、雅虎等的"信息搜索"的竞争中占有一席之地。

第三节 从资源共享到服务共享

一、资源共享是服务共享的物质基础

文献资源共享是目前图书馆行业广泛实践着的共享模式，其基础是图书馆联合书目，以实现"共知"，在此基础上实现文献的馆际互借等，也就是"共享"。我国信息资源共享体系的发展已经较为成熟，颇具规模。随着现代化技术的发展，图书馆的基础设施和设备也在不断改进，如高性能服务器、计算机、海量磁盘阵列等，全国纷纷建设了各类的资源共享平台，如吉林省高等教育优质教育教学资源共享服务平台、北京高校网络图书馆、天津市高校数字化图书馆等，实现了联合书目、数字资源检索下载、文献传递、馆际互借、参考咨询等服务，为服务共享的实践打好了坚实的基础，为我国图书馆信息资源的网络合作与资源共享提供了依据。此外，随着网络技术等一系列技术的引入研究，资源共享也变得越发成熟。资源共享在资源、设备、

人才、技术等方面为服务共享打下了基础，也在制度、法规、标准、模式等方面为服务共享探明了道路。

二、服务共享是资源共享的未来发展趋向

（一）图书馆服务革新的需要

随着数字图书馆的发展，原有的建设和发展模式显然不能满足时代的需求，Google等逐渐渗入图书馆的文献服务领域，在诸多方面使图书馆行业陷入尴尬的处境。图书馆正逐渐认识到整个行业需要真正的革新，图书馆2.0的理念应运而生。如果说图书馆1.0是文献的时代，那么图书馆2.0就是读者的时代，这与知识经济时代一样，谁拥有用户谁就拥有了全部，这是现代图书馆的核心价值观，图书馆应超越文献资源的关注点，而更加以读者的诉求为核心，因为："资源有限、服务无限！存取有限、获取无限！"各个图书馆构建基于读者的服务共享体系，替代原来的基于文献的资源共享，是图书馆事业取得发展的必由之路。

（二）资源共享的目标所决定

20世纪70年代，美国图书馆学家肯特提出了"资源共享"的两个目标：一是在获得更多的资料和服务方面，对图书馆用户产生积极的效果；二是在用更少的花费提供同等水平的服务，用同等的花费提供更多的服务，或者用比过去更少的花费提供比现在更多的服务方面，对图书馆预算产生积极的效果。这两点分别强调了"服务"的多、好、优。显而易见，"资源共享"目标与服务不可分割。"资源共享"的发展始终是以"分享资源，提供更好服务"为其宗旨。如果说，20世纪的"资源共享"是文献、信息资源的共享，限于图书馆之间纸本文献的互惠互借、协调采购等；那21世纪的"资源共享"则是打破地域限制、超越时空约束，追求"泛在化"的资源大共享，注重用户的资源获取与利用，侧重于服务的共享。

（三）SOA技术支撑

数字时代，图书馆的核心竞争力已转移到文献信息资源服务与共享方面。在信息技术领域，面向服务的SOA体系结构（ServiceOriented Architecture）将应用程序的不同服务，通过这些服务之间定义好的接口和契约联系起来，而构成以用户需求为核心的服务体系。从通俗的概念层面上说，SOA技术最终使得系统中不同的服务变得"伸手可触"，这为图书馆

为用户提供高效、快速、便捷的服务共享提供了强有力的支撑。

三、管理信息系统开始向服务型平台转型

图书馆服务的支撑是信息化建设，尤其是在当前互联网时代，这几年来，随着对服务的日益重视，图书馆信息化平台也开始发生转型，这为实现服务共享体系的平台建设奠定了基础。

图书馆是最早推进信息化的行业之一，随着文献资源数字化的逐步完善，开始在互联网和移动互联网的背景下探索文献服务升级和转型，这也就促使了图书馆管理信息系统必须由以"书"为核心的管理体系，转变为以"人"为核心的服务体系。与此同时，大数据、可穿戴移动设备、云计算、关联数据等新技术日益成熟和被读者接受，推动着图书馆的转型和对传统服务的颠覆，读者对图书馆的管理与服务要求不断提高，如数据分析、知识管理和流动、社交功能等，这也促使支撑管理和服务体系的图书馆管理信息系统必须尽快开展升级改造行动。

（一）图书馆管理信息系统的发展趋势

对于图书馆系统的发展趋势，有学者认为情景感知是下一代数字图书馆的核心概念，并从基于情景感知的数字图书馆系统构架分为情景信息层、情景感知环境层及情景感知服务层。从技术层面讲，下一代图书馆理应更好地适应图书馆的复合型资源发展和服务进程。国外对下一代图书馆自动化系统进行了开发应用，但其同样面临着图书馆多变的服务需求，以及安全性、兼容性、标准化等技术方面的挑战。

（二）新形势下图书馆管理系统存在的主要问题

1. 顶层设计与规划不充分

从国内图书馆行业的实践来看，对于图书馆管理系统的顶层设计与规划还不够充分。以大学图书馆为例，其在学校信息化的角色仍处于文献支撑的范畴，普遍游离于大学教学、科研的核心流程之外，也就很难纳入大学流程再造计划中。其一，图书馆没能有效纳入大学的学术评价体系中，对科研过程和科研管理缺乏直接的文献数据支持；其二，作为知识仓库的图书馆，未能有效地将文献服务和数据推送到人才培养的过程中；其三，面对层出不穷的新技术，如何纳入管理和服务体系中，缺乏有效的研发和推广机制。

2. 下一代管理系统的标准化体系不够完善

从图书馆自身信息化建设来看，存在缺乏业务流程的互操作标准体系、对图书馆的服务整合不够等问题，如果开展下一代管理信息系统建设，需完善相关的标准化体系。

3. 信息化的深度和广度不够

在深度方面，图书馆管理系统还没有形成基于数据分析的业务管理和文献服务机制，决策系统的使用较少。在广度方面，下一代管理系统应实现整合的全面信息管理，但目前还有很多业务没有通过信息化进行管理控制，主要是非读者服务部门的业务。

（三）下一代图书馆管理系统的基本特征

平台化转型是下一代图书馆的发展趋势，其基本特征主要体现在以下三个关键词中：

1. 平台化

系统架构是实现各种管理和服务的前提，下一代图书馆应紧密围绕"资源"和"服务"两个核心的整合进行平台化架构。资源平台和服务平台需要同时构建在移动互联网和互联网这两大基础平台上，广泛采用新技术满足和推动图书馆的资源建设与服务。例如，利用感知技术更好地了解学术研究的需求，主动推送必要的学术信息；利用互联技术，将孤立的信息孤岛联结起来，拓宽学术研究的信息覆盖度；利用智能技术，对互联技术下的大数据进行分析、处理、建模、预测，为学术研究指明方向，并验证结果。

2. 整合

服务是图书馆的核心，资源是图书馆的基础。不论传统的图书馆服务和纸本文献资源，还是基于移动网络的图书馆新服务和数字化资源，这些都是下一代图书馆共同的核心与基础。将服务与资源高度整合，方可消除读者利用障碍。整合馆内外的各种资源，方可将图书馆变为知识信息的集散地。下一代图书馆的资源管理和服务管理在实际工作中是相辅相成、互相制约、不可分离的，它们的不断变化和发展推动了图书馆的发展。

3. 新技术

技术始终体现了它在图书馆发展历史中的重要性和基础性地位，下一代图书馆需要也必须采用更多的新技术对其服务和资源进行支持，除了提高工作效率和能力，也能促使读者更加关注图书馆服务，包括手机短信、邮件、微博、微信、社交网络、游戏式学习、3D打印机、体感技术、二维码、信息交互终端、微电影、慕课等。在图书馆自身的服务中，合理的流程设计、决策分析、数据挖掘、知识发现等也需要新技术作为技术保障，可以说新技术是实现图书馆系统向平台化转型的根本保障。

（四）实证：重庆大学下一代图书馆管理系统的实践

下一代图书馆管理系统是图书馆建设和发展的基础，在信息时代，一个图书馆的服务理念、管理和服务水平都能体现在图书馆系统建设中。

1. 软件体系系统架构的规划

软件体系系统架构采用四层架构，分别为用户层、服务与管理层、资源层、评价与分析层（数据服务层）。用户层是用户和服务与管理层的应用接口，是下一代图书馆管理系统的系统入口。服务与管理层是用户层和数据层之间连接的桥梁，也是下一代图书馆管理系统的重要组成。资源层是下一代图书馆管理系统的文献数据仓库，为图书馆的资源服务提供了基础保障。评价与分析层是下一代图书馆管理系统的智能头脑，利用数据服务的理论和经验，帮助实现图书馆的智能决策。

（1）用户层

主要包括统一身份认证和用户管理系统，方便读者进入图书馆各个系统，免去多次登录的麻烦。将提供开放的统一认证模块，实现异构系统与平台的用户单点登录、统一安全控制与审计等功能，是实现业务整合、统一管理的关键。

（2）服务与管理层

服务与管理层实现图书馆的全面管理，致力于将图书馆的各类管理工作全面信息化，除了纸质图书的流转，还应包括图书馆管理的方方面面，如人力资源、资产与设备、文献服务等，并有合理的业务流程。同时为读者搭建知识社区，实现读者与图书馆的交互，读者之间的交互，提供各种相关应用系统，搭建完整的文献服务网络化平台，包括馆藏导读系统、公共门户系统、总服务台、我的书斋（SNS读者社区）、用户信息推送系统、电子资源管理系统、校友云服务中心等应用系统。

（3）资源层

资源层是图书馆的文献资源中心，致力于整合图书馆的全部文献资源，包括新一代OPAC、数字资源和自建资源等。OPAC系统将升级为传统文献和数字化文献资源整合的搜索服务，并整合各类图书馆服务的全新搜索系统。具体包括知识发现系统、文献资源管理平台、机构知识库、重大影像和随书光盘五大系统平台。

（4）评价与分析层（数据服务层）

评价与分析层主要实现数据的挖掘与分析，主要包括决策系统、馆藏评价系统、科研评价与分析系统、计量分析系统和读者行为分析系统。数据服务有对外（读者）与对内（馆员）两个方向，有信息数据与业务数据两个维度，信息数据的对外是关联数据服务、读者信息行为分析等，如借阅账单、毕业季信息汇集等；对内是业务数据为核心，在数据仓库的基础上构建各种分析模型，评价图书馆的馆藏体系，分析读者的用户行为，支撑图书馆的服务决策和运行管理。

2. 移动互联网平台和PC平台

作为下一代图书馆管理系统的重要升级，就是不仅要支持PC终端访问，同时要很好地支持移动终端的访问，因此除了进一步完善PC平台的门户，将重点搭建移动互联网的服务平台，如APP平台、微信平台、响应式门户网站平台等。

3. 标准化的系统接口池

作为一个开放的平台化系统，会有大量与其他应用系统之间的数据交换需求，为进一步规范接口的使用，提高数据交换效率，提出构建标准的接口池，使需要接入图书馆认证系统的、集成图书馆数据的外部系统，通过标准的、统一的、通用的接口获取数据，解决接口众多、功能重复、难以监控和管理的问题。前提是梳理图书馆现有的系统接口，整理最常用的接口列表，重新规划这些接口的类型、参数和返回值，关闭功能重复的接口，开发标准的、统一的、通用的接口，并提供完整的接口调用说明文档。

4. 重点发展的业务管理系统

为实现服务"平台化"的建设需求，系统将重点建设一些新业务系统，如构建虚拟化的一站式服务平台，为读者提供网络环境下的一站式服务办理；用户信息推送系统将利用数据分析，智能地提供包括邮件、短信和站内信三种方式的信息推送功能，变被动服务为主动服务；决策系统将通过对图书馆运行的相关数据进行有效分析，根据提取出的数据特征对运行情况进行有效地监控，细致地把握图书馆的应用需求，为管理决策提供有效支持；馆藏评价系统是对文献采集和入藏情况、馆藏满足读者需求情况及馆藏物理状态等进行调查研究并做出评价的过程，同时利用读者行为分析为读者提供个性化服务。

（五）问题与展望

1.快速更迭的新技术与图书馆服务推广的矛盾

随着信息技术的爆炸式发展，新技术不断涌现，而图书馆的服务一般具有延展性、继承性和稳定性。技术的快速更迭和采用，对图书馆服务推广存在着冲击，使图书馆的服务在不断面临新技术带来革新的同时，因为馆员素质、硬件结果、读者接受程度等使其服务推广受到制约。

2.如何通过技术手段推动读者阅读

全民阅读是当前文化建设的重要举措，只有让阅读变得触手可及，才能更好地创造全民阅读的氛围和环境。下一代图书馆如何利用新技术，将阅读推送到读者面前，最大限度地降低读者的阅读障碍，是图书馆转型过程中需要思考和解决的问题。

综上所述，通过下一代图书馆管理系统的平台化研究和建设，可以有效提升图书馆流程化管理和精细化管理水平，通过文献搜索或知识发现系统整合传统文献资源和数字资源，通过全面信息化系统拓展管理和服务能力，采用数据服务的方式实现各系统的智能化、个性化，将极大地方便读者，在提升图书馆系统开放性的同时，为图书馆服务共享搭建坚实的技术基础平台，也就有效提高了图书馆的服务水平和社会影响力。

第七章 现代图书馆服务质量评价

第一节 图书馆服务质量评价概念及内涵

服务是图书馆的永恒主题，不断提高图书馆的服务质量，是图书馆生存与发展的前提和基础。随着图书馆评价理论与实践的不断发展，图书馆学术界又逐渐认识到，评价的目的是更好地为用户服务，必须把焦点放在对服务质量的评价上，且这种评价应该以事实和数据为依据，从自我感知的衡量转变到用户感知的衡量。

一、质量管理的意义

随着全球经济一体化的发展与科技进步，国内外市场竞争日趋激烈，竞争焦点反映在质量、成本及价格等问题上。需求的个性化使顾客对产品质量的要求越来越高，任何组织要想在竞争中求得生存与发展，必须持续不断地提高质量、降低成本与提高效率。因此，如何利用质量管理方法与技术设计制造出高质量、低成本产品，并注重提高服务质量与水平，由此获得竞争优势，成为国内外质量管理研究者极为关注的问题。

二、服务质量的特点及影响因素

（一）服务质量的特点

服务质量与有形产品的质量不同，有形产品的质量通常可以根据耐久性、风格、颜色、标签、包装等指标进行客观评价，而服务质量却是抽象和难以测定的。相对于有形产品，服务质量的特点为：相比有形商品质量，服务质量更难评价；服务质量感知的结果来自消费者的期望与实际服务绩效的比较；服务质量评价并不完全取决于服务的结果，还包括对服务提供过程的评价。

（二）影响服务质量的因素

服务质量的高低主要取决于三个因素：一是提供服务的技术质量，即为有效开展服务所依据的物质技术水平；二是功能质量，即服务所应达到的预期目标水平；三是用户在需求满足过程中，期望的服务与感知的服务的匹配程度。

三、图书馆服务质量及评价的相关概念

（一）服务质量的内涵

人们对服务质量问题的关注开始于 20 世纪 80 年代。芬兰市场学家格鲁诺斯认为服务质量建立在顾客对服务的需求与期望基础之上，是顾客所期望的服务与实际感受到的服务相比较的结果。美国服务质量管理专家帕拉苏拉曼等人对服务质量做了深入的研究，他们认为，对顾客来说，服务质量比产品质量更难评价。因为对顾客来说，他们不只对服务本身进行衡量，同时会对服务的结果和服务提供的整个过程进行衡量。按照国际标准化组织的定义，所谓服务质量，是指服务能够满足规定和潜在需求的特征与特性的总和，是服务工作能够满足被服务者需求的程度。服务质量与有形产品质量的内涵有所不同，服务质量是服务本身的特性与特征的总和，是对消费者感知的反映。服务质量由服务的技术、职能、形象等质量及真实瞬间构成，同时通过感知质量与预期质量的差距来体现。

（二）图书馆服务质量与评价

基于国际标准化组织关于服务质量的定义，可以这样定义图书馆的服务质量：图书馆的服务质量是反映图书馆服务满足读者现实或潜在需求能力的特征与特性的总和。图书馆服务质量评价是以图书馆服务质量为评价内容，采用科学的评价标准和方法对图书馆用户服务过程及服务效果进行评判和价值测评的过程。图书馆服务质量评价包含两个层次：一是对服务过程的评价，即对图书馆的服务内容、服务模式和服务技术等维度的评价；二是对服务价值的评价，即对图书馆服务给用户带来的影响和价值进行的评价。

传统的图书馆服务质量评价大多是围绕图书馆的馆藏资源、馆舍面积

和经费投入等办馆条件进行的评价。20世纪90年代以来，随着服务营销理论研究的发展及其在图书馆的应用，以用户为中心的图书馆服务质量评价日益受到图书馆界的重视，传统的图书馆质量评价模式被新的模式取代。

第二节 图书馆服务质量评价的理论基础

随着全面质量管理理论的发展与应用，格鲁诺斯和帕拉苏拉曼等人提出的服务市场营销学，为国际图书馆界的服务质量评价提供了理论依据。

一、可感知的服务质量概念

服务质量主要取决于顾客的感知，是顾客的服务期望与其所接受的服务经历比较的结果。格鲁诺斯将感知服务质量定义为顾客期望的服务质量与顾客实际接受的服务质量之间的差异。服务质量指的是服务实绩是否与顾客的期望相符合，服务质量需要从有形性、可靠性、响应性、保证性、移情性五个方面来定义，这五个方面共同构成了评价服务质量的五要素。

二、服务质量评价的SERVQUAL模型

总体可感知质量取决于期望质量（预期质量）和实际质量之间的差距。在对服务质量进行评价过程中，顾客从服务质量要素的五个方面，将预期的服务和接受到的服务进行比较之后形成了自己对服务质量的判断，期望与感知之间的差距是对服务质量的测度。

顾客对服务质量的满意是所接受的服务感知与对服务的期望进行比较的结果。当用户的服务感知超出期望时，顾客就会感到满意；当提供的服务没有达到顾客的期望时，顾客就会不满意；当顾客的服务期望和服务感知相一致时，其服务质量就达到了顾客的满意程度。顾客对服务的期望有高、低之分，从整体上，可以将顾客的服务期望分为两个层次，即最低的服务水平和理想的服务水平，用服务合格度和服务优秀度指标衡量其间的差距。用公式表示为：

服务合格度 = 感知到的服务 − 期望的最低服务

服务优秀度 = 感知到的服务 − 期望的理想服务

第三节 图书馆服务质量评价的意义、内容与类型

一、图书馆服务质量评价的意义

图书馆不仅组织、保存、传播信息，还提供不同类型的服务，服务体现了图书馆的核心价值观，也是图书馆赖以生存与发展的基础，因此，提升服务价值与服务质量是图书馆的使命与宗旨。

由于诸如 Google 等信息提供者的增加及用户期望的提高，加之现代信息技术的广泛运用、全球信息服务业的竞争与数字革命等因素的影响，都对图书馆提出了一系列挑战，图书馆的传统服务日益变得不合时宜，不能满足用户对信息的需求。为了应对这些挑战，图书馆的服务也应随着时代的变化而变化，未来的图书馆服务必须以用户为中心，必须能够识别用户的不同需求、体验与期望，取得用户对利用图书馆的反馈信息，而要做到这些，则必须对图书馆的服务质量进行评价，以此作为衡量图书馆服务水平的依据，缩小用户感知与期望的差距。

服务质量评价对改善图书馆条件，促使图书馆功能的发挥有着重要作用。通过对图书馆服务质量进行评价，不仅可以实现对图书馆资源的合理配置，同时，通过图书馆服务质量的评价，可以向社会展示图书馆的价值，从而使政府了解公共投入的公平性与公共资源使用的效益性，加大对图书馆的支持力度，更有利于图书馆事业的可持续发展。

二、图书馆服务质量评价的内容

图书馆服务质量评价包括以下几个方面的主要内容：一是对信息获取的评价。图书馆信息服务的主要目标是满足读者的多样化信息需求，除了参考咨询、文献检索外，还包括文献传递、信息素质教育、学科导航、数据库评价、专题情报研究与服务等多种个性化服务。在图书馆开展的多种信息服务过程中，其服务是否符合读者的真实信息需求，与同类图书馆相比，其服务质量如何等都可以利用 LibQUAL+™ 模型来评价。二是对个人控制的评价。图书馆利用 LibQUAL+™ 评价的核心是将用户直接感受到的信息服务集中反映出来，从馆员、资源、效率三个方面对个人控制进行评价。三是对服务效

果的评价。用户是图书馆服务效果的最佳评价者，他们可以从多个方面对图书馆服务的效果进行客观评价，如获得服务的途径是否多样，以及服务的个性化、人性化与便利性等。四是对环境设施的评价。图书馆的服务环境，包括管理环境、软硬件设施环境及图书馆门户网站等，这些因素均会对图书馆服务的效果产生直接影响。

三、图书馆服务质量评价的类型

由于用户对服务质量的感知取决于期望服务与所感受到服务的差距，因此，服务质量评价不仅涉及服务的结果，同时涉及服务的提供过程。图书馆服务质量评价类型按照不同的标准可划分为三种：一是按评价对象的不同，分为服务过程质量评价与服务结果价值评价；二是按评价方法的不同，分为 LibQUAL+® 调查评价和 ClimateQUAL+™ 调查评价；三是按评估内容不同，分为以客观因素为主（资源、技术、设备）的质量评价和以主观因素为主（用户和馆员）的质量评价。

第四节 图书馆服务质量评价的层面与模式

一、图书馆服务质量评价的层面

图书馆服务质量评价包含两个层面的内容：一是对图书馆服务过程的评价，即对图书馆的服务内容、服务模式和服务技术等维度的评价；二是对图书馆服务价值的评价，即对图书馆服务给用户带来的价值进行的测评。

二、图书馆服务质量评价的模式

20世纪90年代以来，对图书馆服务质量开展的评价形成了三种模式：一是图书馆绩效评价模式，目的是对图书馆内部工作绩效和服务效能进行测度，主要依据是指导图书馆绩效评价的国际标准 ISO11620；二是图书馆成效评价模式，这是一种以用户为中心来评价图书馆服务的方法，这些服务用以解决特定用户需求并设法达到改变用户的目的；三是图书馆服务质量读者评价模式，主要测度读者对图书馆服务的满意度，标准是以美国研究图书馆协会为主导推出的 LibQUAL+ 评价模型。

第五节 图书馆服务质量评价历程

一、图书馆服务质量评价演变

图书馆服务评价可以追溯到不定期统计数据的收集，如图书的日常借阅数、参考咨询数、图书订购与编目数。这种评价方法通常是收集到统计数据就意味着最终的结果，没有进一步的分析或随后的评价。因此，零星的统计数据本身并不能为系统服务的改善提供有意义的指导，不定期的服务数据统计及大量的数据本身并不能为服务质量评价提供标准，收集的原始数据也不能用来预测图书馆用户的满意度或为未来发展提出建议。为了获得有效的评价效果，图书馆用户应该参与到评价过程之中。因此，更系统的数据收集方法就出现了，不同形式的数据收集方法开始在图书情报领域得到应用，如焦点团体访谈、投诉分析等就是这些方法得到应用的例子。此后，又出现了有着不同目的的问卷调查方法，应用统一设计的问卷向被选取的调查对象了解情况或征询意见。随着服务质量评价研究的不断深入，诸如用户感知的服务质量、用户期望和用户满意度成了图书馆服务质量评价的基本元素，服务质量评价已经从不定期的数据统计、零星的服务评价发展为用户和用户满意度的研究及系统的数据收集与分析，评价实践活动发生了显著变化，也为图书情报领域研究提出了新要求，需要一些新的方法，因此，出现了各种图书馆服务质量评价的框架与模型。

二、图书馆服务质量评价研究发展历程

（一）服务质量评价引入期

这个时期的研究重点主要集中在图书馆服务数据统计、顾客满意度与服务质量方面。进入 20 世纪 90 年代以来，由于用户至上理念深入人心，用户满意度成了图书馆用户调查的重要方面。随着服务营销理念的发展，市场营销领域中的服务质量概念被引入图书馆，因此，服务质量差距模型和 SERVQUAL 评价方法自然就被应用到图书馆服务质量评价之中了。

（二）服务质量评价成长期

服务质量评价成长期最重要的特点是商业领域服务质量评价方法和 SE-

第七章 现代图书馆服务质量评价

RVQUAL 评价模型在图书馆评价研究的引进，并开始结合图书馆服务的特性对 SERVQUAL 进行了修改与方法创新。

（三）服务质量评价发展期

在运用 SERVQUAL 对图书馆服务质量进行评价时，人们发现在应用 SERVQUAL 时，如果不与图书馆的具体实践相结合，并对 SERVQUAL 的指标进行修改而直接应用于图书馆评价之中，很难取得图书馆服务质量评价的成功。因此，后来就出现了 LibQUAL+ 图书馆服务质量专用评价工具。LibQUAL+™ 结合图书馆的特点，融合 SERVQUAL 的建构，在对大量用户调查和数据处理的基础上，确定了新的图书馆服务质量评价指标，形成了适用于图书馆服务质量评价的新模型。

第六节 图书馆服务质量评价方法体系

早期的图书馆服务质量评价是以图书馆和馆员为中心的，注重对图书馆服务的统计，图书馆对服务质量影响因素的关注最初集中于有形的馆藏资源、馆舍及经费投入等，许多国际图书馆评价标准和欧美一些国家的图书馆评价体系都属于此类。随着服务质量评价理论和用户满意度测量在图书馆服务质量评价中的引入，以用户为中心，立足于用户满意度的图书馆服务质量评价体系日益走向完善，以 SERVQUAL 模型和 LibQUAL+ 为代表的一些评价体系，逐渐引起了国际图书馆界的关注。目前，图书馆服务质量评价经过多次演变，形成了如下三种具有代表性的评价方法体系：

一、以系统为中心的服务质量评价

图书馆评价一向都非常重视各种业务数据的统计，用统计数据表明图书馆服务的效率，并形成了以系统为中心的图书馆服务质量评价体系。为了充分发挥统计数据在决策实践中的作用，在对有关统计工作规范的基础上，建立了具有可比性的指标体系。

二、以用户为中心的服务质量评价

以系统为中心的图书馆服务质量评价体系虽然以图书馆内部业务数据统计为主，但却忽视了用户这一最有权对图书馆服务质量做出评价的主体因素，为了弥补这一缺失，以用户为中心的图书馆服务质量评价由此而生。以用户为中心的图书馆服务质量评价将用户的满意程度作为图书馆服务质量评价的主要标准，评价手段主要是用户满意度调查。以用户为中心的图书馆服务质量评价的基本思想是以人为本，从用户角度对图书馆的服务质量进行评价。

三、以影响为中心的服务质量评价

以影响为中心的图书馆服务质量评价的主要思想是采用定量或定性方法测量图书馆服务给用户个体带来的影响，以及图书馆服务对社会产生的影响。在这里，图书馆服务对用户的影响是指用户在使用图书馆资源与服务后所产生的变化。以影响为中心的服务质量评价将图书馆评价的视域从图书馆自身转向了图书馆与环境的互动关系，即图书馆服务对用户产生的影响，并以这种影响的性质与强度来确定图书馆服务的质量。以影响为中心的服务质量评价方法主要从五个方面进行评价：

（一）图书馆利用与用户学术或职业成功的关系

通过对图书馆利用情况和用户学术或职业成功程度两方面数据的测量，寻求用户学术或职业成功程度与图书馆利用程度之间的关系。如图书馆利用缩短了用户的学习时间，使用户得到了更高的分数与就业率等。

（二）图书馆利用与用户信息素养的关系

在探讨用户信息素养形成过程中，图书馆服务与培训所产生的影响，如用户培训前后个人信息检索能力的提高等情况。采用的方法主要包括用户培训效果调查，用户培训前后信息检索能力变化测试，用户自我评价，用户行为观察，用户撰写论文所利用的参考文献变化分析等。

（三）图书馆对研究工作的重要性

利用参考文献分析法，对用户在完成学位论文或其他论文写作中所使用参考文献有多少是通过图书馆而获取的情况进行分析，了解用户在研究过程中对图书馆的依赖程度。

（四）图书馆的社会作用

图书馆的社会作用表现为图书馆的存在对所属社区的影响，即用户利用图书馆得到的直接和潜在好处。

（五）图书馆的经济价值

一般来说，图书馆服务不会带来直接经济收入，通常需要采用替代法对其产生的经济价值进行测量。图书馆经济价值的测量一般通过调查以下两个问题间接得到：一是用户愿意为其得到的图书馆服务支付多少金钱；二是假设图书馆服务终止，用户愿意接受多少金钱作为补偿。

四、图书馆服务质量评价方法体系的比较

在上述图书馆服务质量评价方法体系中，以系统为中心的评价是对图书馆业务工作数据的统计，收集图书馆运作状况最基本的信息数据，不受人们主观判断的影响，是对图书馆业务运作情况的客观反映；以用户为中心的评价，基于用户层面提供重要评价信息，随着研究的不断深入，该评价方法将会日趋完善；以影响为中心的评价，探讨的是图书馆服务对用户产生的影响，既不完全依靠图书馆业务统计数据，也不仅仅依赖用户态度，而是通过客观测评或用户自评方法对图书馆服务给用户带来的现实与潜在影响进行测量。以上三种方法各有优、缺点，业务工作数据统计有明显的内倾化，主要从服务提供者角度进行数据观察与测量，关注的重点是图书馆内部常规业务工作，但却忽略了图书馆活动与环境的互动。用户满意度调查将服务质量评价依据完全放在了用户身上，评价数据完全由用户的感觉决定，虽然突出了用户的重要性，但却忽视了图书馆内部业务情况，测量的实际上是用户感知到的质量，由于用户对服务质量的判断会受用户个体条件的影响，同样的服务如果让不同的用户来评价，可能会得出不同的结果，这就造成了用户感知到的质量与客观的服务质量并不完全等同的结果。图书馆服务对用户产生的影响存在两个问题：一是如何区分图书馆利用对用户产生的影响与其他因素产生的影响，即如何证实用户变化确实是由于利用了图书馆服务而产生的结果；二是如何定量测量图书馆服务对用户产生的影响，特别是对那些很难进行量化测量的指标。

第七节 图书馆服务质量评价标准

一、SERVQUAL服务质量评价标准

服务质量概念源于市场营销领域。20世纪80年代，针对服务质量问题有学者提出了服务质量差距理论，将服务质量视为用户感受值与期望值之间的差距，即服务质量=用户感受值-期望值。之后，在此基础上发展出了SERVQUAL服务质量评价方法，并被引进应用到图书馆评价之中。SERVQUAL是依据"全面质量管理"理论提出的服务质量评价体系，主要用于对面向顾客的服务质量进行评价，最初主要是针对银行、零售等服务行业。SERVQUAL的核心是服务质量差距模型或称"期望—感知"模型，即服务质量取决于用户所感知的服务水平与用户所期望的服务水平之间的差别程度，用公式表示为：SERVQUAL分数 = 实际感受分数 − 期望分数。在SERVQUAL模型中，超过用户的期望值是提供优质服务的关键。针对服务质量的测评，SERVQUAL模型定义了五个层面的标准：有形性、可靠性、响应性、保证性、移情性。这五个层面中，每一个层面又进一步细分，从整体上共分解为22个问题。每个问题设立三个值：用户可接受的最低值、用户对服务的感知和服务期望，要求对每一个层面及每一个问题，通过问卷调查、顾客打分和综合计算得出服务质量分数，从而获得用户对服务质量的客观评价。

二、LibQUAL+™服务质量评价标准

LibQUAL+™或LibQUAL+®是图书馆界著名和公认的服务质量评价工具，图书馆用它来征求、跟踪与了解用户对服务质量的意见，并据此提升服务质量，该方法由美国研究图书馆协会颁布，较易从用户的角度对服务质量进行评价。使用+®这一标识表明这是一个商标名称，其中的"+"表示除了闭合问答外，还有由用户选择的开放问题。在商标注册之前，使用的是LibQUAL+™。LibQUAL+™评价模型源于SERVQUAL，通过多次提炼，将图书馆服务质量的影响因素修正为服务感受、信息控制和图书馆环境三个维度，以此对图书馆的服务质量进行评价。该评价模型既可以测量用户期待的服务质量，也可以测量用户对服务的满意度，进而为图书馆服务质量的改进提供依据。LibQUAL+™是以用户为中心的评价工具，其核心评价指标是用户的满意度，它与以馆藏和硬件为主要内容的传统评价有较大区别，是对服务产出后的评价，突出了用户在图书馆服务中的中心地位。目前，LibQUAL+™指标体系已基本趋于成熟与稳定，成为当前国际图书馆界最有影响力的服务质量评价方法体系。

（一）LibQUAL+™的形成与目标

1999年，美国研究图书馆协会基于对SERVQUAL的改进，提出了

LibQUAL+™，用于对图书馆服务质量进行评价，LibQUAL+™是基于Web测试的一整套服务而开展图书馆评价的一种新方法。LibQUAL+™的形成起源于20世纪90年代，当时，一些西方国家图书馆尝试将SERVQUAL应用到图书馆服务质量评价之中，但在具体的评价实践中发现，原有的SERVQUAL评价指标并不能完全涵盖图书馆服务，图书馆服务中的许多指标体现不出来，必须对原有的SERVQUAL评价指标进行修正。1999年年底，美国研究图书馆协会与美国德州A&M大学图书馆合作开展LibQUAL+™研究计划，该计划在继承SERVQUAL评价方法工作机理的基础上，通过多次用户调查和不断修订，最终形成了LibQUAL+™这一图书馆化的SERVQUAL版本，克服了SERVQUAL在图书馆服务质量评价中的不足。为了使LibQUAL+™更加符合图书馆评价的实际，之后，美国研究图书馆协会又对LibQUAL+™指标进行了多次试验与调整，最终形成了包含四个层面25个问题的LibQUAL+™服务质量评价体系。这四个层面分别为服务影响、图书馆整体环境、馆藏获取和可靠性。

LibQUAL+™用于图书馆服务质量评价有六个目标：为用户提供优质的图书馆服务；促使馆员更好地了解用户对图书馆服务的期望；搜集与解释一段时间里图书馆用户的反馈信息；提供由统一评价机构对不同图书馆进行评价的评价信息；改进图书馆服务方法；提高图书馆工作人员的工作技能。

（二）LibQUAL+™的研究领域

LibQUAL+™的研究领域主要集中于三个方面：一是图书馆服务质量。该领域主要关注图书馆服务质量的评价与提升，是LibQUAL+™研究的核心内容。二是信度与效度研究。三是用户感知与满意度。LibQUAL+™的一个重要方面是它不只局限于图书馆服务本身，还从图书馆服务对象的角度思考如何提升图书馆的服务质量，从读者角度思考服务质量是LibQUAL+™改进与创新的动力。

（三）LibQUAL+™图书馆服务质量评价的意义

图书馆服务质量评价是制定图书馆发展战略、优化服务质量和提升服务效益的依据和动力。LibQUAL+™用于图书馆服务质量评价有三个方面的意义：第一，利用LibQUAL+™对图书馆用户的满意度进行测评，评价结果客观反映了图书馆服务的水平，表明图书馆工作的效率与效果。第二，利用 LibQUAL+™对服务质量进行评价的结果，基于大量调查数据的统计分析，具有良好的可靠性和有效性，通过横向与纵向比较，能够更好地了解本馆的服务质量状况及与其他馆之间的差距。第三，LibQUAL+™从用户角度对图书馆的服务质量进行评价，真正体现了用户至上理念。从根本上说，LibQUAL+™不仅仅是一个单纯的测量工具，它还有助于创建一种以数字驱动的图书馆服务质量评价文化，代表着图书馆服务质量评价的发展方向。

LibQUAL+™用于图书馆服务质量评价有如下优点：一是识别图书馆服务的不足；二是识别跨服务与用户组的差距；三是有效改善图书馆的服务；四是推广图书馆服务与资源；五是增进用户与图书馆的交流，更好地满足用户的需求。

第八节 图书馆服务质量评价的其他模型

除了 LibQUAL+™、ClimateQUAL™等用于图书馆服务质量评价模型之外，在图书馆服务质量评价中，还可能会用到其他一些模型。

一、服务质量成熟度模型

（一）服务质量成熟度模型、意义及作用

制度是组织的骨架，文化是组织的血液，在制度约束与良好文化的熏陶下，雇员的行为将表现为与组织的价值取向、愿景及使命的高度一致。图书馆作为组织的一种存在形式，其服务质量的实现也涉及制度与文化两个层面的问题。为了保障服务质量，需要通过规章和制度等约束性文件对馆员提供的服务进行规范；良好的质量文化氛围对图书馆馆员具有潜移默化的作用，对图书馆馆员端正服务态度和提高服务质量具有促进作用。因此，质量成熟度模型（Quality Maturity Model，QMM）在图书馆服务质量评价中得到了应用。如今，质量成熟度模型已发展成较为成熟的质量评价体系与工具。将质量成熟度模型应用到图书馆服务质量评价中有着重要的意义：质量成熟度模型为图书馆提供了质量文化发展的路线图，能够认识图书馆自身存在的薄弱环节和不足之处，并加以改进；质量成熟度模型能够为图书馆制定战略决策与行动计划提供决策依据；质量成熟度模型为服务质量评价提供了有益工具，能够实现对图书馆服务质量的定量评价；质量成熟度模型作为图书馆质量管理领域的通用准则与工具，能够指导图书馆间质量管理经验的交流与分享；质量成熟度模型可以对图书馆的评价文化做出评价，该模型含有丰富的指标维度，明确了图书馆服务质量建设的内容与方向，其在图书馆评价中的应用能够对图书馆质量管理与服务质量建设起到指引作用。

（二）服务质量成熟度模型维度

有关服务质量成熟度模型在图书馆评价实践中的应用，英国布鲁内尔大学将其应用到了其开展的服务质量评估 QMM 项目中，项目组核心成员提出了图书馆质量成熟度模型包含八个维度方面的内容，这八个维度分别是：图书馆组织管理；环境感知；学习型组织特性；对待创新的态度；图书馆服务质量理念；领导力；图书馆人力资本投资；图书馆协同性。

二、卓越绩效模式

卓越绩效模式是当前国际上广泛认同的一种进行组织综合绩效管理的有效工具和方法，是质量管理活动发展到全面质量管理阶段的一个集中体现。该模式源自美国波多里奇奖评审标准，以顾客为导向，追求卓越绩效管理理念的卓越绩效管理模式不仅适用于经营性企业，同时适用于"追求卓越的各类组织"。图书馆作为一种文化服务组织，同样适合应用卓越绩效模式。在图书馆发展新业态下，卓越绩效模式及其先进的管理理念和评价方法，成为图书馆行业从适应性评价走向成熟度评价发展的必然选择。

（一）卓越绩效模式的起源

质量奖和卓越绩效模式的产生，可以追溯到 20 世纪 50 年代日本质量管理的成功。日本企业界在吸收戴明、朱兰等质量管理思想的基础上，通过不断实践探索，逐步形成了日本式的全面质量管理。1951 年，为了纪念戴明在质量管理方面的贡献，奖励那些为实施全面质量管理做出突出贡献并取得杰出成就的组织和个人，日本在全世界首次设立了质量奖，即日本戴明质量奖。该奖的设立对日本经济发展、产品质量水平的提升和企业竞争力做出了重要贡献。

20 世纪 80 年代初期，美国在产品与过程质量方面的领导地位受到了日本的强劲挑战，由此，美国各界普遍认识到，日本在质量管理方面的成功，源于美国人的启蒙质量教育，由此开始引起了一场遍布全美的"第二次质量革命"，在向日本学习的过程中提出了全面质量管理概念，强调质量不再是企业可选择的事情，而是必需的条件，并于 1987 年 8 月 20 日由时任美国总统里根签署了《波多里奇国家质量提高法》，提出了设立美国国家质量奖的计划。此后，许多国家与地区参照波多里奇国家质量奖标准和运作模式纷纷设立了质量奖，最具代表性的是欧洲质量管理基金会于 1991 年设立的欧洲质量奖，该奖的设定旨在推动欧洲的全面质量管理活动。

（二）卓越绩效模式的主要特征

卓越绩效模式建立在广义质量概念基础之上，体现的是以结果为导向，致力于全面与卓越绩效，其评价准则对于组织进行系统自我评价，提升竞争力具有重要意义，卓越绩效模式的主要特征表现在以下几个方面：

1. 卓越绩效模式更加强调质量对组织绩效的增值与贡献

对质量和绩效、质量管理与质量经营的系统整合，即组织对卓越绩效的追求是现代管理界的一个重要发展趋势。这一变化趋势表明质量不再局限于狭义的产品和服务质量，也不仅包含工作质量，而是发展成了追求卓越经营质量的代名词，目标是追求组织效率和用户价值的最大化。

2. 注重经营结果，强调为利益相关者创造价值

卓越绩效模式追求的是组织的全面结果，这些结果不仅包括财务方面，还包括产品与服务、顾客与市场、资源、组织治理及社会责任等诸多方面。

3. 更加强调以用户为中心

卓越绩效模式将以用户和市场为中心作为组织管理的第一原则，重点关注用户感知价值，反映了当今全球化市场的必然要求。

4. 系统视野，保持组织目标一致性

卓越绩效模式以关键绩效指标为纽带，将组织的使命、愿景、价值观与战略、过程与结果联系起来，从而形成了一个完整、协调的运作系统。

5. 全面整合管理体系

卓越绩效模式是全面质量管理的标准化、条理化和具体化，也可以说是一本全面质量管理手册或一套程序与指导书，卓越绩效模式所体现的核心价值，反映了现代经营管理的先进理念和方法，是对世界级成功企业的经验总结。

（三）图书馆卓越绩效评价的意义

卓越绩效管理作为当前国际主流的质量管理理念与方法，尽管发轫于

企业管理，但同样适用于现代图书馆管理。在图书馆管理中引入卓越绩效评价具有三个方面的意义：一是促进图书馆事业管理的科学化和评价的社会化。在图书馆评价中引入卓越绩效模式，有助于改变图书馆评价局限于业务及行业的状况，促进图书馆评价的社会化，增强图书馆评价的公信力与影响力。二是促进成熟度评价在图书馆评价中的引入。卓越绩效模式是一个PDCA管理循环，它与ISO9000系列标准适用于符合性评价不同，卓越绩效模式适用于成熟度评价，更具有科学性与发展性。因此，在图书馆管理中实施卓越绩效管理，可以促进图书馆从符合性评价转向成熟度评价，有助于图书馆评价长效机制的建立。三是促使图书馆评价价值的最大化。图书馆实施卓越绩效模式，评价成了改进图书馆管理的途径和工具，促进其评价价值与作用的真正发挥。

三、质量功能展开及质量屋模型

质量功能展开（Quality Function Deployment，QFD）是20世纪60年代末产生于日本的一种质量管理技术与方法，作为成功实现顾客满意和产品创新，取得核心竞争优势的有力武器，在日本的工业和企业的新产品开发阶段得到了广泛应用。质量功能展开是一种将用户需求信息合理、有效地转化为产品开发各阶段的作业控制规程的方法和技术目标，从而使所设计和制造的产品能够真正地满足用户的需求。QFD代表着传统产品开发模式向现代开发模式的转换，即从反应式、被动的模式（设计—试验—调整）转换为预防式、主动的模式，注重规划和问题的预防，而不仅仅关注问题的解决，体现的是以市场为导向，以顾客要求为产品开发依据的指导思想。QFD使用一系列矩阵来描述开发过程不同阶段中投入（what项，"什么"，即客户需求）和产出（how项，"如何"，即技术要求）之间的联系。QFD的核心内容是需求转换，而质量屋是一种直观的矩阵框架表达形式，提供了在产品开发中具体实现这种需求转换的工具。质量屋将顾客需求转换成产品和零部件特征并配置到制造过程中，是QFD方法的工具和精髓所在。质量屋是由质量需求与质量特性构成的二维表。

质量屋的一般形式由如下几个广义矩阵组成：

第一部分是左墙，即what输入项矩阵。表示需求什么，所反映的内容是用户对产品的各种需求（what项）。包括用户需求及重要度（权重），是质量屋的"什么"。

第二部分是天花板，即how矩阵。表示针对需求如何去做，用来描述对应于市场用户需求的工程特征要求，即有什么样的市场用户需求就应有什么样的工程特征要求来对应保证。该项是技术需求，是质量屋的"如何"。

第三部分是房间，即相关关系矩阵，表示what项的相关关系，表示用户需求和技术特性之间的关系。相关关系矩阵描述了用户需求与实现这一需求的技术特性之间的关系程度，将用户需求转化为技术特性，并表明它们之间的关系。

第四部分是右墙，即市场评价矩阵。从用户角度评价产品在市场上的竞争力，指竞争性、可竞争力或可行性分析比较，是对用户的竞争性评价。

第五部分是屋顶，即how的相互关系矩阵。表示how（技术特性）矩阵内各项目的关联关系，即技术特性的自相关矩阵。

第六部分是地下室，即how输出项矩阵。表示how项的技术成本评价情况，包括技术特性重要度、技术特性目标值的确定和技术竞争性评价等，用来确定应优先配置的项目。通过定性和定量分析得出输出how项，完成由"需求什么"到"如何去做"的转换。

以上六部分组成了建立质量屋的基本框架，通过输入信息，分析评价得到输出信息，从而实现一种需求转换。

在图书馆评价中，可以将质量屋应用于图书馆读者需求建模中。通过质量屋将读者需求融入图书馆的管理工作中，通过识别读者需求并将其定量化处理，得出读者不同需求的权重，最终建立读者需求评价矩阵。

四、服务质量评价的KANO模型

（一）KANO模型及相关概念

KANO模型是日本的狩野教授受双因素理论的启发，将满意与不满意标准引入质量管理领域，在对质量认知采用二维模式基础上提出的，目的是通过对用户的不同需求进行区别处理，帮助企业找出提高用户满意度的切入点。

KANO模型以产品或服务特征能在多大程度上满足用户需求为基础，根据不同类型的质量特性和用户满意度之间的关系，将产品/服务的质量特性划分为五个类：

无差异属性：无差异属性是质量中既不好也不坏的方面，一般不会导致用户满意或不满意。

逆向属性：引起用户强烈不满和导致低水平满意的质量特性。

基本型属性：又叫必备质量特性，是用户认为产品或服务必须有的属性或功能。用户认为产品或服务满足其基本需求是理所当然的，但当用户对此类需求没有得到满足时，就会很不满意，而当此类需求得到满足时，用户则无所谓满意或不满意。

期望属性：又称为一维属性，虽然要求产品或服务比较优秀，但这种产品或服务却并不一定是必需的，如市场调查中用户所表达的需求。期望属性充分时会导致用户的满意，不充分时会引起用户的不满，期望属性常常用于宣传或竞争。

魅力属性：又叫兴奋性属性，可以将该质量特性描述为惊奇或惊喜，当用户在没有意识到这种需求时，对此会感觉无所谓；而当此类需求得到满足时，用户的满意度则会得到很大的提高。因此，具有魅力属性的产品或服务，对用户具有更强的吸引力，更易于培养用户的忠诚度和形成竞争优势。

基于 KANO 模型理念，产品质量具有动态特性，随着时间的推移，一种质量特性会演变成另一种质量特性。如曾经被认为是魅力型特性的需求，随着时间的推移，此种需求会逐渐被人们视为理所当然并逐渐消失，进而演变成期望型或基本型需求。基于 KANO 模型，可以将质量管理分为三个不同的层次：一是质量控制，讲究的是符合规格；二是质量管理，讲究的是用户的满意；三是魅力质量创造，创造用户意想不到的质量，以达到用户的喜悦。

（二）基于 KANO 模型的图书馆用户满意度分析与评价

KANO 模型表明，所有的质量要素都可以划归为不同的类型，而不同类型的质量要素对用户满意度的影响是不相同的。在 KANO 模型出现之前，人们通常认为，服务质量要素与满意度之间是一维关系，任何一项服务质量要素服务水平的提高，用户的满意度都能得到同等程度的提高。基于 KANO 模型，不同类型的质量要素对用户满意度的影响是不同的，为了有效提高用户的满意度，应该针对不同类型的服务质量要素，制定不同的管理策略。如魅力质量要素通常表现为用户的潜在要求，也是与竞争者服务相区别的重要因素，这一点尤其适合图书馆的质量评价，特别是当自己的服务水平超过业界平均值之后，具有魅力质量属性的服务要素对用户具有更强的吸引力，对用户的满意度影响更大。对图书馆来说，期望质量通常表现为用户对图书馆显性服务的期望，体现着图书馆的竞争能力，图书馆应该注重对这类服务质量要素服务水平的提高，力争超过竞争对手。

另外，根据 KANO 模型可以建立图书馆用户需求的优先等级。基于用户的期望质量特性，对图书馆来说，所关心的重点不应是图书馆所提供服务的质量是否符合用户的基本要求，而应该是怎样使服务质量得到提高，以促进用户满意度的提升。基于必备质量，即图书馆用户的基本需求，对图书馆来说，为满足用户的基本需求，应该把降低图书馆服务的故障率作为重点。基于魅力质量属性，对图书馆来说，应该把满足用户的潜在需求放在重要的位置，促使图书馆服务达到意想不到的质量效果，创新和优化图书馆服务质量，以促进图书馆服务竞争力的提高。

五、几种模型的比较与结合

（一）KANO 模型与 LibQUAL 的结合

在目前图书馆质量评价模型中，通常使用的评价模型是 LibQUAL 定量分析模型，利用这一模型，可以将用户对图书馆服务的满意程度进行量化，这是一种定量分析方法，侧重于事后控制，多用于对服务的补救。KANO 模型是一种将服务质量隐性属性显性化的评价方法，可以将用户对于不同服务的需求进行区分，属于定性分析，侧重于事前控制，多用于服务开发，具有结构简单、可操作性强等优点。其统计结果，可以按照轻重缓急和重要性的高低排序，便于对不同质量特性的服务项目，采取不同的措施进行改进，更好地了解用户需求。但 KANO 模型也有着自身的缺点，它不能直接体现用户满意的程度，因此，在对图书馆用户满意度进行测评时，可以将这两种模型结合起来，以充分发挥它们各自的优势。先利用 KANO 模型对图书馆服务质量进行定性分析，判定各项服务所属的服务质量，在明确各项服务在用户心中的不同需求程度之后，再利用 LibQUAL 模型对图书馆服务质量进行定量分析，依据用户对服务质量的最低忍受值、实际感受值和理想期望值之间的差距，判定图书馆服务质量的优劣。最后，通过对比两种模型的调查结果，找出图书馆服务中存在的不足以及用户迫切希望解决的问题，促进图书馆服务质量的改善。在评价图书馆用户满意度时，相对于仅仅使用其中一种模型，这两种模型的结合能弥补单个模型应用的不足，能够更细致和更准确地反映用户的需求，用户的满意度将会得到有效的提高。

（二）服务质量差距模型与 KANO 模型的异同

服务质量差距模型与 KANO 模型是两种在质量管理领域具有代表性的管理方法，它们在顾客感知质量方面有异曲同工之妙，但又各具自己的特色。

两者的共同点为：服务质量差距模型和 KANO 模型都以顾客感知质量为基点，前者通过由内向外、由上到下的管理控制，缩小用户期望与感知质量间的差距；后者通过发展魅力质量特性，不断接近用户期望。在测量方法上，两者都采用了结构型问卷调查和数理统计方法，强调反馈与控制。所不同的是，KANO 模型侧重于事前控制，服务质量差距模型则侧重于事后控制。另外，两者还有着相同的目的，都是最大限度地挖掘用户的潜在需求。

两者的不同点为：用户感知服务质量分为技术质量（what）和功能质量（how），前者关注服务结果，后者关注服务过程。服务差距模型通过由内而外、由上到下的管理控制缩小用户的期望质量与感知质量之间的差距，与 KANO 模型相比，它仅仅是一种管理工具，更适合运用于对微观项目的分析与绩效评价。服务差距模型在图书馆评价中的应用优势在于能够准确找出服务项目存在质量问题的根源，更好地追踪服务质量的变化趋势，并有利于针对个别服务项目的弱点对症下药，便于制定正确的改进策略。但在涉及图书馆宏观管理问题时，服务差距模型就显得不太适宜，可以考虑利用 KANO 模型，通过与用户直接关联的服务质量因素分析，为宏观服务管理提供有效策略。同时，可以利用 KANO 模型的魅力质量原理，在进行图书馆宏观服务规划与服务项目开发方面，强调服务创新，更好地了解读者对图书馆不同服务项目的服务质量的评价，促进图书馆服务质量的提高。

（三）QFD 与 KANO 的结合

KANO 模型能够为各项需求进行重要性排序，这对于确定最重要的服务项目，更好地满足用户需求很有帮助。QFD 模型应用的关键是如何界定用户需求且为之分配权重。因此，在进行图书馆服务质量评价时，可以将 QFD 与 KANO。两种模型进行结合，形成所谓的 QFD-KANO 模型。QFD 具有建立用户需求的能力，并且可以将之转化成恰当的技术需求，借助 KANO 模型进行重新赋权，可以提供哪些用户需求应该得到改进以满足用户需求的思路。

（四）QFD 与 KANO 模型的集成

QFD 作为一种面向用户需求的产品设计方法，将用户需求信息合理、有效地转换为产品开发各阶段的技术目标与作业控制规程，使所生产产品真正地满足用户需求。为了在 QFD 产品规划矩阵中体现用户需求的细微差别，不少学者提出将 KANO 模型与 QFD 进行集成，通过在 QFD 产品规划矩阵中引入 KANO 模型，按一定原则将不同的用户需求进一步细分，再输入 QFD 产品规划矩阵，调整 QFD 产品规划矩阵中的必备需求、期望需求及魅力需求这三种类型用户需求的重要度，进而更加准确地反映用户的需求及满意度。

第八章 图书馆阅读服务管理优化策略研究

第一节 公共图书馆面向浅阅读的优化阅读服务路径探索

一、公共图书馆的阅读服务理念

公共图书馆阅读服务理念，不仅关乎服务态度，还关系到图书馆服务水平、服务质量、服务效益，并且是服务创新的思想基础，先进的阅读服务理念引领阅读服务工作的创新发展。公共图书馆阅读服务理念是指导图书馆阅读服务工作的基本方针，也是服务原则、服务方式、服务态度的集中体现。公共图书馆服务的核心理念是"以人为本"，表现为以读者为中心的理念和让读者满意的理念。

公共图书馆推崇以读者为本的理念，要求在服务工作中一切以读者为中心，尊重读者、关怀读者，与读者建立一种平等、和谐的关系，最终目标就是让读者满意。读者的满意才是图书馆的成功，而想要切实做到令读者满意，就必须真正做到以读者为本。公共图书馆的资源和服务，最终是为了让读者使用，只有资源和服务符合读者的需求，读者才会频繁使用，那么图书馆的价值才能真正实现。公共图书馆应当意识到，以让读者满意为图书馆服务工作的目标，才能做好图书馆阅读服务工作。

二、面向浅阅读的优化阅读服务策略

浅阅读在现代信息技术环境下是客观存在的阅读方式，因而公共图书馆也必须以客观的态度对待浅阅读，面向浅阅读提供优质的服务。面向浅阅

读，公共图书馆应当围绕图书馆服务的核心理念，结合相关的阅读理论以及浅阅读的相关特点和规律，确定服务的总目标，即充分开发利用信息资源，全面满足读者阅读需求，有效提升读者整体素质。在这个总体目标的指导下，面向浅阅读的公共图书馆服务思路应当是：以读者需求为服务前提，以读者满意为服务宗旨，以资源开发利用为服务基础，以新技术应用为服务手段，以个性化服务为服务机理，形成面向浅阅读服务的运行管理机制，从而实现阅读服务的总目标。

（一）服务资源优化

"以读者为本""让读者满意"是公共图书馆的核心服务理念，在核心服务理念的指引下，公共图书馆的一切服务工作都以读者为中心，为读者提供人性化、个性化的服务，最终满足读者的需求。随着时代的发展，读者阅读需求的多样性特征越来越明显。浅阅读的盛行强化了读者对阅读的多样性需求，对图书馆的资源提出了新的要求。为适应读者对多样性的要求，公共图书馆就必须对资源进行优化，包括网络资源的重组和优化、特色资源的重组和优化。

网络资源的重组和优化。公共图书馆对网络资源重组就是指图书馆利用技术优势、人才优势将无序混杂的网络资源进行挖掘分析，经过加工和优化，重新组合成新的资源，以满足读者不断强化的多样性需求。对网络资源进行重组和优化，有利于馆藏资源的扩展，有利于改善馆藏机构，有利于丰富图书馆文献保障体系，最终将有利于图书馆阅读服务能力的提升。

特色资源的重组和优化。网络资源是庞大的、无穷无尽的，读者的阅读需求是无限的，公共图书馆对网络资源的重组和优化无法穷尽庞杂的网络资源，同时无法借助优化后的网络资源完全满足读者的阅读需求。浅阅读具有快速、娱乐、共享等特点，因此浅阅读读者对阅读内容的好奇更加突出。要为读者提供特色化、个性化的阅读服务，公共图书馆需要大力发展特色资源馆藏，并对特色资源进行针对浅阅读的重组和优化。应当说，面向浅阅读的特色资源的重组是一种有针对性的、有目的的知识再创造劳动，经过重组的特色资源若在一定程度上能够满足读者的个性化需求，那么公共图书馆的服务以及特色资源就真正发挥了应有的价值。

特色资源内容本身已具备了与众不同的特点，那么特色资源的重组在表现方式上也应当突出特点，以此区别于一般性的馆藏资源。公共图书馆在重组和优化特色资源时，从读者的浅阅读需求出发，应当关注特色资源的多媒体化，也就是说，将文字符号以外的图像、声音、视频等都列为重组的对象，丰富特色资源的内容和表现。同时，由于浅阅读过程中存在大量的浏览阅读，因此图书馆在重组和优化环节中应当还要特别关注特色资源标题的拟写问题，要注意标题的表现力和吸引力，以此赢得浅阅读读者的关注。

（二）服务方式优化

1.优化阅读活动

（1）阅读活动形式的优化

图书馆吸引读者到馆内参与阅读活动极为重要，然而，现代公共图书馆已发生了巨大的变化，馆藏资源不再只有纸质资源，还有数字资源；为读者服务的地点也不再局限于图书馆内，还有图书馆外、网络上。同时，读者的阅读偏向也发生了巨大的变化，手持移动设备的快速阅读得到大众读者的青睐，慢慢挤占手捧书本的慢速阅读的位置，大众读者对浅阅读的需求前所未有，促使其成为主要的阅读方式之一。

浅阅读具有即时共享的特点，现代意义的浅阅读多以网络阅读为主，换句话说，网络上聚集了一大批浅阅读读者，这批读者从浅阅读中获取需求的信息内容，乐此不疲。公共图书馆应当关注大量浅阅读读者，针对浅阅读优化阅读活动的形式，适当增加网络阅读活动，为浅阅读读者提供参与图书馆阅读活动的平台，为网络读者提供参与图书馆阅读活动的便捷通道，如举办网络微阅读活动、网络微书评活动等，扩大阅读活动的受众范围，提高阅读活动的读者参与率，使公共图书馆的阅读活动更加精彩。

（2）阅读活动时间的优化

公共图书馆举办阅读活动多集中于世界读书日、服务宣传周，且持续时间较短。由于持续时间较短，弊端如下：其一，短时间的活动难以达到持续激励的作用。阅读习惯和阅读兴趣的培养都需要较长的时间，因此阅读活动效果不明显；其二，对于在时间点上有冲突的读者，一次次错过阅读活动，久而久之便会降低参与活动的热情，延长公共图书馆阅读活动的时长十分必要。

由于浅阅读具有休闲性强的特点，因而读者的浅阅读在阅读时间的选择上具有一定的随意性。阅读时间的随意性即阅读的不确定性，那么公共图书馆固定时间的阅读活动就错失了大量浅阅读读者的参与，错失了挖掘潜在读者的机会。公共图书馆应当举办长期持续的阅读活动，以吸引在不同时间段进行浅阅读的读者。鉴于公共图书馆经费、人员等的制约，可通过以下方式加强长期阅读活动的可持续性：第一，搭建网络阅读活动平台，举办长期的网络阅读活动，读者可通过网络在任意时间进行参与，图书馆定期评选优秀参与者，激发读者的参与积极性。第二，通过公共图书馆联盟、图书馆协会、政府等具备条件的组织机构举办大型的、长时间的阅读活动。

（3）阅读活动宣传的优化

各公共图书馆通过网站、电子显示屏、宣传展板、宣传册、明信片等载体进行阅读活动的宣传工作，宣传方式并不单一。但是宣传途径比较狭窄，电子显示屏、宣传展板的宣传只有来图书馆的读者可以看到，而宣传册、明信片等发放的范围有限。宣传途径狭窄造成的直接结果就是宣传范围较小、辐射人群有限，特别是大量的浅阅读人群并不在宣传的辐射区内。

公共图书馆应当优化阅读活动的宣传工作，寻求更丰富的宣传途径。首先，应当充分利用图书馆的交互式信息服务来扩大宣传范围，如通过博客、微博、微信、论坛、订阅等多种途径宣传阅读活动，最大限度兼顾进行网络阅读的大量浅阅读读者。其次，应当意识到很多企事业单位的工作人员踏入了浅阅读的行列，因此图书馆可通过加强与企事业单位的沟通合作，由企事业单位通过内部通知公告的形式鼓励工作人员参与图书馆的阅读活动。最后，与相关单位磋商，通过公交车车载电视循环播放阅读活动的公告，鼓励那些并没有利用移动互联网进行浅阅读，但却在纸质报刊中享受浅阅读的读者参与图书馆的阅读活动。

2. 优化阅读指导

浅阅读的阅读环境多以网络环境为主，这一点与网络导读的活动空间相符，因此，公共图书馆面向浅阅读的阅读指导方法优化可以网络导读的优化为主要内容。通过网络导读的优化，引导读者更好地开发和利用网络资源，同时网络导读更能体现人性化、方便性和快捷性。

网络导读的优化应当首先强调"主动"，变以往的被动服务为主动服务，通过对读者阅读习惯、偏好等的分析，主动向读者提供个性化的阅读服务。可以开展信息推送服务，根据读者的检索历史搜索出更多符合读者需求的信息，经过一定的筛选和分类，将信息的简要概况传递给读者，节省读者的时间。同时，通过开展虚拟资讯，与读者实时互动，给读者提供即时指导；或者通过 BBS 等虚拟社区定期或不定期解答读者疑问。

公共图书馆应当重视书评的指导价值，书评具有传递有效信息、展示研究成果、评论学术优劣的导读功能。优秀的书评不仅展示了书评人对作品优劣的品评，而且能够给予读者一些启发和指引。公共图书馆应积极编写优秀书评，专业馆员负责常规的书评编写工作，同时可以邀请一些馆外的专家、优秀书评人编写书评，还可以鼓励读者参与书评的编写，多途径丰富书评资源。读者通过浅阅读快速浏览书评，筛选感兴趣的书评内容，再进一步深入理解作品的内涵，久而久之定能提高读者的阅读鉴别能力和欣赏水平。

3. 优化阅读培训

浅阅读追求阅读的速度，因此注重的是信息的快速获取。针对浅阅读对速度的要求，公共图书馆可以面向浅阅读读者推出一系列速读课程与速读技巧培训，向读者介绍科学的速读方法，帮助读者掌握正确的阅读技巧，让读者在保持阅读速度的同时提高阅读的准度，促进读者对阅读内容的理解。

读者通过浅阅读能够在短时间内阅读大量的信息内容，是应对信息爆炸的有效阅读策略。然而，信息是不断增长的，借助现代信息技术的发展，信息的更新速度远快于信息的老化速度，面对过量的信息海洋，再快速的浅阅读也始终都只是疲于应付。因此公共图书馆还可以推出信息检索培训，帮助读者掌握网络信息检索的方法与技巧，提高读者的信息检索能力。

公共图书馆可以将速读培训课程和信息检索培训课程的相关视频放到图书馆网站上，提供给未参与培训的读者，使其通过视频学习速读和检索技巧，也便于读者通过多次回放视频来更好地掌握这些技巧，以帮助读者在阅读效率上有一个质的飞跃。

第二节 图书馆阅读推广模式

一、阅读推广模式概述

阅读是提高国家实力、全民素质的引擎，是人类文化交流的纽带、知识传承和发展的手段。培养良好的阅读习惯，不仅可以陶冶人们的情操，还可以提升自我修养。通过长期阅读，不仅可以增长知识、积累智慧，同时可以潜移默化地修炼人格，有利于一个人的成长和进步。图书馆是传播知识的宝库，是阅读的圣地，其具有专业性、权威性、独特性的馆藏资源使其成为阅读推广的主要阵地。在高校中进行阅读推广有十分重要的现实意义。

阅读推广，即将阅读视为行为模式，作为生活习惯推广开来，让每一位读者都参与到阅读活动中，用实施的具体的阅读推广活动感染和吸引读者阅读的兴趣与激情，从而有效提高个体和整体的阅读素质与能力。

二、图书馆阅读推广的长效机制

图书馆建立阅读推广长效机制的策略如下：

（一）营造良好的阅读环境和氛围

要营造良好的阅读环境和氛围，一方面要求图书馆提高相关的硬件设施建设。图书馆和阅览室中要配备充足的书桌、座椅等基本阅读设施；保证室内空气环境良好，光线充足，室内布置方便借阅、阅读。另一方面要求学生保持良好的阅读氛围，可以小声交谈，但禁止高声喧哗。舒适的阅读环境和良好的氛围是学生进入图书馆学习的直观条件，同时是图书馆进行阅读推广工作的首要条件。因此阅读推广的持续性，需要更先进科学的阅读环境和氛围作为保障。

（二）建立学科阅读模式，力求阅读与教育相结合

图书馆应加强与各院系联系，了解各院系专业学科特点，设置学科服务平台，配备专门学科馆员，同时完善对应学科的专业书籍、专业数据库、综合数据库、外文数据库、专利、免费试用数据库及网络免费资源等建设，力争建立建设学科网，为师生提供方便快捷的服务。此模式既加强了图书馆与院系的联系，又有效地与学校的教育相结合，与学校教育达成共识，便可发展、持续。

（三）加强数字资源建设，利用数字资源进行有效阅读

当今社会是知识信息爆炸的时代，互联网、手机的使用已社会化，各类新型媒体推广模式层出不穷。越来越多的图书馆开始应用网络进行阅读推广，社会化媒体推广值得积极探索，也是图书馆未来发展的趋势。如今不少高校都加强了数字资源建设，陆续开展了移动图书馆服务。移动图书馆是指通过智能手机、平板等移动终端设备及手持设备访问图书馆资源，进行查询、

阅读的一种服务方式。移动图书馆能够整合不同的平台，打破内容的瓶颈，提供不竭的资源，真正使阅读无所不在。在开发利用新的数字化阅读推广模式的同时，要对繁杂、混乱、信息污染严重的网络文献过滤和监控，向学生推广内容健康向上的信息尤为重要。图书馆在建设数字资源时应该承担起网络把关者、引导者的重任，建立健全网络信息导航系统，对学生网上阅读的内容和方法加以规范和引导，从而达到对数字资源的健康利用，也是高校阅读推广的重要举措。

（四）打造阅读推广的专业队伍，对学生进行阅读指导

很多学生在阅读过程中没有阅读技巧可言，也没对阅读进行有效的规划习惯，从而缺失结构性阅读和目标性阅读，甚至对原文原书的理解都存在极大偏差。由于受到自身阅读能力的限制，很多学生越来越渴望在读书时有专业人士在旁边进行有效指导。高校应该根据学生这一需求，在图书馆内建立阅读推广的专职专业队伍，该专业队伍应针对阅读推广制定相关工作机制并督促实施，同时要以指导学生阅读为本，系统研究学生的心理特征，根据阅读需求制订符合其兴趣和爱好的推广方案，对其进行有计划、有目的的指导，从而真正做到对学生"走心"式的服务，这样也能让学生的阅读走向"悦读""深阅读"和"深思考"。

（五）提高图书馆工作人员自身职业素养

图书馆工作人员自身职业素养的高低直接影响着图书馆阅读推广的效果。图书馆工作人员应努力提高自己的职业素养，树立"一切为了读者"的服务理念，加强与读者的沟通交流，积极了解读者的心理需求和阅读能力，有针对性地对读者采取不同的指导服务。同时图书馆工作人员要提高自身的综合素养，不断加强业务知识的学习，对各种文化、科学、艺术等领域都要涉猎，针对不同读者咨询的不同类别阅读问题要保证顺利交流，并做出正确引导与服务。当学生遇到阅读难题时，及时给予他们帮助，加强与学生心灵的交流，正确引导学生进行阅读，有效提高学生的阅读水平。有效的互动和交流能提升学生对阅读的忠诚度和关注度，有效保证图书馆阅读推广工作的顺利进行。

（六）建立阅读推广评价体系

图书馆应建立阅读推广的评价体系，出台相关的评价方法和制度，力

求将每一次阅读推广活动的活动预算、活动方案、活动过程、活动反响等记录归档，并做出相应评价，从中吸取经验，做好总结，这样就可以找出哪些活动值得继续发扬光大，哪些活动必须改进，甚至有些不可行、没有反响的活动就及时取消，从而可以让阅读推广工作少走弯路，精益求精。

阅读是提升一个民族精神境界的重要途径，研究探索全方位的高校阅读推广模式是一项系统工程，要建立健全这一模式，还有很多问题要研究，需要高校和图书馆加强重视与关注这一领域，进行系统、深入、持久的研究。目前阅读推广活动正被越来越多的高校和图书馆重视，这是一个非常好的趋势，期待在不久的将来，能看到更多关于阅读推广工作的好举措、好经验，以便取长补短，共同推进图书馆的阅读推广工作。

第三节 图书馆社会化服务的实现路径分析

图书馆具有文献资源丰富、专业人员集中、自动化程度高、服务手段先进、业务水平高等诸多优势，但服务对象单一并且相对固定，资源闲置严重。人们迫切要求将图书馆丰富的文献信息资源向社会公众开放，满足社会公众各种文献信息资源需求，保障社会公众平等和自由利用信息的权利。图书馆也应打开大门服务社会，促进社会公众科学文化素质的提升，带动社会经济文化大发展，助力构建全民学习、终身学习的学习型社会。

一、图书馆社会化服务的概念、依据和内容

（一）图书馆社会化服务的概念

社会主义市场经济的迅猛发展和社会信息化进程的快速推进，使得信息网络化、社会知识化、学习社会化、教育终身化成为现代社会发展的必然趋势，在这样的时代背景驱动下，图书馆社会化服务的概念也应运而生。

分析图书馆社会化服务的概念，首先要了解什么是社会化。在社会学领域，社会化原本主要指人的社会化，即人在与社会的互动过程中，通过对社会规范与社会文化的内化以及角色知识的学习，逐渐由生物人成长为社会人并适应社会生活的全过程。后来随着社会的不断发展变化及社会学研究范围的扩大，社会化概念的范畴扩大，有了组织社会化、教育社会化、后勤社会化等。不过，这些社会化主要是服务环节上的社会化。于是，社会化服务

第八章 图书馆阅读服务管理优化策略研究

这一概念也就逐渐延伸了出来。社会化服务是一个比较宽泛的概念，通常是指某一行业利用特有的技术、人力和资源，面向社会大众提供自己的服务。它包含着两个方面的重要内容，一个是服务范围扩大，面向社会；另一个是采用社会化的服务模式。

根据对社会化和社会化服务概念的分析，我们大致上可以得出这样一个定义：图书馆的社会化服务是图书馆根据自身所具备的资源和能力，在保证满足本校师生教学科研等正常需求的基础上，通过传统和网络途径，向广大社会用户敞开服务大门，为其提供搜索能力的信息服务，主动满足社会用户的信息需求的过程。这意味着图书馆社会化服务主要包含两层意思：一是图书馆的社会化服务是以保证本校的服务为前提的，也就是说，图书馆要将服务重点放在本校师生上面，要将满足本校的教学科研服务作为首要任务。与此同时，图书馆的服务对象不能仅仅停留在本校师生群体，还要打破只为本校师生服务的思想束缚，接纳全社会成员，为全社会成员提供服务。二是图书馆要实现社会人员与本校人员的无差别对待，不能仅限于馆内阅览和复印扫描等简单服务，还要提供专业化、学科化和个性化信息服务。由于社会用户的信息需求可能涉及社会生活的方方面面，所以图书馆要注意提升馆内成员自身的综合素质和业务技能，以满足多元化的信息需求，实现图书馆的价值。

（二）图书馆开展社会化服务的依据

近年来，许多图书馆开始社会化服务工作的探索和尝试，但目前还没有图书馆社会化服务的具体政策和法律，亟待国家从政策和法律层面对其进行保障。政府部门应该制定相关政策和法规，鼓励和提倡图书馆进行社会化服务，使图书馆社会化服务中遇到的问题有章可循，有法可依。图书馆社会化应该是全社会共同参与的宏大工程，政府大力扶持，公众积极参与，图书馆履行社会职能，社会化服务工作才能真正落到实处。

1. 法律依据

（1）国家层面的法律法规

近年来，我国许多图书馆开始社会化服务工作的探索和尝试，但目前还没有图书馆社会化服务的具体政策和法律，而主要包含在《中华人民共和国宪法》《中华人民共和国高等教育法》《普通高等学校图书馆规程》等相关法律法规中。

（2）相关部门的政策规定

从20世纪80年代开始，图书馆界开始讨论图书馆向社会开放的话题，此后各部门也相继出台了一系列相关政策，为图书馆社会化服务的实施提供了政策依据。

（3）行业协会的相关条例和规程

有关行业协会的条例和规程主要包括国际图联、各国图书馆学会及各分会、各图书馆联盟提出的相关条例。

2. 社会呼吁

率先提出图书馆应向广大社会群众服务的是德国著名图书馆学家诺德，此后各国纷纷提倡并实践图书馆社会化服务，并为此投入大量的、稳定的资金。我国图书馆社会化服务越来越受到社会的关注，很多图书馆都逐渐向社会开放。

3. 用户需求

社会的发展、经济的增长需要信息和科学文化知识的普及，全民族思想文化水平的提高，都需要信息。在这样的社会进步大潮的推动下，劳动者需要不断学习，社会公众需要有读书娱乐的场所，科研单位也需要利用图书馆获取各项信息资料。图书馆是为用户提供信息服务的机构，也应承担起满足用户信息需求的重任。另外，由于开馆时间受限，证件办理难，校外人员难进图书馆，这无疑造成一种浪费。这一切都要求图书馆充分发挥并利用自身的优势向社会开放。

4. 自身需要

图书馆面向社会开放，可产生广泛的社会效益。首先，通过向社会开放服务，图书馆丰富的馆藏资源可以得到充分的利用，从而深入宣扬先进的民族文化，客观上也可以改变公众的知识结构。其次，通过向社会开放服务，图书馆在保障公民的基本文化权益的同时，自觉推动社会主义文化大发展大繁荣，补充了区域信息资源的不足问题，使馆藏信息资源得到充分利用，发挥了资源效益的最大化。再次，图书馆需要与社会沟通与交流，通过社会化服务中得到的反馈信息，弥补不足，有助于提升自身的服务水平和服务质量。最后，图书馆通过社会化服务，能让图书馆馆员更大范围地接触社会，扩展视野，提高工作效率。从上述几点可以看出，图书馆出于自身的长远发展需要，也应该对社会读者开放。

（三）图书馆社会化服务的内容

图书馆的社会化服务内容是围绕学校的各项教学科研活动开展的，是为教学科研工作提供所需信息，为学生获取各种知识提供相应资料。在信息化高速发展的今天，图书馆要充分利用自身丰富的馆藏资源，采用多种方式，全方位向社会公众提供多样化的信息化服务，以便更好地适应社会公众广泛而多元的信息需求，最终实现全民阅读。

1. 服务对象社会化

就传统层面来说，图书馆是以本校的师生为服务对象的，由于高校教师和学生的文化层次相对固定，因此服务方式、服务内容相对单一。随着知识经济的发展，人们对图书信息的需求迅速增长，传统的大众图书馆已经难以满足人们的需要，要求图书馆向社会开放尤其是开展社区服务的呼声日渐高涨。社会化服务要求图书馆扩展视野，服务对象不能仅局限于"师生读者"，还应该面向"社会读者"，服务社会生产生活。这就要求图书馆对所服务的社会用户进行分析研究，掌握他们信息需求的特点。同时，根据图书馆服务所能覆盖地域的范围、人口密度、用户群分布等来确定服务市场规模的大小。图书馆社会化服务的基本内容是服务对象社会化，也就是说，服务对象要体现社会化的特点。从服务对象的范围来说，图书馆社会化服务对一切读者平等对待，使其都有享受服务的权利；从服务对象的所属单位来说，不再局限于本校师生，而可以是政府部门、城市社区、企事业单位，还可以是其他社会团体。

另外，随着网络技术的广泛应用，图书馆也要突破馆舍、地域限制，主动接触社会，摆脱传统的文献管理模式，在文献信息的采集、加工、组织和服务方面，采用新的方式，建立辐射型的开放服务体系。网络环境下的图书馆，社会读者通过互联网利用图书馆资源，接受图书馆的服务。这时图书馆的服务对象真正突破了地域限制，不再局限于本校师生，服务对象逐渐向社会读者扩展，具有了十分明显的社会化特征。

2. 服务内容社会化

图书馆建立的初衷就是为高校师生教学科研工作服务，因此在很长一段时间里，图书馆的服务都局限于高校校园内部。随着图书馆社会化服务呼声的渐起，图书馆的读者范围被大大扩大，社会读者自身知识水平参差不齐，对信息的需求多样化，研究领域宽泛且复杂，这给图书馆的社会化服务增加了难度，也提出了更高的要求，需要其不断提高社会化服务的程度。高校要了解社会读者的信息意识、信息接受能力、个性化需求，以便开展针对性的服务。

3. 服务功能社会化

图书馆的基本功能是为高校教学科研服务，这导致很长时间里，图书馆的领导决策层、管理层及馆员都认为，图书馆只能服务于本校师生和教职工，服务于本校的科研项目。这种观点严重束缚了他们的思想，阻碍了图书馆的长远发展。图书馆社会化服务要求高校管理者必须转变思想观念，摆脱对图书馆功能的狭隘定位，将图书馆的服务功能社会化，即充分利用图书馆资源。

采用多种方式全方位地向社会读者提供信息服务，充分发挥图书馆在促进社会发展、促进人类进步等方面的重要作用。这就要求图书馆放开视角，为构建和谐社会、培养人才等提供支持，发挥传承文明、提高全面素质等多方面的功能。

4. 实现全民阅读

为加强国家软实力，许多国家都通过国家行为和法律行为鼓励、提倡并实践全民阅读，我国也十分重视国民素质的提升。

我国的全民阅读仍处于起步阶段，还有很多有待适应的问题，如全民阅读的软硬件与群众需求还不相适应，阅读公共资源相对贫乏。要实现全民阅读，仅仅依靠公共图书馆的力量和资源是远远不够的。而图书馆藏书体系相对完备，馆藏信息资源丰富，不论是从资源总量上还是从学科类别上，都是公共图书馆所不能比拟的。如果将图书馆富余的文献信息资源用于文献信息资源相对匮乏的社会公众，满足社会公众对各种文献信息资源的需求，将会推动社会文化、教育事业的蓬勃发展，以带动社会经济文化大发展，从而构建全民阅读的和谐社会。

图书馆应顺应时代发展要求，积极探索对社会开放的服务内容和服务途径，助推全民阅读早日实现。

二、图书馆社会用户基本类型

图书馆社会用户分为多种类型，每种类型的用户对信息的需求各有不同。

（一）政府用户

各级政府部门既是信息的生产者，也是信息的需求者。图书馆实现社会化服务，重要的服务对象就是政府。目前政府信息分散于各个部门，图书馆可以和这些部门合作，以整合调控政府信息，依据实际需求，对政府信息资源进行分类、导航、揭示。

（二）中小学用户

我国各中小学校大多只在学校内部设立有图书室，一般规模不大，某些大城市的中小学拥有自己的图书馆，一般也都资源有限，很难满足读者需求。图书馆需要承担更多的教育职能，因此中小学教师与学生也是其社会化服务的重要对象。中小学生年龄较小，阅历浅，知识的掌握水平有限，因此图书馆可以以此为出发点，为他们开放本馆的部分服务。

（三）企业用户

企业作为最重要的市场主体，是市场活动的主要参加者，是经济、社会发展的主力军。我国的企业不但数量大，而且种类繁多。随着知识经济时代的到来，企业之间的竞争更加激烈。行业内的对手竞争、商品竞争、商业模式的竞争等，往往又体现在企业信息情报的竞争上。因此可以说，图书馆以企业为服务对象，也是经济发展的需要。图书馆可以围绕企业的经营目标和发展规划，通过各种途径为企业提供宏观经济走势预测、新产品开发、客户需求变化等具有价值的情报信息。

（四）城市社区用户

城市社区用户也是图书馆社会化服务对象中重要的一部分。城市社区用户比较复杂，既有在职工作人员，也有下岗职工以及离退休人员，还有一些特殊人群，如残疾人等。图书馆开展面向城市社区用户服务时，要考虑这些不同群体的需求特点，提供针对性和实用性的服务。例如，对于在职人群来说，关注点通常是财经、管理、技术、法律咨询等信息，图书馆应从他们的需求出发，尽力提供相应的信息服务。图书馆通过社会化服务营造一种健康、和谐、积极向上的社区文化氛围，解决社区用户信息缺乏的问题。

（五）农村用户

提高广大农村居民的文化素质，是社会经济发展和新农村建设的重要职责，图书馆应当积极承担这个责任。面向农村用户的社会化服务，既要向农村用户提供农业信息服务，又要指导农民将这些信息运用到农业生产中。图书馆丰富的知识和信息资源对于农民来说具有重要的利用价值，应注意提高农村用户获取知识、运用知识的能力，便于他们迅速、准确地掌握农业新技术和生产农业新产品，以此提升他们的社会生存力与市场竞争力。

三、图书馆社会化服务的必要性和可行性

图书馆开展社会化服务是高等教育深化改革、市场经济蓬勃发展新形势下产生的一种开放性行为。它要求图书馆在为本校的教学、科研提供服务的前提下，走出校门，面向社会，拓展服务领域，为社会公众开展多元化的信息服务，最大限度地满足其信息需求。

（一）图书馆社会化服务的必要性

具体来看，图书馆社会化服务的必要性主要体现在以下几个方面：

1. 图书馆社会化服务是社会发展的迫切需求

综观我国图书馆，大多数拥有丰富的资源、先进的设备、准确的信息和专业服务手段，但长期以来仅仅把服务对象局限于本校师生，服务对象单一，服务方式相对固定，社会成员很难获取图书馆的信息服务，造成了图书馆资源的巨大浪费。这一方面与社会信息化发展的需求不相符合，另一方面与图书馆自身发展的方向不一致。图书馆应该充分发挥自身的信息资源优势，努力服务于社会经济、服务于社会大众。

目前，我国图书馆不论是从资源总量上还是从学科类别上，都是科研和公共两大图书情报系统所不能比拟的，但是其利用率不高，大部分图书处于一种资源闲置状态。如果将图书馆富余的文献信息资源面向社会公众开放，满足社会公众对各种文献信息资源的需求，将会推动社会文化、教育事业的蓬勃发展，构建全民学习、终身学习的学习型社会。

此外，从经济发展的角度来看，各中小企业信息资源相对匮乏，对其发展有非常明显的制约作用。而未来企业的竞争很大程度上是信息的竞争，有效的信息对提高企业的经济效益有很大的作用。图书馆除了为本校师生提供服务，还可以给当地的企业提供一些信息和技术方面的服务，可以促进地方经济更好更快地发展。

2.图书馆社会化服务是其自身发展的重要趋势

印度著名图书馆学家阮冈纳赞的《图书馆学五定律》指出：图书馆是一个不断生长着的有机体。图书馆的存在、运行和发展的出发点就是让任何读者在任何时候、任何地方可以利用任何资源。自改革开放以来，随着市场经济体制改革的深入发展，以及与高等教育的接轨，大学与社会经济有了越来越紧密、越来越广泛的联系。社会经济的发展需要充分利用大学的人才优势、专业优势、资源优势等。图书馆作为大学的信息资源提供机构，自然不能置身事外，而要为社会经济的发展做出一定的贡献。当然，图书馆根据社会需要深入开发文献信息资源，为社会提供高质量的信息资源服务，不仅是为社会，也是为了自身的健康持续发展。可以说，图书馆的社会化服务是图书馆自身事业发展的趋势。这具体体现在以下几个方面：

第一，图书馆社会化服务有助于图书馆实现信息资源利用效率最大化。图书馆对社会开放，补充了区域信息资源的不足问题，使馆藏信息资源得到充分利用，发挥了资源效益的最大化。

第二，社会化服务能让图书馆的成员与社会有更多的接触，从而扩大视野，提高工作效率，促进馆员的成长。可以看出，图书馆自身的发展也要求高校图书馆进行社会化服务。

第三，图书馆社会化服务能体现自身的社会人文关怀。图书馆坚持以人为本、读者至上、服务第一的宗旨，为社会读者提供优质高效的服务，体现了人文关怀，能够促进社会的和谐发展。

第四，图书馆提供社会化服务能够弘扬民族的先进文化。图书馆向社会开放，有效地利用丰富的馆藏资源和先进的网络信息技术平台，深入宣传先进文化，能够有效改变公民的知识结构，提高公民的知识水平和思维能力。

第五，图书馆需要与社会沟通与交流，而从社会化服务中得到的反馈信息可以使图书馆不断弥补自己的不足，不断提升服务水平和服务质量。

第六，图书馆通过社会化服务可以扩大自己在社会上的影响力。通过对社会公众的服务让更多的人了解图书馆，通过较好的服务水平赢得社会公众的认可和支持。

（二）图书馆社会化服务的可行性

1. 高素质的人才队伍为图书馆社会化服务的实现奠定了人力资源基础

图书馆社会化服务的实现首先需要一定的人力资源支持，而随着我国高等教育的不断发展和高校师生对文献信息需求的不断变化，图书馆十分重视对人才队伍的建设，并已具有一大批学科结构、学历结构合理的高中级专业人员，这就为图书馆社会化服务的实现奠定了基础。这些优秀人才，或熟悉图书情报知识，掌握网络信息资源的分布情况，或精通某学科和专业，为更好地成为一个合格的学科馆员打下了坚实的基础。正是有了高素质的干部队伍，才能保证图书馆为广大用户提供现代化的、高层次的知识服务。

2. 便利的地域环境为图书馆社会化服务的实现提供了有利条件

图书馆社会化服务的提出有着多方面的考量，其中一个重要因素就是高校一般地处人口众多、经济繁荣的大都市，高等教育的发展也带动着地区经济的发展。利用自身优势，为地区经济发展做出贡献，是图书馆自身发展与完善的途径之一。

3. 丰富的馆藏资源为图书馆社会化服务的实现奠定了信息资源基础

相较公共图书馆而言，图书馆往往馆藏资源门类齐全，学科结构合理，数量庞大，具有突出的专业性、完备性、系统性和实用性的特点。尤其是在电子图书期刊数据库等新型数字资源方面，图书馆的优势极为明显。这些丰富的、具有突出优势的馆藏资源，不仅能够为本校师生提供各种信息服务，满足本校师生教学、学习、科研的文献信息需求，而且能够为校外的社会公众提供一定的服务，满足校外社会公众的文献与知识需求。

4. 先进的技术手段为图书馆社会化服务的实现提供了技术支持

计算机技术、网络技术的大力发展和全面普及为图书馆的社会化服务实现提供了技术支持。一方面，随着现代信息技术的快速普及，大多数图书馆实现了自动化管理，并且以先进的存储设备和网络传输设备建立了电子阅览室、数字图书馆和各种数据库，为广大读者检索图书馆文献和利用电子资源提供了极大的便利。另一方面，通过先进的技术手段，图书馆可以借助网络，开展课题查新、远程访问、新书推荐和资源共享等服务，这就为图书馆社会化服务的实现提供了技术支持。近几年来，图书馆引进并采用的自助借还系统、电子阅报器、电子图书阅读器、文献远程传递以及图书馆微信平台等新技术和器材，都为图书馆社会化服务的实现奠定了坚实的基础。

四、图书馆社会化服务的实现路径分析

图书馆开展社会化服务，不仅是时代和社会发展的需要，也是图书馆自身发展的需要。在新形势下，推动图书馆社会化发展，促使图书馆面向全体社会公众，满足社会公众的多元化信息需求是图书馆的重要任务。而要实现这一任务，可从以下几个方面入手：

（一）转变观念

观念问题是制约或推动行动的关键问题。要进一步推进图书馆社会化服务工作，就必须从各个方面转变观念，端正认识。首先要从全社会的信息资源共享出发。正确认识图书馆的信息资源、设备资源和人力资源是通过国家投资建设的，不仅是某一单位的资源，还是全社会的资源。其次要认识到国家投资建设的信息资源不是被动为少数一些用户服务的，而是为全社会信息用户服务的；最后要从资源利用最大化考虑，应尽最大可能提高信息资源的利用率。

观念的转变涉及以下几个方面：一是政府要及时转变观念，在制定政策和法规时充分认识图书馆社会化服务的重要性，从战略高度给予重视，并在资金、制度、队伍建设等方面付诸行动。二是大学领导要及时转变观念，树立对社会开放的大局意识，解放思想，打破只在图书馆内服务、只为本校读者服务的思想束缚，突破图书馆传统的、单一的服务模式，向社会用户开放资源并提供多层次的信息服务，最终融入整个社会大环境，使学校师生用户成为社会信息用户的一部分。三是各级地方政府要及时转变观念，通过多方渠道，为图书馆社会化服务提供人力、财力和政策上的帮助。四是图书馆管理者及服务人员要及时转变观念，要敢于挑重担，勇于找麻烦，从信息资源最大化利用和社会信息用户的信息需求出发，千方百计地为社会用户提供服务。

（二）加大宣传力度

图书馆还必须在树立市场观念和为社会大众服务的思想基础上加大宣传力度。大学尤其要针对附近的社区居民进行宣传，力争使社区的每个居民都了解图书馆，了解图书馆的馆藏资源和服务流程，从而吸引居民，让他们实现走进图书馆获取信息的愿望。

在对图书馆社会化服务的宣传过程中，应注意采取尽可能多的宣传手段与形式。综合式销售策略就是一个不错的方式。它是指不直接介绍信息产品和服务内容，而是通过设备、人员构成、特色数据库、给用户带来的利益等方式和途径介绍图书馆本身情况，突出本馆的特点和成果。比如，根据用户借阅图书的数量、遵守借阅纪律的情况等给予一定优惠，目的是鼓励用户多利用图书馆的资源。同时，对协助本图书馆扩大服务对象的用户给予一定的推广优惠，以树立图书馆良好的市场形象，使用户产生信赖，从而扩大社会化信息服务的范围，扩大信息产品的销售。总体来说，图书馆社会化服务的宣传工作必须多管齐下。

首先，各级政府通过各种媒体对图书馆进行宣传，包括政策、资源、服务项目、注意事项等，让全社会的信息用户了解图书馆。

其次，图书馆联合社区，在社区通过发传单、办专栏的形式宣传本校图书馆。要组织人员深入社区、村镇，为社会人员宣传学习文化知识和获取信息资源的重要性，通过举办讲座、读者座谈会、图书展览、读书活动等多元化的宣传格局向社会用户全面、系统地介绍图书馆馆藏资源布局以及服务宗旨、服务职能、服务项目等，并吸收社会人员到图书馆现场参观，加深对图书馆的了解，形成地校互动的关系，拉近大学与社会公众的距离，提高图书馆的知名度。

最后，图书馆要加强自身的宣传工作。可通过学校和图书馆主页进行宣传，也可通过举办阅读活动、资源使用培训活动、编辑宣传手册、编辑宣传片等进行宣传。图书馆主页设计不仅要条理清楚、结构合理、主次分明，既体现图书馆自身风格，又体现人文关怀特点，还要加强主页的互动性，增强在线答疑咨询项目，充分体现对读者的关怀和体谅，让公众读者随时随地都能感受到图书馆的关怀，使图书馆主页变成信息时代图书馆人文关怀服务的一个窗口。

（三）构建适合新环境的图书馆社会化服务模式

在实施图书馆社会化服务时，积极构建与时代要求相符合的社会化服务模式也是一项十分重要的工作。就当前而言，以下是图书馆社会化服务的一些有效模式：

第八章　图书馆阅读服务管理优化策略研究

1. 服务学校与服务社会兼顾模式

图书馆开展社会化服务后，随着社会用户的不断介入，将会对主体用户（本校师生）在利用图书馆的馆舍资源、文献资源和网络资源等方面形成一定的影响，因此处理好主体用户与社会用户的关系尤为重要。服务学校与服务社会兼顾的模式就是指图书馆针对学校的教学和科研，建立系统的、多类型的、多层次的学术信息体系，在为学校师生提供良好服务的基础上，针对社会读者的文献信息需求，为社会读者提供一些优质的服务，如开辟专门的阅览室、办理借书证、提供各类信息查询等。

这种模式的贯彻实施需要图书馆坚持"立足校内读者，兼顾校外读者"的原则，同时要注意以下两个方面的问题：

第一，校内读者群体与校外读者群体并非完全对立，他们之间在一定条件下可以相互转化。当校内读者与学校脱离关系（毕业、离职）后，校内读者转化成了校外读者，或者本校读者到其他高校查阅文献时便也成了校外读者。而校外读者也有成为校内读者的可能，如工作调入、中小学生将来升入高校等，因此校外读者是图书馆的潜在用户群。

第二，当校内读者和校外读者在利用图书馆时发生需求矛盾，如同时需要阅览座位、同一文献资源等，图书馆在校内读者优先的前提下应尽量为两者协调，促使双方达成一致，而不能简单地剥夺校外读者利用资源的权利。

2. 传统服务与网络服务互补模式

图书馆面向社会的传统服务主要是为社会读者开辟阅览室，为社会读者办理借阅证，组织社会读者参加各类展览、讲座、论坛等，或者向基层图书馆提供文献资源，为边远地区的读者提供流动图书馆服务等。而图书馆面向社会的网络服务主要是为社会大众开放图书馆的主页，在主页上向社会大众介绍图书馆的发展情况、各种信息资源等，在协议许可的范围内向社会读者免费提供图书馆的数据库资源和网上免费信息，提供网上信息咨询及远程传递服务。一般来说，网络知识服务适用于经济条件较好、具备上网条件的社会读者，而传统服务则更适用于经济条件较差、不能随时上网，或者居住地离图书馆较近、时间比较充裕的社会读者。

这一服务模式的关键是以用户为中心，以联合服务为手段，最终目的是满足用户的信息需求。针对社会用户的具体情况，在传统服务中可先允许校友和学校周边的居民办理借阅证，积极吸收校外用户参加图书馆举办的讲座、知识技能培训，利用馆际互借和远程传递联合的方式获取用户急需而本馆无法提供的文献信息。另外，在知识产权许可的前提下，尽最大努力向社会用户提供本馆构建和自建的数据库，还可组织下载网上免费的信息资源为社会用户服务。

文献传递与馆际互借的过程当中，必然会产生查询费、扫描费、打印费、邮寄费等相关费用。这些费用的产生并不是本馆的服务费用，而是在传递过程中产生的硬性费用，这些费用完全由图书馆承担是非常不合理的，应由申请人承担。

3. 图书馆联盟服务模式

图书馆联盟有全国性的，也有地方性的；有同一行业的，也有同一区域的。近十年来，我国图书馆联盟积极发挥协作、智能的作用，在为信息用户提供知识信息服务方面发挥了很重要的作用。在图书馆联盟中，中国图书馆联盟、中国高校人文社会科学文献中心和中国高校中英文图书数字化国际合作计划，是实力比较雄厚、影响比较大、用户比较多、口碑较好的大型联盟。

地域性的图书馆联盟有天津图书馆联盟、首都图书馆联盟、武汉地区图书馆联盟、安徽省图书馆联盟、青岛开发区图书馆联盟、珠江三角洲数字图书馆联盟等。这些图书馆联盟或免费开放，或收取一定费用为校外用户办理借阅证，或提供限制条件的服务。

图书馆联盟服务模式在现阶段已经凸显了一定的效果，今后还要在此基础上继续完善，不断发挥其重要作用。

一是继续发挥现有行业性的图书馆联盟作用，尤其是图书馆联盟的作用，要在不断扩展高校成员馆的基础上，进一步吸收其他图书馆和其他机构加入，尤其是要开通个人用户，为个人用户提供便利的文献信息服务。二是健全完善地域性的图书馆联盟体制，争取一定经费，组成相应机构，通盘考虑该联盟的信息资源建设、书目数据库共建、数字资源共享、馆际互借、本地域文献的通借通还、本联盟对外的数字参考咨询服务等，为社会用户提供更优质的服务。三是通过政府干预，建立全国性的跨地域、跨行业的图书馆联盟，在资源共知的基础上，逐步达到资源共享，并形成统一的通借通还、网上咨询等服务项目，为社会用户提供文献信息及其他服务。

4. 校地共建模式

这种模式主要是指大学与当地政府共同合作，一起联合办馆，然后实现信息资源的共享。校地共建模式完全以大学为依托，但学校不再单独投资办图书馆，而与地方共同投资办图书馆。虽然是共同办馆，但学校拥有更大的管理权，地方政府不得干涉学校图书馆的行政管理、业务管理等。在这种模式下，学校和地方集中财力办馆，大大避免了各自建设所造成的多种资源的重复使用，不仅使办馆的成本降低了，而且使办馆的效益提升了。从单方面来讲，校地共建图书馆既使大学解决了资金不足的问题，又使地方在获得有效的文献信息上取得了便利。这是双方共建、共享与共赢的一件事。这种模式最适合非中心城市，如本地大学比较少、经济文化又欠发达的地区。

5. 有条件限制的服务模式

这种模式是指图书馆在不影响满足本校读者之需求的情况下，有条件、有选择地向社会读者提供服务。具体可在以下几个方面进行限制：

第一，限制地区，即以办理会员证的方式允许邻近社区民众参加讲座、培训和借阅等活动。

第二，限制时间，即根据本校读者使用图书馆的时间特点，利用学校假期时间开放服务。

第三，限制读者，即向特定社会读者开放，以减少对本校读者学习的影响。

第四，限制资源，即仅向社会读者提供某项资源，如电子资源、信息咨询和远程培训等。

第五，限制数量，即在可控的范围内对外借阅，每天的外借流量有数量控制。

在具体的实践中，图书馆不必局限于一种模式，而应当根据社会用户的知识信息需求、图书馆的馆藏特色、服务手段、经费许可、空间承受能力以及政府支持力度等因素，采用某种或某几种模式。

（四）提升图书馆社会化服务能力总量

要提升图书馆社会化服务能力总量，可从以下几点入手：

1. 重塑公共服务精神

社会的发展、时代的进步要求图书馆向公众开放，其工作的各个环节都应该体现开放的理念。对此，图书馆必须认清自身的社会价值，不但要满足本校师生的需求，还要关注和了解社会读者的信息需求，要树立社会化服务意识，把图书馆的信息服务与经济建设、社会发展需要紧密联系起来，推动社会经济的发展。

2. 提升深层次服务能力

深层次信息服务是图书馆服务社会化的主要内容之一。提供深层次信息服务涉及面广，具有专业深度，对图书馆的资源和人员都有较高要求。对此，图书馆不但要提高馆藏质量，还要提升图书馆工作人员素质，这需要充分发挥自身优势，对信息资源进行深度开发，向社会各类读者提供多层次、多样化的信息产品。

跟踪社会重点课题，深化定题服务，这是图书馆提升深层次服务能力的重要途径。当今社会，科研人员无论在课题立项阶段、实施阶段，还是在课题鉴定阶段，都需要与本课题有关的文献信息，特别需要图书馆能为他们提供全面、具体、可行的信息服务。图书馆应加强与社会科研机构的联系，深入科研过程中，跟踪科研进展，在此基础上通过各种方式搜集与本课题有关的大量信息，经过加工，形成实用可行的综合分析报告、资料汇编等，主动地、有选择地把最新信息、准确数据提供给研究人员，充当好信息专家、信息导航员的角色。在这方面，有些图书馆取得了显著成效。

3. 组建多元化服务团队

为了适应向社会开放的趋势，图书馆还需要优化图书馆人力资源结构，增强专业人才的建设与培养。在人才引进机制中，制定合适的薪酬、福利待遇等标准，用与业绩相配套的奖罚制度、晋升制度、任期制度、津贴制度来激发馆员的积极性和创造性；在留住人才方面，需要重视职员的综合培养，提供针对性的岗位培训与学习深造的机会。各类专业技术职称人员要得到合理的搭配，相应的馆员要在相应的岗位上工作，按照服务内容和服务层次划分不同的团队，配备不同层次的人才，满足社会用户多元化的信息需求。

4. 拓展公共服务空间

面向社会服务的图书馆应与公共图书馆一起担负"启迪民智，普及教育"的职能，不断拓宽公共服务空间。对此，图书馆可以和公共图书馆、社区图书馆以及农家书屋等建立馆际合作联盟，参与公共图书馆资源与设施建设。

图书馆应该要在满足本校师生需求的基础上，积极对社会用户开放，走向基层。

5. 健全公共服务体系

图书馆的资源是有限的，单靠其自身的力量无法为社会用户提供良好的服务。图书馆必须寻求多方合作，实现资源共享，如与公共图书馆一起发挥区域整体服务优势。为避免行政体制、资金来源、人员编制等诸多问题，图书馆与公共图书馆可进行局部合作，就文献信息资源的共建、共享进行合作，而不必在馆址、人员、经费、设备设施等方面展开合作。目前，我国已有多所公共图书馆和图书馆实现整合。图书馆还可以与企业合作建立多种服务平台，实施区域图书馆集群化发展策略，将服务渗透社会的每一个角落。

（五）加强图书馆社会化服务管理

图书馆要想有效开展社会化服务，做好社会化服务管理，具体可从以下几个方面着手：

1. 切实树立对社会开放的大局意识

图书馆开展社会化服务及其管理，要树立对社会开放的大局意识，融入整个社会大环境。具体而言，从服务范围来看，图书馆要把少数校外读者逐渐扩大至全社会；从服务的层次来看，图书馆要实现社会读者与本校读者无差别对待，不能囿于馆内阅览和复印扫描等简单服务，还要提供专业化、学科化和个性化信息服务；从服务内容来看，由于社会用户的信息需求可能涉及社会生活的方方面面，所以图书馆馆员要扩大视野，提升自身综合素质和业务技能，以满足各类社会组织和个人的多元化信息需求。只有这样，图书馆才能更好地适应社会的发展，满足社会读者的信息需求，有利于图书馆未来的生存和发展。

2. 建立与完善社会化服务的评价体系

正确、科学的评价体系是做好一项工作的可靠保证。要持久、深入地开展好图书馆社会化服务工作，建立健全科学实用的评价体系是非常有必要的。对图书馆社会服务质量的评价应"始于客户的需求，终于客户的满意"，也就是说，图书馆服务质量评价应始终围绕着用户、读者来开展，其根本的评价标准是用户对图书馆服务的满意度。

以用户的满意度作为评价原则，不但要求图书馆的服务有一个好的结果，还应有一个好的过程。并不是图书馆的投入多、资源多，用户利用得多，服务就自然会好，用户就一定会满意。不能仅仅将"高利用率"作为评价标准。

以用户的满意度作为评价原则还有助于建立公平的竞争环境，这是因为如果以馆藏资源、硬件作为评价标准，那些大馆、强馆仅凭自身级别，可获得较高的评价，而一些小馆、弱馆无论怎样努力，也无法获得较高评价，这必将打击图书馆改进服务工作的积极性，弱化评价的激励作用。

（六）完善图书馆社会化服务保障机制

完善的图书馆社会化服务保障机制，既要有政策与法规保障、资源保障、资金保障、人才保障，还要有技术保障、体制保障。

1. 政策与法规保障

图书馆社会化服务要想持续运行，离不开法律和法规的保障。政府部门应该要制定相关政策，大力鼓励和提倡图书馆进行社会化服务，并提供必要资金资助和其他优惠条件。从法律方面，我国应尽快出台图书馆法，以规范图书馆社会化服务行为，保护各方的合法权益。

2. 资源保障

俗话说，巧妇难为无米之炊，图书馆要实行社会化服务，面向社会广大读者开展广泛而深入的开放服务，就必须有资源丰富、保障有力的海量信息资源体系。充足的馆藏资源是图书馆开展社会化服务的基础。图书馆不但要有传统的馆藏资源，还要有丰富的电子资源、专业数据库、多媒体文件以及网络信息等。对此，图书馆应加强各类资源的购买力度，加大实体资源与虚拟资源的整合力度，区域内图书馆之间也要加强资源的整合与共享。

长期以来，图书馆工作一直侧重于对信息资源的收集、整理、保存，多是提供书刊资料，片面追求"全"，尤其是重收集，轻利用，虽然也涉及了文献的开发利用，但还处于浅层次的利用，服务水平比较初级。随着现代信息的快速发展，网络技术对图书馆发展的影响越来越大。网络通信的优势在于数据量大、方便快捷、时效性好，这使资源共享成为可能。网络可以提供网络覆盖地区（国内外、馆内外）的任何信息，信息形态多样，包括数据、声音、图形、图像等多媒体信息。但是，网络信息资源繁多、浩大，缺乏秩序，更有因网址飞速增长不便查找的弱点。对此，图书馆应该是有选择地利用网络信息资源，加强甄选工作，做好加工，组织成方便读者利用的信息资料。这可以从以下几点入手：第一，利用现代信息技术对本校图书馆信息资源进行数字化处理。例如，建立自己的网站，将本校馆藏文献信息放到网站上，开设相应栏目，除了提供最基本的服务如"借阅服务""书目查询"，还应提供"最新书目消息""信息服务""读者信息""网上资源"等，并设置多种检索点，读者可转换不同栏目获取信息。第二，根据校内外读者对象的不同需求，对网络大量的可利用信息进行整序分类。制作网络资源导航页，对本校图书馆常用的Web网址、BBS站址等进行分类，并设置超链接，形成浏览器的初始页面，方便读者查找信息。第三，针对一些专业读者的特殊需求，可以根据自身的条件提供特殊服务，或者直接链接至网络上某些专业的、权威的资源库，如果条件允许甚至可以将可用部分直接下载到硬盘中，让读者能更快速获取。第四，通过网络直接将读者所需要的信息传输到个人计算机，或者通过传真纳入CAI课件等方式，供读者下载获取。第五，针对一些利用率较高但访问受限、拷贝受限，或者必须通过某种检索、浏览软件访问的网络文献，可以建立一个特殊的信息库，专门用来介绍有关检索软件、浏览软件以及储藏有关信息资源地址码等，方便读者检索、访问网络资源。

3. 人才保障

图书馆进行社会化服务，人才队伍素质是关键。原来单一的读者群随着社会化服务的发展，转变为多层次的读者群，这对图书馆馆员提出了更高的要求。图书馆必须加强人才管理，通过奖励机制和竞聘上岗机制激发馆员的积极性，合理分配馆员的岗位，做到人尽其才。人才保障是图书馆开展社会化服务的智力支柱。

图书馆馆员信息素质的高低决定社会化服务的优劣。对此，图书馆就人才保障方面应做好以下工作：

第一，在人才培养和引进计划里必须注重人才知识结构的优化。在引进图书馆学、情报学专业人才的同时，积极将各学科专业的人才充实到图书馆馆员队伍中，保障有足够的人员为社会服务。针对本学校的培养目标、专业设置、科研任务，还有社会读者的实际需求，配置一定比例的图书馆学、信息学专业人员，并应配备一定数量的有关学科的专业人员和相关技术人员。

第二，图书馆不仅要求图书馆馆员具有各相关领域的专业知识，还要求图书馆馆员具有高度的责任感、事业心和高涨的工作热情。

第三，图书馆在服务社会读者的过程中对人员加以保障。对参与社会化服务的人员，要执行合理的职业教育机制、竞争机制、激励机制，加强在职馆员的业务培训和素养教育。

第四，可持续发展的社会化服务需要图书馆树立"以人为本"的管理理念。尊重馆员，从制度上关心馆员，使馆员转变服务理念，认识图书馆社会化开放服务的必然性和理念，获得馆员对服务社会的理解、认同和积极支持，充分发挥馆员的智慧、才能和热情，以人才保障创造优质的社会服务绩效，塑造良好的图书馆社会服务形象。

4. 技术保障

网络技术的发展为图书馆社会化服务提供了有效保障。网络及网络通信技术让图书馆突破了物理空间和实体资源的束缚，让社会化服务更加容易操作与实施。图书馆可以充分利用Web网络模式下的技术实现方便快捷及个性化的服务。

5. 体制保障

图书馆的社会化服务，离不开科学规范的体制保障。图书馆应利用自身的专业特点（文科、理科）、资源优势、人才优势、地域优势，确立社会服务方向，选准服务项目，建立相应的管理体制并加以完善。在此过程中，图书馆应进行反复地调研、论证，不断地进行修订、完善，以形成全方位的有效的规划。图书馆既要重视有效的传统服务方式和手段，也要与时俱进，不断学习和应用现代化管理技术，以提高服务效益。

图书馆对社会开放是大势所趋，而目前图书馆资源完全共享的条件还不成熟，向社会全面彻底地开放也不现实。图书馆面向社会服务应依据自身实际情况，遵循以人为本、校内优先、循序渐进、共建共享、需求导向、注重效益和可持续发展的原则，逐步扩展服务内容和范围。图书馆实现社会化服务，需要对社会用户进行基本划分，根据本馆学科特点和服务基础，选择有效的服务模式。社会化服务模式不是唯一的，可以多种模式并存并不断完善与创新，才能更好地为社会服务。图书馆社会化服务的实现是一个系统工程，需要在转变服务于教学科研的传统理念、面向社会服务的实践中体现全新的公共服务精神。

第九章 无线网络环境下的图书馆泛在化服务研究

第一节 图书馆泛在化服务概述

一、图书馆泛在化服务的内涵

图书馆泛在化服务又称为泛在图书馆服务，是一种全新的图书馆理念和服务模式。泛在图书馆的重要意义在于它突破现有物理图书馆和数字图书馆的藩篱，打破人们对图书馆的传统认识，真正从用户及其需求出发，将图书馆的服务融入用户科研和学习的一线，嵌入用户的科研和学习过程之中，用户在哪里，服务就在哪里，图书馆与用户之间的边界越来越模糊。

图书馆泛在化服务是建立在先进通信技术基础之上，利用丰富的数字化信息资源，能够为读者提供智能化、网络化、全天候、开放式服务的一种全新图书馆服务模式。图书馆的泛在化服务将覆盖社会各个角落，能够满足不同读者全方位的信息需求，它具有以下几种内涵：

1. 服务时间和空间的泛在化

图书馆的泛在化服务，要求在空间上和时间上是不受限制的，图书馆的服务不再局限于馆舍实体内，而是融入了人们生产、生活、学习等各个领域。借助于先进的无线网络传输技术，图书馆能够将服务无限延伸到网络覆盖的范围内，无论是大城市还是偏远山村的读者，都能够随时享受到图书馆所提供的信息资源服务，自由获取信息成为每位公民平等享有的一种权力。此外，借助于先进的图书馆自动化服务系统，图书馆能够为读者提供"7×24"

小时的不间断服务。

对读者来说，读者在图书馆泛在化服务中能够享受随时随地的学习，而不再被局限在特定的活动场所和特定的时间。借助于各种先进的终端网络设备，读者能够在任何时间、任何地点连接图书馆泛在化服务网络，享受到图书馆提供的信息和知识服务，继续以往的学习活动。

2. 服务对象和服务模式的泛在化

传统的图书馆由于人力、物力资源的限制，往往只在一定的范围内开展服务，如公共图书馆主要服务对象是所在行政区域内的读者，而图书馆的主要服务对象则是在校的师生，其他读者未经允许，将无法享受到该图书馆提供的服务，图书馆服务的受众范围很小。而图书馆的泛在化服务将面向更多的人群，通过先进的信息通信技术，图书馆可以将各种各样的信息和知识资源发送给覆盖范围内的读者，服务不再局限于实体馆藏，由于数字化信息的可复制性，使得图书馆的数字化信息资源能够被重复利用，服务范围可以覆盖社会的各个角落。

传统图书馆服务模式下，图书馆的各项业务活动是围绕着图书馆的服务职能为中心展开的，读者通常需要到访图书馆或者图书馆网站才能获取到所需要的信息。而在泛在化服务方式下，读者成了图书馆工作的核心，图书馆将以满足读者的信息需求和学习为主要目的，各种类型的图书馆围绕在读者身边，读者无须到访就能获取所需要的信息。各种类型的图书馆通过建立合作共享机制，将丰富的馆内外信息资源整合起来提供给读者，最大限度地满足读者的需求。

3. 服务内容的泛在化

传统图书馆的服务主要局限在图书馆物理实体内，以向读者提供纸质和数字化文献信息资源利用为主要服务方式，服务内容较为单一，服务方式较为被动，无法满足读者全范围的信息需求。而在图书馆泛在化服务中，图书馆的服务将不仅仅停留在提供文献信息资源上，还增加了更多智能化的服务元素。图书馆将可以根据读者所处的环境，及时了解读者的信息需求，为读者推送个性化的信息；读者也可以通过与图书馆服务间的互动，获取到自己所需要的信息。在泛在化服务环境中，本馆收藏的数字化信息将只是图书馆全部数字化信息资源的一部分，图书馆将努力整合互联网、共享资源中心、

第九章 无线网络环境下的图书馆泛在化服务研究

开放知识库等平台的数字化信息资源，通过对这些信息进行整理、归纳和筛除，去伪存真，最后将整合后的信息提供给读者。随着图书馆共建共享机制的建立，合作图书馆将拥有更庞大的信息资源储备，能够满足读者全方位的信息需求。

图书馆泛在化服务不仅为读者提供数字化信息资源，更为读者提供泛在学习服务。随着社会的发展，读者需要用更多知识武装自己，提高自身竞争力，因此更愿意利用各种方式主动学习。随着图书馆泛在化服务的开展，读者将获得更加舒适便捷的学习体验，享受学习过程和成果。读者在图书馆泛在环境中的学习是一种可持续的行为，读者的学习过程、学习资料、学习成果等内容会在不经意间被不间断地记录下来，当读者再次进行学习的时候，这些学习记录能够被再次唤醒，以延续读者的学习活动。泛在化环境中的学习是一种终生的学习方式，让读者真正做到活到老、学到老。

4.服务手段的泛在化

以往读者需要获取信息资源时，往往需要到访图书馆，通过阅读或借阅的方式获取信息资源。随着信息技术的发展，越来越多的图书馆通过网站、WAP平台拓展服务，读者可以利用自己的电脑、手机等，在线获取图书馆的数字化信息资源。而随着信息通信技术的发展和各种类型终端设备的普及，读者将可以借助各种各样的终端设备，享受图书馆提供的信息资源服务。例如，在三网融合技术的支持下，杭州市的读者能够通过手机、电视、电脑等设备，访问杭州市图书馆在线提供的服务，信息获取渠道进一步拓宽，信息体验更加丰富。以往图书馆的服务往往较为被动，服务手段单一，而随着基于位置信息的服务技术和上下文感知技术等新技术的应用，图书馆将变得更加智能化，能够主动了解读者的信息需求，及时将信息反馈给读者，满足读者的信息需求，从而提高读者信息获取的满意程度。

二、图书馆泛在化服务模式产生的背景

（一）用户需求是图书馆泛在化服务模式产生的动因

1.读者信息获取方式的改变

以往人们获取信息的途径是分散的，不同的信息需要从不同的途径获取，如各种工具书、词典、图书馆目录等，信息获取难度较大，所需要花费的时间较多，此时拥有丰富馆藏的图书馆成了读者获取信息的绝佳途径，图

书馆服务为读者节约了大量的时间和精力。然而网络的出现带来了搜索引擎技术，它应有尽有、无所不包、知名度高、使用简单，迅速成为网络时代所有类型信息的查询入口，图书馆则不再是读者获取信息的唯一途径。

随着网络技术的发展，越来越多的网民学会直接从搜索引擎中获取信息，只要掌握了搜索引擎的基本使用方法，任何人都能很容易地从网络中寻找到自己想要的信息。目前的搜索引擎技术不断升级，具备更人性化的搜索服务，搜索结果也更加精确，因此许多读者将搜索引擎作为信息获取的第一来源，如果能够从搜索引擎中获取到自己想要的信息，则读者将不会选择其他信息获取渠道。与此形成鲜明对比的是，图书馆网站的利用率和图书馆数字化信息资源的访问量却始终较低，大多数读者未能很好地利用图书馆数字化资源，造成大量资源处于闲置状态。

2. 读者阅读习惯的改变

在网络环境的影响下，读者的信息阅读习惯也发生了变化。随着智能手机、平板电脑的普及应用，人们已经无须再拘泥于传统台式电脑和笔记本电脑的束缚，遍布社会的无线网络环境，使人们随时随地获取信息成为可能。随着移动终端技术的发展，手机、平板电脑等移动设备的屏幕尺寸和分辨率不断提高，较高的清晰度和处理速度足以媲美传统电脑，为读者的阅读提供了更加便捷的方式。这些便捷的技术条件，促进了读者的阅读习惯的改变，纸质图书阅读备受冷落，而数字化阅读方式则越来越受到读者，尤其是年轻读者的青睐。

3. 读者信息服务要求愈加严苛

随着当前信息技术的飞跃发展，信息渠道更加畅通，信息鸿沟进一步缩小，上到大中城市，下到普通乡村，读者对信息的需求空前高涨。

在空间上，读者要求随时随地的信息服务，无论是在田野乡村，还是在飞驰的列车上，人们都期望最便捷的信息服务。

在时间上，读者需要 24 小时的信息服务，传统图书馆的上下班制度显然已经无法满足读者的需求，图书馆必须借助最新的自动化和网络技术，为读者提供全时段的服务。

在服务内容上，读者对图书馆提出的要求，不再仅仅是简单的书籍借阅或者是提供信息传递服务，而是要求图书馆能够在最短的时间内，为其提供最丰富的信息资源和知识导航服务。读者希望图书馆数据库提供的信息既能够丰富全面，又能够具备一定的可靠性和权威性，是经过图书馆整理分类，可以被直接利用的第一手信息资源。

在服务方式上，读者对一站式的服务要求越来越高，希望尽可能地减少信息搜索环节，通过简单的检索就能够尽可能多地得到自己想要的信息，并且希望图书馆在他们获取信息遇到难题时，能够及时提供咨询服务和信息导航，节省他们在信息查找上花费的时间和精力。

（二）读者学习方式转变是图书馆开展泛在化服务的客观需要

在信息技术如此发达的今天，读者的学习方式也相应发生了改变，经历了从传统学习到 E-Learning 学习，再到 U-Learning 的学习方式转变。

早期的图书馆读者学习服务，主要以为读者提供丰富的文献信息资源和宽敞明亮的学习环境为主，使读者能在图书馆中安静、舒适地学习，并能够随时获取到馆藏信息资源。而随着互联网的出现，人们更多地借助网络进行学习，许多学者将这种学习方式称作 E-Learning。

E-Learning 英文全称为 Electronic Learning，即电子化学习的意思，包括在线学习或网络学习等概念，它是互联网技术发展到一定时代的产物，主张通过互联网开展教育应用与实践研究等工作。E-Learning 是通过因特网进行的教育及相关服务，提供给学习者一种全新的进行学习的一种方式，向人们提供随时随地性、学习互动性以及终身性的学习环境。E-Learning 的出现，使得读者借助图书馆服务的学习活动不再局限于图书馆物理实体内，读者可以随时借助网络访问图书馆的信息资源数据库，获取学习资料。然而，E-Learning 同样具有局限性，由于技术上的限制，E-Learning 缺乏互动性，读者接受 E-Learning 的学习方式仍然较为被动，因此它无法完全成为人们主要的学习方式，而只能作为一种辅助的技术手段，提供课堂外的延伸教育，这样的学习方式显然无法完全取代传统的课堂教育。

随着信息技术的进一步发展，出现了一种全新的学习方式 U-Learning，英文全称为 Ubiquitous Learning，即泛在化学习。而泛在化学习，顾名思义就是指无时无刻地沟通，无处不在地学习。泛在化学习主张无处不在地学习，从广义上说，这种泛在指的是：学习的发生无处不在；学习的需求无处不在；学习的资源无处不在。

一方面，这种泛在化学习已经融入了人们的生活，只要愿意，任何人可以通过各种终端设备，如智能手机、PDA、平板电脑甚至是穿戴式的计算机来实现学习，这种学习是随时随地、24小时不间断的，读者可以在需要的时候主动进行学习。另一方面，学习资源遍布用户所在的各个空间，泛在化学习环境中信息空间与物理空间实现了完美结合，人们无须再感知计算机的存在，便能享受其带来的服务，随时随地获取学习资源，进行交流与分享。泛在化学习不再是单纯的计算机应用，而是一种整合的学习环境，它将社会环境、物理环境、信息技术等多维层次融合在一起，使读者可以轻松学习。

在无线网络环境下，泛在化学习成为可能，任何人可以在任何的时间和地点连接图书馆系统，享受图书馆的泛在化学习服务。U-Learning对图书馆泛在化服务提出了更高要求，它不仅要求图书馆能够为读者随时随地提供海量的数字化信息资源，实现"7×24"小时的不间断服务，更要求图书馆的服务能够主动来到读者身边。当读者在学习过程中遇到困难时，能够随时通过各种途径，得到图书馆的咨询服务和信息导航，及时解决问题。U-Learning是面向大众的图书馆学习服务模式，它要求图书馆能够考虑到各种读者不同的信息需求，并为他们提供个性化、全方位的服务。

（三）激烈的信息市场竞争是图书馆泛在化服务模式产生的驱动力

1. 图书馆服务压力增大

当今社会节奏明显加快，信息和知识在社会中的作用越来越重要，读者对信息服务的要求也越来越高，不仅需要随时随地的信息服务，而且需要更高的信息质量保证。图书馆传统的服务模式再也无法满足越来越多读者的信息需求，虽然不少地区的图书馆也通过采取延长服务时间，设置自助图书馆、流动图书馆等方式方便读者借阅和归还书籍，但是仍然无法满足读者随时随地的信息需求。同时，由于传统图书馆的服务经费有限，无法为读者提供足够全面的信息资源，特别是一些小型图书馆，资源更加单一落后，陈旧、无用的书籍堆满了书架，无法有效提供给读者利用，读者对图书馆有限的服务资源怨声载道。泛在化技术的出现，将为图书馆服务压力带来极大缓解。一方面，图书馆泛在化服务技术通过建立图书馆间的共建共享机制，能够整合更多的数字化信息资源，提供给读者服务，一些规模较小的图书馆，通过加入图书馆共享组织，也能够获得庞大的数字信息资源，大大节约了经费，实现服务的跨越。另一方面，图书馆泛在化服务在先进信息技术的支持下，能够惠及网络覆盖的全部地区，并以自动化的形式为读者提供资源、咨询、导航等服务，大大缓解了图书馆在人力、物力方面的不足。

2. 图书馆地位面临挑战

无线网络技术的发展，既给图书馆带来了前所未有的发展机遇，也给图书馆的服务带来更多挑战。

一方面，读者在信息获取途径上拥有更多选择，图书馆成为众多选择其中的一个。读者对图书馆的利用也符合这一原则，读者总是希望用最小的努力得到所需要的信息。无线网络环境下，读者拥有更多的信息获取渠道，读者获取信息的难度大大降低，如利用搜索引擎技术，用户只需要在搜索引擎中输入相关的关键词，便能够获取到所需要的信息。如此便捷的途径，使读者再也不愿意到传统图书馆中耗费时间了。

另一方面，各种类型的电子出版物不断出现，使读者的阅读习惯发生了改变。越来越多的读者选择手机、平板电脑等阅读方式，纸质阅读不再受到青睐。随着手机制造技术的发展，不少智能手机已经完全能够处理电脑的工作，而且随着手机的分辨率越来越高，读者掌上阅读不再吃力。除了手机，各种电子（纸）书、平板电脑也得到了进一步的普及，相比手机它们拥有更大的屏幕和数据处理能力，能够提供更丰富的阅读体验，改变了传统阅读设备的技术缺陷，使越来越多的读者喜欢利用它们进行书籍、报纸、杂志的阅读，传统书籍的阅读受到冷落。

越来越多的出版物直接以数字形式出版，可以被直接运行在各种终端设备中阅读。在这样的大背景下，人们可以直接利用手机、电脑等终端设备获取数字图书，而无须再到访图书馆，图书馆的作用进一步被弱化，其作为传统的公共文化中心的地位在技术浪潮中受到动摇。面对挑战，图书馆不能坐以待毙，而需要打一场翻身仗。在当前技术环境中，图书馆适时引进先进的技术，顺应时代发展趋势，将能够有效地实现服务上的突破，提高读者服务的满意度，从而提升图书馆的社会地位。

第二节 无线网络的发展及其对图书馆泛在化服务的促进作用

无线网络技术对图书馆泛在化服务的开展具有积极的促进作用，主要表现在以下几个方面：

一、服务范围更广

目前我国的高速无线网络覆盖已经遍布全国，这使得图书馆可以借助无所不在的无线网络环境，将丰富的信息资源和图书馆服务传送到图书馆覆盖的全部地区，即使是偏远地区的读者也能够平等享受到图书馆提供的全方位信息服务。读者将无须再到图书馆办理繁杂的借阅手续，而只需要一部可以访问图书馆网络的终端设备，便可以享受到图书馆提供的服务。

二、服务内容更加丰富

在无线网络环境中，图书馆提供的服务更加多样化。随着手机、平板电脑等终端设备越来越智能化，具备更多的功能，图书馆将可以借助这些终端设备，了解读者的信息需求和兴趣爱好，并主动为读者提供个性化的信息服务，满足读者工作、生活等全方位的信息需求。随着无线网络通信技术的进一步发展，无线通信能够提供更大的带宽，提供更大容量的数据传输能力，各种文字、图片和多媒体信息都可以通过无线网络直接到达读者的移动终端设备上，使读者能够随时享受到丰富的图书馆服务。

三、互动性更强

图书馆泛在化服务不仅鼓励读者利用信息，更提倡读者分享自己的信息。在 Web 技术的支持下，读者不再仅仅是信息的浏览者，也是信息的制造者。读者不再是被动地接收已有的信息，而是把自己所知道的、所了解的信息分享到互联网中，供其他读者借鉴。在 Web 思想的指导下，论坛、博客、微博、在线问答等丰富的网络应用越来越多，给人们的信息获取提供了更多途径。在无线网络技术支持下，读者的互动与交流活动将随时随地发生，在这种情况下，图书馆可以通过建立各种读者互动交流平台，为读者提供畅所欲言的舞台，吸引更多读者前来参与信息分享和学习交流等互动活动，活跃图书馆的学习氛围，促进读者更好地完成学习。

四、服务效率更高

在无线网络环境下，图书馆将采用更多自动化技术为读者服务，并通过无线网络将服务传递给读者。图书馆的自动化技术，能够自动为读者提供数字参考咨询服务、学科导航服务，而读者需要做的，就是用手中的移动终端设备享受服务。在无线网络的支持下，图书馆读者可以随时发出自己的服务请求，或者向图书馆咨询某些方面的问题，图书馆的读者服务模块接收到读者的请求后，将及时处理读者的问题，并在处理完毕后通过无线网络反馈给读者。随着无线网络技术的发展，读者与图书馆之间的信息交流将不再局限于简短的文字信息交流，读者能够获取到更多图书馆提供的数字化信息导航，并通过在线阅览或下载等方式使用这些数字化信息资源。

五、提高图书馆资源利用率

传统图书馆提供的服务大多局限在馆舍实体内，读者必须亲自到访图书馆才能够获取到自己想要的信息，由于时间、交通、借阅手续等因素影响，有些读者不愿意到访图书馆，转而使用搜索引擎等其他途径获取信息资源，这样一来，导致了大量图书馆资源无法被有效利用，沉睡在图书馆中。而无线网络的普及，将重新唤醒读者对图书馆服务的需求。图书馆可以通过提供一站式信息检索平台、在线咨询导航等服务，使读者可以很容易地搜索到自己所需要的信息，并进行阅读和下载，实现资源的有效利用。相比搜索引擎，图书馆提供的数字化信息资源服务将更加全面，更具权威性，能够得到读者广泛的认可。随着图书馆利用方式越来越便捷，将有更多读者青睐于图书馆提供的无线泛在化服务，图书馆资源的利用率将得到进一步提升。

第三节 无线网络环境下图书馆泛在化服务系统的构建

一、无线网络环境下图书馆泛在化服务系统的体系结构

（一）无线网络环境下图书馆泛在化服务的目标

在无线网络环境下，泛在化服务已经基本具备了技术基础，技术不再是实施的难题。随着我国无线网络技术的发展，我国城乡90%以上的地方基本上都具备了无线高速网络访问条件，图书馆的服务范围足以扩展到城乡社会的各个角落。借助于网络技术，图书馆的服务将融入读者学习、工作、

生活中，为读者提供更高效、更便捷的知识管理平台，让读者感觉图书馆的服务就在身边，在整个信息获取的过程中享受图书馆服务就像一种无意识的行为，读者完全融入了图书馆提供的服务环境中。在无线网络环境下，图书馆提供的泛在化服务将实现以下几个目标：

1. 公平性

图书馆的泛在化服务是一种公平性的服务，每位读者都有获取公平信息的权利，用户间只有获取服务方式的区别，而没有获取内容的区别，不论是一般读者还是弱势群体，都能够公平地享受图书馆提供的服务。借助无线网络环境，图书馆的服务可以遍及城乡的各个角落，即使是在田间地头工作的农民，也能够随时通过终端设备，访问图书馆的信息资源，信息真正被每个人公平享有。尽管由于法律、政策和技术等方面的限制，目前图书馆开展的泛在化服务仍有一些局限性，往往只能先在少数地区试行，尚无法普及到更大范围，但是相比传统的馆内服务，这种服务模式已经有了较大的发展。我们期待，随着政策的放宽和政府扶持力度的加大，图书馆的泛在化服务范围将进一步扩大。

2. 便捷性

图书馆的泛在化服务可实现"7×24"小时不间断服务，不管读者走到哪里，他们都能够在无线网络覆盖的任何地方，随时借助各种网络终端设备访问馆藏资源，及时获取信息，解决遇到的问题。目前的无线网络设备，如手机、平板电脑等掌上移动终端已经设计得越来越精致，更加便于携带，读者可能同时拥有一种或者数种可以连接网络的移动终端设备，并且可以利用任何一种终端设备进行信息获取和学习活动。在科技发展的今天，移动终端设备被嵌入各种家居用品中，被装进每个人的衣服、口袋、钱包中，甚至被嵌入墙壁、桌子中，更多富有创意的终端设备也正在不断出现，如微型投影终端、可穿戴式终端等，这些设备能够随时随地连接无线网络。各种终端设备正在融入人们的生活，成为生活中不可缺少的一部分。未来，计算机将从人们的视野中消失，人们将彻底从桌面型电脑的屏幕上解放出来。

3. 互动性

在泛在化服务环境下，读者的学习不再是个人单独的学习，而是融入由图书馆构建的大的学习环境中，如图书馆论坛、图书馆博客、图书馆微博等。在这个环境中，读者可以参与各种学习组织，与其他人一起学习，获得其他人的帮助和指导，并进行知识共享、学习资料共享等。泛在化学习是一种社会化的学习方式，读者不仅获取知识，也与他人分享自己的学习经验，在这个过程中，图书馆提供了良好的交流沟通平台，使互动学习能够有效开展。不仅如此，读者在互动过程中所产生的交流记录，同样是一种宝贵的经验知识，如果能够很好地利用好这部分经验知识，将能够为其他读者的学习提供帮助。

4. 个性化

在图书馆泛在化服务中，图书馆将不再是被动地等待读者上门，以相同的模式为读者提供服务，而是将根据每位读者的不同信息需求，定制不同的服务内容。图书馆泛在化服务中的上下文感知系统，使图书馆能够查看读者的信息获取记录，了解到每位读者不同的学习需求和学习习惯，并结合读者的位置、职业、工作环境等信息，通过推送、辅助导航等方式，主动为读者提供知识信息服务。

在图书馆的个性化信息服务中，读者也可以根据自己的喜好，定制相关的信息，制定信息推送的方式。图书馆在获取到读者的信息需求后，将自动搜索相关信息资源，并通过信息加工，组织成符合读者需求的知识资源，并通过网络及时发送给读者，读者可以随时随地获取并利用这些资源。

（二）无线网络环境下图书馆泛在化服务系统的体系结构

图书馆泛在化服务体系主要由数字信息、资源、信息技术服务平台、通信信道、终端读者等部分组成。

在数字信息资源方面，图书馆泛在化服务的数字信息资源主要包括本馆数字资源、合作图书馆提供的数字资源、外购的数据库资源、数字信息共享平台资源、经过整理分析的互联网资源等，图书馆将利用数字信息技术平台收集、整理和分析来自各方面的数字信息资源，建立资源间的索引关系，并提供给读者利用。

图书馆的数字信息技术平台，则由云计算中心、物联网平台、上下文感知子系统、LBS位置服务子系统、读者服务子系统等组成。云计算中心将为图书馆提供庞大的数据库存储空间和强大计算能力，为图书馆的信息处理提供支持。物联网平台则能够实时记录图书馆资源及读者的信息，如书籍位置、书籍借还状态、读者借阅需求等信息，协助图书馆的管理，使图书馆管理更加有序、快捷。上下文感知子系统将分析读者的信息需求，并主动为读者提供信息资源服务，它还能自动记录读者的学习信息，使读者能够随时随地继续上次的学习活动，从而实现终身学习。LBS位置服务子系统将告知图书馆读者目前所在的位置信息，使图书馆能够了解读者的位置，并采取相应的措施，为读者提供服务。读者服务子系统则采用自动化工作流程，使读者能够24小时享受图书馆的服务，如图书馆的检索服务、资源导航服务、虚拟咨询服务等。在图书馆数字信息资源平台的支持下，图书馆将变得更加智能化，能够为读者提供更加个性化的服务。

网络是图书馆开展泛在化服务的重要渠道，图书馆将借助电信网、广播电视网、互联网等渠道，将读者的信息需求及时反馈给读者，通过无所不在的通信网络，图书馆可以将信息随时随地传送给读者，使读者获得无所不在的学习体验。对于读者来说，图书馆所提供的技术都是透明的，读者无须了解图书馆的各种系统服务是如何运作的，而只需要告知图书馆自己的信息需求，图书馆便能够及时将信息传送给读者。

二、图书馆泛在化服务系统数字信息资源的建设

在无线网络环境中，读者的信息需求更加严苛，图书馆要想开展泛在化服务，就必须有能够满足读者信息需求的数字馆藏，传统的图书馆数字化信息资源来源主要有馆藏资源的数字化和数据库外购两种渠道，而在图书馆泛在化服务中，图书馆除了通过以上两种方式增加馆藏外，还应当整合更多渠道的信息资源来丰富馆藏，节约有限的经费。泛在化服务环境下，图书馆可以采用以下方式丰富数字馆藏：

（一）组建图书馆联盟

实现图书馆数字信息资源的共建和共享。传统图书馆的馆藏资源分布较为分散，每个图书馆的资源独立自成体系，面向各自服务范围内的读者开放。由于经费、数据库容量等限制，每个图书馆的数字馆藏资源都相对有限，无法满足全部读者的要求。在无线网络环境中，图书馆泛在化服务所面向的读者更多，读者类型更加多样，传统图书馆的数字馆藏资源已经无法满足读者的需求，因此，图书馆必须采取措施，丰富自己的馆藏资源。通过建立图书馆联盟，共享数字化馆藏资源是一种极为方便的做法。

首先，数字化馆藏信息共享可以大大丰富每个馆的馆藏资源。如果将图书馆比喻成水，则每个图书馆都仅仅像一滴小水滴，无法发挥大的作用，而如果将这些水滴汇聚起来，变成江河，则将积聚更大力量。图书馆数字化馆藏资源也是如此，一个图书馆再努力也无法在短时间内收集到大量数字化信息资源，而通过合作，共享人力、物力资源，将可以使图书馆在短时间内提升数字化信息资源总量，满足读者需求。因此，图书馆间的合作成为图书馆开展泛在化服务的一个必然要求，图书馆既可以在合作中贡献自己的力量，同时通过共享获得更多的馆藏资源。

其次，在无线网络环境中，图书馆的服务边界将越来越模糊，以往图书馆独门独户、各自为政的局面将面临挑战。无线网络环境下，图书馆的泛在化服务将不仅仅局限在一个部门或者一个行政区域中，而是延伸到无线网络覆盖的所有区域。在图书馆泛在化服务中，读者对图书馆一站式的服务要求越来越强烈，读者总是希望能用最简单的途径获取到自己想要的信息。在图书馆数字化馆藏合作中，图书馆的馆藏资源虽然分布在每个图书馆各自的数据库中，但又可以通过一个统一的信息检索平台提供给读者利用，让读者在图书馆中的信息搜索操作如同搜索引擎操作一样简便。

最后，馆藏数字化合作有利于缩减经费开支。一方面，通过加入图书馆联盟，图书馆之间能够形成一个统一体，在进行图书采购、数据库采购等方面，可以以联盟的形式与书商、服务商进行谈判，降低采购的价格，同时使这些资源的使用范围能够进一步扩大到所有成员馆中。另一方面，通过数字化馆藏合作，图书馆可以共享技术资源、数据库资源、平台资源等公共资源，避免资源的浪费和重复开发，节约图书馆成本，将更多资金投入馆藏建设和读者服务中。

我国国内外的数字图书馆联盟已经初步建立，越来越多的图书馆加入数字图书馆联盟中，实现数字信息资源和图书馆业务流程的共享。

在国际上，使用最多的是 OCLC 提供的服务。OCLC 是 Online Computer Library Center 的英文缩写，即联机计算机图书馆中心，总部设在美国的俄亥俄州，是世界上最大的提供文献信息服务的机构之一，它是一个非营利的组织，其目的是通过全球信息网络平台，共享图书馆信息资源，降低信息使用费用。

（二）利用开放存取资源提高馆藏质量

信息资源开放存取已成为近年来图书情报界、出版界、整个学术界乃至政府机构关注的热点之一。开放存取运动的初衷是解决当前的"学术期刊出版危机"，推动科研成果利用因特网自由传播，促进学术信息的交流与出版，提升科学研究的公共利用程度，保障科学信息的长期保存。开放存取文献是指 Internet 上公开出版的，允许任何用户对其全文进行阅读、下载、复制、传播、打印、检索或链接，允许爬行器对其编制索引，将其用作软件数据或用于其他任何合法目的，除网络自身的访问限制外不存在任何经济、法律或技术方面的障碍的全文文献。开放存取运动鼓励科技界、出版界、学术界等社会各界都参与到信息资源的建设中，最大范围地收集一切有用的信息资源，并通过网络免费供所有用户利用。在开放存取运动的带动下，近年来，国内外许多科研机构纷纷建立了自己的机构库平台，并通过这一平台共享自己组织内部的科研成果，供所有读者利用。机构库简称 IR，是一种分布式的开放式信息存取数据库，用于本部门的学术成果的收集、储存、利用，目前它已经成为开放存取运动的主力之一。由各种科研院所、出版社、高校建设的机构库，数据分布在这些单位自己的服务器上，机构库中的数据信息由各个机构的作者自己上传、存储和提供利用，每个机构库既独立成单位，又能够通过网络与机构库数据统一检索平台相连接，实时将每个独立机构库的资源目录传递到检索服务器汇总，这样一来，世界各地的读者需要检索机构库中的数据时，只需要通过统一的检索平台系统进行检索，系统便会将读者需要的数据信息罗列出来，并将 URL 路径告知读者，指引读者访问独立的机构库，获取全文信息。

由于开放存取平台中所提供的信息资源都是免费的，而且没有版权保护和技术限制等障碍，因此图书馆可以通过加入开放存取平台，共享平台中的信息资源，并提供给读者利用。对图书馆来说，这部分资源是十分"安全"的，因为开放存取平台中数据大多分散存储在各个机构库中，而不是存储在图书馆的数据库中，图书馆并不拥有这些资源的所有权，而只是通过 URL 的形式为读者提供资源路径导航服务，因此即使作品存在版权问题，图书馆也无须为此承担责任。

（三）读者与图书馆互动共建知识库

在泛在化服务中，读者的信息需求更加多种多样，单纯依靠计算机自动化技术未必能够圆满解决读者的问题，同时由于泛在化服务面向的读者更多，图书馆员也无法在短时间内同时满足所有读者的信息需求。为此，图书馆可以引入一种读者互助机制，通过促进读者互动，充分发挥出读者的智慧。在泛在化网络中，图书馆不再是信息和知识的唯一创造者，泛在化服务要求有更多人参与到知识的创造和共享中。在即时通信如此发达的技术环境下，图书馆可以建立一个能够提供给所有读者参与和建设的知识库平台。在图书馆知识库平台中，所有合法读者都能够在平台中提出问题，或者回答其他读者的问题。当读者提出问题时，图书馆知识库平台将把读者的请求发布到图书馆知识库交流平台中进行讨论，让所有的读者都能参与到问题的讨论和解决中，读者可以畅所欲言，分享自己的相关经验，为提问者提供帮助。当提问者得到满意答案后，将告知知识平台自己已经得到答案，知识平台将结束问题，并将问题设置为已解决状态。图书馆知识库平台不仅拥有问题讨论功能，同时拥有一个庞大的后台数据库，当问题被成功解决后，图书馆将能够记录下每个问题的解决情况，并提供给其他读者参考借鉴。图书馆应当建立一定的奖励机制，对提供帮助较多的读者给予奖励，保持他们回答问题的积极性。

图书馆知识平台有点类似于百度提供的"百度知道"服务，不同的是，图书馆知识平台提供的不是商业化的问答环境，也不是传统的经验式问答平台，图书馆知识平台将主要面对知识本身，有更多的图书馆知识管理人员参与其中，为读者提供权威的知识管理，能够及时避免错误的信息对读者造成的错误引导，联合更多的数字化馆藏资源，提高读者知识需求的正确性、权威性。

三、图书馆泛在化服务系统人才队伍的建设

现代信息技术的发展，使图书馆的业务流程发生了一些改变，相应地，许多原有的职能部门或重组合并，或成立新的部门。例如，如今大多图书基础工作，如贴磁条、贴书标、期刊装订等都采用外包的形式完成，使传统图书馆采编和流通工作量大大减少，因此，很多图书馆都将这两个部门进行了整合，腾出更多人力、物力为读者服务。另一个变化较大的部门就是"自动

化部"或"信息技术部",随着图书馆数字业务信息的增多,许多图书馆对这一部门进行了重组,有的直接改名为"网络部"等,更多的图书馆是对该部门的业务流程进行了重组,增加了人手,也赋予其更多的任务。传统的图书馆信息技术部门主要对图书馆的计算机设备等进行维修与维护,而无线网络环境下的信息技术部门将把更多的精力投入新技术的引进和应用中。

在无线网络环境下,图书馆服务范围更广,服务的专业性和技术性更强,图书馆馆员的业务范围将不再局限于馆藏实体内,因此,图书馆的泛在化服务需要更专业的人才队伍,以保障图书馆信息资源建设和服务的顺利开展。图书馆泛在化服务专业人才需要具备以下能力:

（一）信息技术能力

图书馆泛在化服务需要图书馆馆员具备基本的信息技术基础,能够熟练运用各种图书馆泛在化服务技术,如无线通信技术、计算机技术、传感器技术等为读者服务。在信息技术发展如此迅速的时代,图书馆专业人员应当对信息技术的发展具有前瞻性,能够把握信息技术的发展动向,并将其及时引入图书馆泛在化服务的建设中,丰富图书馆的服务。图书馆在进行人才队伍建设的时候,应当注重引进具备图书馆基础知识和计算机技术专业的复合型人才,使这些人才既能够了解图书馆的服务理念、服务方法,以读者为中心为读者开展服务,又能够借助先进的信息技术扩展图书馆的服务,提升图书馆的服务质量。

（二）信息资源整合能力

随着网络技术的发展,网络信息资源日益庞大,然而并非所有网络信息资源都能够被读者直接利用。图书馆作为读者获取信息资源的可靠平台,必须保证其为读者提供的信息资源具有可靠性和权威性。因此,图书馆泛在化服务中,要求图书馆员能够收集、整理、加工各种图书馆数字化信息资源,对信息资源的获取渠道和信息资源的质量加以判别,并能够借助信息手段和读者评价机制,筛除错误资源和质量度较低的资源,最终提供给读者利用。图书馆泛在化服务需要大量可靠的数字化信息资源,建设好庞大的信息资源库,为读者提供更多数字化信息资源也将成为图书馆馆员的重要职责之一。

（三）泛在化服务能力

在无线网络环境下的图书馆泛在化服务中,图书馆馆员的服务范围不再仅仅局限于图书馆物理实体内,而是延伸至网络能够覆盖的全部区域,因此,图书馆馆员应该具备为远程读者服务的能力,能够及时解决读者利用图书馆过程中遇到的各种问题。不仅如此,图书馆馆员还应当适时走出图书馆实体,到社会中主动收集读者的需求信息,了解读者利用泛在化服务过程中遇到的各种问题,分析泛在化服务开展过程中的不足,并将其作为未来图书馆泛在化服务改进的重点,以更好地满足读者的信息需求。

第四节 无线网络环境下图书馆泛在化服务

一、面向大众教育的学科信息导航服务

(一)学科信息导航服务发展概述

学科导航服务属于图书馆数字参考咨询服务的一个分支,其目的是为泛在的图书馆读者提供知识信息导航,然而,在图书馆泛在化服务中,图书馆学科信息导航有更深刻的含义,它将面向大众,为各个学科的读者提供知识信息导航。学科导航作为一种网络学术资源的深层组织模式,具有专业性、学术性、集成性、知识性与可靠性等特点,现已成为高校师生获取和利用网络学术信息的有效手段,学科导航资源已是图书馆信息资源建设体系中虚拟馆藏的重要组成部分。

中国高等教育文献保障系统,其建立宗旨是在教育部的领导下,把国家的投资、现代图书馆理念、先进的技术手段、高校丰富的文献资源和人力资源整合起来,建设以中国高等教育数字图书馆为核心的教育文献联合保障体系,实现信息资源共建、共知、共享,以发挥最大的社会效益和经济效益,为中国的高等教育服务。CALIS上提供了大量的数字化图书、期刊、学位论文、图像、视频资料等,然而这些资料并非全部公开的,由于版权保护的原因,CALIS只向公众开放了古籍图书,而其他资料只对参与建设的图书馆开放,其他用户或者未参建的图书馆将无法获得访问资格,共享程度大大受到限制。

目前国内大部分的学科导航几乎只针对特定的群体开放,如高校、科研单位等,只有这些单位的读者才能访问数字馆藏资源,而其他用户只能望洋兴叹,学术信息需求难以得到保障。

（二）面向大众教育的学科信息导航服务平台的构建

不仅是高校师生和研究单位的工作人员对学科信息有所需求，一般读者在生活、工作中同样需要学科信息服务的支持。但目前的情况是，由于面向大众的学科信息导航服务平台尚未建立，只有高校或科研院所的用户才能够得到相关的学科信息导航服务，这制约了学科信息服务向公众开放的步伐，不利于图书馆泛在化服务的开展。在无线网络环境中，读者的学习需求是随时随地产生的，如果没有加以指引，读者将在庞杂的数据中迷失方向，因此，图书馆应该借助先进的网络通信技术，将面向大众的学科信息导航服务作为泛在化服务的一个重要组成部分开展服务：

1. 建立学科信息导航平台

门户式的学科信息导航平台是读者获取知识的重要窗口，图书馆应当通过层层细化的方法，借助于《中国图书馆分类法》等分类目录，将海量的数字化馆藏资源合理分类，形成有序的资源队列，使读者能够依据从大类到小类的原则，层层深入获取自己所需要的信息。除了以上传统做法外，图书馆还应当根据读者信息需求的变化，结合搜索引擎数据，动态开辟出一些特色信息导航，使读者能够最快获取到所需要的信息。例如，云计算问题的研究是目前学术界的热点，读者的搜索量巨大，图书馆可以通过数据分析，了解哪些云计算信息是读者下载或者阅读量最大的，并参考读者的读后评价指数，将最有用的信息聚合起来，专门开辟出独立的导航路径，使读者能够在最短时间内获得全部热门信息。

2. 设置虚拟学科馆员

在传统图书馆中，学科咨询馆员通常由资深的馆员担任，为各个不同学科的研究者提供准确的学科信息咨询。而在无线网络环境中，读者的信息需求巨大，而且是随时随地产生的，传统的馆员服务将无法满足所有读者的需求，此时虚拟咨询馆员的出现将能够缓解这一难题。虚拟学科馆员是一种借助泛在化计算技术，拥有庞大学科知识库，能够及时为各类型读者提供学科信息资源导航的一种图书馆虚拟服务。虚拟咨询馆员将利用上下文感知技术，及时了解读者的信息需求，并通过进一步问答，筛选归纳出读者想要获得的详细信息，及时反馈给读者。

与传统咨询馆员相比，虚拟馆员不再有阅历、知识容量等主观因素限制，能够通过即时的服务处理和数据库检索，马上为读者调取出符合读者需求的知识信息。虚拟学科馆员将可以根据 LBS、上下文感知系统所了解的读者信息和学科背景，有针对性地为读者开展服务。例如，针对学生读者，虚拟学科馆员能够根据学生读者的专业背景和研究课题，及时为学生读者提供该专业目前的热点研究方向、研究进展、核心论文等学科导航服务，让读者能够第一时间了解学术动态，从而有效开展学习研究。针对农民读者，虚拟学科馆员则可以根据农业时节安排及农民耕作作物的种类，及时为农民读者推送相关的农业科技信息、病虫害信息以及市场信息，使农民在田间地头也能及时享受到图书馆的服务。泛在化服务网络中的虚拟学科咨询馆员拥有更多的资源调度能力和分析能力，借助先进的信息分析技术和自动化技术，虚拟学科咨询馆员将能够有效地开展工作。

3.建立读者评价体系

图书馆泛在化服务十分重视每位读者的参与，同样，每位读者可能都是某一学科的专家，对某一类的资源有自己独到的见解。现有的技术条件下，很难实现图书馆对文献信息的自动优劣判断，更无法自动筛除读者不需要的信息，而读者评价体系的出现将弥补这一缺憾。在图书馆泛在化服务中，图书馆应当建立资源评价机制，使图书馆在向读者提供馆藏信息资源的同时，也能够得到读者对资源情况的客观评价。评价将以文字评论或者打分的形式，对图书馆被动或主动提供的资源进行评估，经过评估，每一类信息资源中好评度或者得分较高的信息资源，将优先提供给其他读者利用，而得分较低的信息，将排列在资源列表的末端，甚至被剔除出馆藏资源，这样一来，通过筛选的优秀信息资源将能够及时推荐给读者，减少读者信息选择的迷茫。

二、面向信息弱势群体的信息无障碍服务

图书馆开展的泛在化服务将覆盖全部群体，不论是普通读者还是弱势群体，都能够在图书馆的泛在化服务中公平地享有信息使用权。传统图书馆往往通过基础设施建设，为弱势群体到馆访问提供便利，以满足弱势群体的信息服务需求。而在无线网络环境下，这些弱势群体再也无须大费周章地到图书馆借阅信息，而只需要通过图书馆的网络平台获取自己需要的信息资源。

在无线网络环境下，图书馆应当考虑如何改进服务平台，为弱势读者服务。如针对老人，图书馆的网络平台应该能够设置大号的字符显示，使老人能够清晰地阅读这些信息；针对儿童，图书馆提供的信息能够被自动标注上拼音，方便儿童的学习；针对盲人或者弱视患者，图书馆能够采用语音导航的方式，为他们提供服务。这些为弱势群体服务的技术已经成熟并在很多领域得到了应用，技术实现并不困难，图书馆面临的不再是能不能做，而是想不想做的问题。对弱势群体的服务是当前图书馆泛在化服务的研究热点之一，并已经在全球许多地区开展实践。在我国，中国盲人数字图书馆、中国残疾人数字图书馆等数字图书馆项目都已经开始为盲人、残疾人等弱势群体展开服务，服务内容涉及语音图书、音乐欣赏、学术讲座等方面，而且内容不断完善、服务不断进步。

第五节 无线网络环境下图书馆泛在化服务面临的挑战与对策

一、无线网络环境下图书馆泛在化服务面临的挑战

（一）信息网络传播与共享的著作权保护问题尚未得到妥善解决

我国政府历来十分重视知识产权的法律和制度建设，虽然我国法律对知识产权保护十分重视，有效地保障了作者和图书馆的合法权利，使得图书馆可以在本馆范围内合理使用作品。然而，由于我国法律的发展相对于技术发展滞后很多，往往在新技术普及多年以后才采取相应的保护和制约措施。

图书馆只能以展览或保存为目的对馆藏资源进行数字化，其他用途的资源数字化只有在先取得著作权人允许的前提下才能够被开放利用，否则图书馆将随时面临侵权诉讼。

档案馆、图书馆等单位利用数字作品的情形，即图书馆只能在原作品已经损毁或者濒临损毁、丢失或者失窃，或者其存储格式已经过时，并且在市场上无法购买或者只能以明显高于标定的价格购买的情况下，才能通过信息网络向本馆馆舍内服务对象提供数字化作品。这意味着其他形式的图书馆网络资源传播服务将不被允许。显然，在目前的法律框架内，图书馆只能通过提供无版权作品或者已经取得了作品使用权的作品为网络读者服务。要想取得作品的使用权，一种方法是直接经过作者授权，另一种方法则是向数据库开发商购买数字资源的使用权；要让图书馆一一得到作者授权显然不切实际，而向开发商购买数字资源又需要一笔庞大的支出，并非所有图书馆都能

承担，且购买的资源只占全部数字化信息资源的极小部分，因此，在这个问题上，图书馆泛在化服务的开展将举步维艰。

（二）图书馆泛在化服务合作机制尚不完善

在图书馆泛在化服务中，图书馆之间的交流与合作尤为重要，完善的合作机制能够促进图书馆之间的信息资源共享，减少资源重复建设，为图书馆节约宝贵的人力、物力。然而由于各种原因，这种合作机制尚不完善，参与合作的图书馆数量较少，且集中在少数地区，不利于未来图书馆泛在化服务的开展。

在管理上，我国大多数图书馆仍然属于分级、分部门管理，公共图书馆隶属于文化部门管理，而图书馆隶属于教育部门管理，且各部门管理的图书馆也实行分级管理，在管理和经费配备上都相对较为独立，这导致了图书馆间很少有业务往来，交流与合作机会较少，资源分配极为不均匀。不同类型的图书馆都对读者范围进行了限定，如图书馆一般的服务对象为本高校内的师生，而公共图书馆的服务对象则主要为所在行政区域内的读者，读者难以跨界进行资源获取与利用。一方面，这种传统的图书馆服务模式，使得图书馆资源的利用范围狭小，在一定程度上造成了资源浪费。另一方面，由于单个图书馆间的资源建设往往十分有限，只局限在重点资源建设上，如医学类图书馆的资源收集将放在医学类信息资源上，而文科类图书馆则主要收集人文类信息资源，公共图书馆则为了满足大众需求，将有限资源平均分布在各个学科上，这种需求的不同导致了资源分配的不均匀，无法满足读者全方位的信息需求。

在应用平台上，一方面，目前国内外虽然已经出现了许多大型数字资源共享平台，然而这些共享平台并非对所有图书馆一视同仁，大多对图书馆设置了准入门槛，只有实力较强的图书馆才能够加入图书馆共享平台，而其他小型的图书馆或者地区图书馆则由于研发力量有限，无法为这些大的数据平台提供有用的信息资源，自然也无法分享平台上的信息资源。另一方面，在数据上，不同图书馆的数据架构各有不同，也给图书馆间的共享与合作带来了麻烦。目前国内大多数图书馆采用的图书馆管理平台大多不统一，拥有不同的操作界面和底层数据库结构，即使是采购自同一企业提供的管理系统，也往往由于版本的不同而产生数据共享障碍，底层数据库无法有效地进行信息交流，这些技术障碍给图书馆间的信息共享带来麻烦。图书馆的合作共享需要一种标准化的操作平台进行管理，以促进信息的联合存储和统一利用。

（三）图书馆泛在化服务尚未引起普遍重视

在思想上，图书馆管理者及其上级管理部门对图书馆泛在化服务尚未产生足够重视，在当前无线网络通信技术如此发达的环境下，许多图书馆的管理仍然停留在传统的模式上，保持相对闭塞的管理方式，提供的服务也主要停留在图书馆建筑实体内，加入图书馆信息资源共建共享平台的图书馆屈指可数。许多地区的政府管理部门还尚未行动起来，有效地将图书馆组织起来，形成一个覆盖面更广的公共服务体系，在法律上、制度上和经费保障上也往往维持传统观念，无法给图书馆的发展提供更多支持，使得图书馆的泛在化服务难以展开。在经费保障上，图书馆的泛在化服务是一项长期的工程，需要长期稳定的经费投入，特别是前期需要投入大量资金，包括基础设施建设费用、软硬件设施的购置维护费用、科研费用、运营费用等，而目前我国大多数的图书馆存在经费紧张的问题，因此，图书馆不愿意也没有能力拿出多余的经费预算去完成泛在化服务改造，而只能够维持现状，导致了泛在化服务停滞不前。

目前我国开展泛在化服务的图书馆大多集中在经济较发达地区，如北京、深圳、上海、杭州等大型城市，这些地区由于经济较发达，图书馆的财政预算较为充足，有足够多的资金进行泛在化服务的研究和开展，而一些经济基础相对较弱的地区，特别是中西部地区，图书馆经费保障不足，维护日常工作已经不容易，有些图书馆甚至无法购买足量的纸质文献，想要开展泛在化服务更是无从谈起。这种图书馆信息资源的"马太效应"正越来越明显，经济较发达地区拥有更多的文化信息资源，社会发展更加顺畅；而经济欠发达地区，没有足够的文化信息资源支撑社会发展，经济发展缓慢。在这种情况下，随着信息技术的发展，信息鸿沟势必进一步扩大。

二、无线网络环境下图书馆泛在化服务的应对策略

（一）合法信息共享，实现作者与读者双赢

在当前无线网络环境下，我国的法律政策显然不利于信息的广泛传播，有限的信息资源将使图书馆的泛在化服务难以展开。无线信息网络技术发展的日新月异，读者的信息需求更加强烈，在这种情况下，不能一味地保护著

作权人的权利，而忽视了社会对信息的需求，只有平衡二者的关系，既保证公众拥有更多的信息权利，又保证作者能够从其作品中获得合法收益，才能让作者更愿意参加创作和分享自己的作品，促进信息社会的可持续发展。

在目前的法律框架内，图书馆不能总是处于被动的局面，而应当采取积极行动，在法律允许的范围内，努力扩大自己的信息资源储量。目前在世界各地广泛开展的"开放存取运动"便是图书馆界突破重围的一个极佳途径。由于开放存取文献没有版权或者许可方面的限制，可以作为自由共享的资源进行传播和利用，因此，图书馆可以很好地利用这部分资源，并通过便捷的网络提供给读者利用。图书馆应该通过宣传和鼓励措施，提升公众的信息共享意识，鼓励更多的作者主动奉献他们的知识作品供大众利用，开设便捷的开放存取平台为合法作者的信息共享提供便利，并在适当的时候给予这些作者精神上或者物质上的奖励，以奖励他们的奉献行为，使作者与读者能够实现双赢。

当然，我们更期待新的法律法规能够出台，保障图书馆开展公共文化服务方面的合法权利。

（二）完善图书馆泛在化服务合作机制

在图书馆泛在化服务中，要求有更多的图书馆开展合作，共建并共享馆藏资源，使每个图书馆都能够成为网络中的一个节点，互相通信，互相合作，共同构建无线网络泛在化服务环境。可喜的是，我们看到一些区域性的图书馆合作正在进行，图书馆间的合作越来越多，范围也越来越广。

目前我国的图书馆由于条块分割，归属不同，导致了图书馆间的协调机制难以有效形成，而且图书馆缺乏足够的主动性和号召力，无法自行完成图书馆联盟的组建工作。因此，政府部门和图书馆协会等图书馆的管理与协调组织，应当对图书馆合作机制的建立给予更多帮助，通过统一的组织和协调，先促进某一地区或某些类型的图书馆组织带动起来，建立起初步的合作机制，并在以后的发展过程中不断完善，吸引更多图书馆加入合作联盟中。合作过程中，图书馆应始终坚持资源共享、联合建设、优势互补、互惠互利、自愿参加的原则，努力协调本馆与其他合作图书馆之间的利益关系，明确责任、权利及义务之间的关系，始终以读者服务为中心开展图书馆合作。目前我国的图书馆泛在化服务合作尚处于起步阶段，具体的业务活动还有待深入研究。在未来,我国的图书馆泛在化合作将不仅仅局限于馆藏资源的合作,而应该包括更多内涵,图书馆技术合作、图书馆人才交流合作、服务推广合作等领域都应当成为图书馆泛在化服务合作的内容。

(三)从管理和经费方面保障图书馆泛在化服务的发展

图书馆的泛在化服务是一项民生工程,对读者来说,它能够促进文化事业的发展,让更多的读者能够享受到图书馆提供的服务,获取更多的学习资源,从而提升自身价值;对社会而言,信息知识的普及,将能够让更多偏远贫穷地区的读者受益,降低这些地区的文盲率,提升社会文化软实力。因此,国家政府部门和社会各界都应当积极促进图书馆泛在化服务的开展,为图书馆泛在化服务提供可靠保障。

在管理上,图书馆上级管理部门应当考虑到图书馆泛在化服务模式下各级图书馆的全面发展需要,通过指定统一的协调机制和管理机构,对省、市、县、社区等各级图书馆进行统一协调,统一指导,促进图书馆间的合作与共享。同时,应积极采用新技术、新理念,弥补各级图书馆之间发展的不平衡问题,尤其应当给予社区、农村图书馆等一些基础设施较为薄弱的图书馆更多扶持,努力促进它们共同发展,在未来逐渐形成一个跨地区甚至是全国性的图书馆泛在化服务网络,让更多读者能够从中受益。

无线网络环境下的图书馆之间将有更多的交流和互动,图书馆将不是一个孤立的单位,而是以联盟或者整体的形象对读者开放,每个图书馆也不再是"麻雀虽小五脏俱全"式的独立运营,而是共同分担整个泛在化服务网络的建设,共同组建满足全社会信息需要的泛在化知识网络。因此,未来政府在制定图书馆的功能与定位时,应当有所侧重,将整个泛在化服务网络建设作为整体,并根据每所图书馆不同的特点,分给不同的任务,使其能与其他图书馆共同完成项目,促进整个图书馆泛在化服务体系的建立。

在经费上,图书馆上级管理部门也应当给予充分保障。经费是图书馆开展泛在化服务的物质保障,充足的经费预算将保障图书馆的泛在化服务能够更加顺利开展。以往图书馆的经费主要来自地方政府的拨款,经济较发达地区的图书馆或者级别较高的图书馆通常拥有较多的经费预算,而经济欠发达地区或者级别较低的图书馆的经费来源则十分紧张,这种经费上的差异导致了图书馆之间发展的不平衡,图书馆资源配置不均衡,各个地区读者获得资源的数量差异较大。图书馆泛在化服务应当努力减少这样的差异，因此，政府部门在进行资源分配的时候，应适当对中小图书馆倾斜，努力扶持这些图书馆的平衡发展，缩小与大型图书馆的差距，使图书馆资源能够平均分布。

在图书馆绩效考核上，应当以整体角度对图书馆的泛在化服务进行评估。传统图书馆中，图书馆的服务效果通常以馆舍内读者到馆率、文献借阅数量、图书流通量等数据作为评判标准，其服务效果将直接影响到下一年度的图书馆经费拨款。这样的模式显然不再适合未来的图书馆服务，在无线网络环境下，图书馆的泛在化服务是面向社会大众的，读者来自社会的各个方面，采用各种终端设备进行访问，传统的数据统计将不起作用，图书馆在社会发展中的贡献也将越来越难以估量。在这种情况下，图书馆上级管理部门不能一味用图书馆访问统计数据去评估图书馆的作用和受欢迎程度，而应当结合社会发展情况、读者的满意程度等指标，对图书馆泛在化服务的总体效果和价值进行全面评价，客观地评价图书馆的实际贡献。

参考文献

[1] 宫昌利. 图书馆服务思维研究 [M]. 长春：吉林人民出版社，2019.

[2] 王敏，吕巧枝. 图书馆服务创新与育人 [M]. 北京：中国农业出版社，2019.

[3] 龙渠. 现代图书馆服务与管理工作研究 [M]. 北京：原子能出版社，2019.

[4] 蒋群蓉. 当代高职院校图书馆服务创新与发展研究 [M]. 长春：吉林出版集团股份有限公司，2019.

[5] 梁孟华，吕元智，王玉良. 基于用户交互的数字图书馆服务评价模型与实证研究 [M]. 北京：世界图书出版公司，2019.

[6] 崔海英. 大数据时代高校图书馆服务创新研究 [M]. 北京：现代出版社，2019.

[7] 李科萱. 图书馆管理与信息服务 [M]. 北京：光明日报出版社，2019.

[8] 王会梅. 图书馆管理与服务研究 [M]. 北京：现代出版社，2019.

[9] 马利华. 图书馆信息管理与服务研究 [M]. 延吉：延边大学出版社，2019.

[10] 杨永华. 智慧时代高校图书馆服务创新与发展研究 [M]. 北京：原子能出版社，2020.

[11] 郑德俊. 光明社科文库移动图书馆服务质量评价及提升策略 [M]. 北京：光明日报出版社，2020.

[12] 施强. 大数据、知识服务与当代图书馆学 [M]. 杭州：浙江大学出版

社，2020.

[13] 陶景冶.图书馆移动阅读服务研究[M].长春：吉林出版集团股份有限公司，2020.

[14] 陶洁.图书馆阅读推广与信息服务研究[M].哈尔滨：哈尔滨出版社，2020.

[15] 宫磊.高校图书馆管理与服务创新研究[M].长春：吉林大学出版社，2020.

[16] 傅春平.公共图书馆智慧服务的探索与实践[M].广州：世界图书出版广东有限公司，2020.

[17] 吴环伟.图书馆文献资源建设与共享服务创新[M].长春：吉林出版集团股份有限公司，2020.

[18] 吴漂生.高校图书馆移动阅读服务研究[M].长春：吉林人民出版社，2020.

[19] 周娜，戴萍.高校智慧图书馆知识服务研究[M].北京：中国国际广播出版社，2020.

[20] 高伟.图书馆建设与阅读服务管理[M].长春：吉林人民出版社，2021.

[21] 李蕾，徐莉.图书馆管理策略与阅读服务创新研究[M].长春：吉林人民出版社，2021.

[22] 宋菲，张新杰，郭松竹.图书馆资源建设管理与阅读服务研究[M].长春：吉林人民出版社，2021.

[23] 庞余良，董恩娜，温颖.数字化图书馆建设与阅读服务创新[M].长春：吉林人民出版社，2021.

[24] 魏群义，许天才，郑永杰.移动图书馆的用户体验模型与服务质量提升研究[M].北京：中央编译出版社，2021.

[25] 云玉芹.新时代高校图书馆社会化服务与创新[M].长春：吉林人民出版社，2021.

[26] 程静，鲁丹，陈金传.技术视角下高校图书馆创新实践[M].上海：上海社会科学院出版社，2021.

[27] 彭骏.老年人健康信息行为与信息服务研究[M].上海：上海交通大

学出版社，2021.

[28] 杜泽逊. 国学茶座第 28 辑 [M]. 济南：山东人民出版社，2021.

[29] 明均仁 .21 世纪普通高等学校信息素质教育系列规划教材信息检索 [M]. 武汉：华中科学技术大学出版社，2021.